国家社科基金项目"跨文化交流视角下跨
国公司内部冲突管理及跨文化适应研究"
（项目编号:15BGL103）资助出版

在华外资企业内的跨文化交际研究

——基于成渝外资企业的田野调查

邓一恒 著

WUHAN UNIVERSITY PRESS

武汉大学出版社

图书在版编目(CIP)数据

在华外资企业内的跨文化交际研究:基于成渝外资企业的田野调查/邓一恒著.—武汉:武汉大学出版社,2023.12

ISBN 978-7-307-23867-1

Ⅰ.在… Ⅱ.邓… Ⅲ.外资企业—企业管理—跨文化管理—研究—成都、重庆 Ⅳ.F279.244.3

中国国家版本馆 CIP 数据核字(2023)第 141450 号

责任编辑:胡国民 责任校对:李孟潇 版式设计:马 佳

出版发行:**武汉大学出版社** (430072 武昌 珞珈山)

(电子邮箱:cbs22@ whu.edu.cn 网址:www.wdp.com.cn)

印刷:武汉邮科印务有限公司

开本:720×1000 1/16 印张:19.75 字数:283 千字 插页:2

版次:2023 年 12 月第 1 版 2023 年 12 月第 1 次印刷

ISBN 978-7-307-23867-1 定价:79.00 元

前　言

中国将其他国家几个世纪的成就压缩到一代人中，没有其他国家在如此短的时间内有如此大的成就。中国在一次完成两种转型(从指令经济到市场经济以及从农村社会到城市社会)方面的独特尝试是前无古人的。

——世界银行《中国 2020：新世纪的发展与挑战》

文明和文化都涉及一个民族全面的生活方式，文明是放大了的文化。它们都包括"价值观、准则、体制和在一个既定社会中历代人赋予了头等重要的思维模式"。

——亨廷顿《文明的冲突与社会秩序的重建》

2015 年，正值中国改革开放 38 周年之际，笔者在国家社科基金的资助下启动了课题"跨文化交流视角下的跨国公司内部的冲突管理及跨文化适应研究"。在大量相关文献的检索和研究的基础上，对外资在中国西部投资的两大热点城市——成都市和重庆市开展了田野调查：沿着中国员工所经历的文化差异、摩擦、冲突、对冲突进行管理，逐渐适应企业的社会文化的路径，通过文献综述、文化比较研究、访谈、问卷调查等方法，并且结合从汗牛充栋的理论研究与实践中筛选出的相关理论，希望能为该学科领域的学者们提供一个可供参考和可资利用的研究平台，并能对在中外合作的跨国企业工作的中方管理者和员工们有所启迪、帮助和借鉴。

起源于 18 世纪英国的工业革命，至 19 世纪很快波及具有相同信仰和文明的欧美等西方国家，大量劳动力和人口云集城市，传统农业社会解体。这样，在西方国家中人类首次完成了从农业社会向工业社会的过渡。在历经了200年的工业社会后，20世纪下半叶西方社会又率先进入以服务业为主导，以信息技术、网络通信技术为代表的后工业社会。然而，正是在20世纪下半叶，占有80%以上的人口生活在农村的中国还是个典型的农业大国。但自从1978年中国共产党的十一届三中全会后，中国社会开始发生翻天覆地的变化，在国有企业的基础上，数以万计的民企、外企在中国的土地上如雨后春笋般蓬勃发展，尤其在2001年中国加入WTO以后，在全国形成更大规模，并很快成为全球制造业大国。到2019年，城市人口已超过63%。然而不久，信息技术、数字通信技术、现代服务业在全国各大中心城市迅速兴起，由此产生了以互联网为代表、服务业占据了主导地位的新经济，标志着当今的中国部分地区已呈现出后工业社会的形态。中国在短短40多年时间，如同坐过山车般，竟然已经历了三个社会的大变迁！

1980年美国著名未来学家托夫勒将人类历史上从农耕社会、工业社会，再到后工业社会（信息社会）的伟大变迁称为三次浪潮。今天在中国广大西部和边远地区现代化还未实现，还处在传统农耕社会，即托夫勒所谓的第一次浪潮时期；还有些地区处于传统工业占主导地位的工业社会，即第二次浪潮时期；经受第三次浪潮冲击（以信息技术和知识经济为标志的后工业社会）的是中国的中心城市和发达地区。在短短40多年间，三个浪潮先后席卷中国，而至今又都同时存在着、进行着……著名社会学家费孝通先生指出：

　　我们还没有完全离开农业社会。工业文明还没有完成，新的后工业文明的问题又出来了。在中国，前工业文明、工业文明、后工业文明的发展是重叠的和交织在一起的。在西方文明是分阶段发展，而我们这里文明却重叠在一起，因此我们将遇到的问题，要比他们复杂得多。①

---

　　① 费孝通. 全球化与文化自觉[M]. 北京：外语教学与研究出版社，2013：12.

世界银行在《中国 2020：新世纪的发展与挑战》中也指出：

中国将其他国家几个世纪的成就压缩到了一代人中。

处在我国的中心城市，如成都、重庆中的民众所面对的社会情况正是
如此。中国民众如此热烈地拥戴现代化，迅速地迈入现代化，似乎就意味
着对西方文明的照收不误？对此亨廷顿说：

西方文明出现于 8 世纪和 9 世纪，其独特的特征在以后的世纪中
得到了发展，它直到 17 世纪和 18 世纪才开始实现现代化。西方远在
现代化之前就是西方，使西方区别于其他文明的主要特征产生于西方
现代化之前。①

亨氏这段论述表明现代化并非等同于西方文明，因而实现现代化（包括后
现代化）绝非如坊间所针砭的“西化”。然而身处在西方企业中的中国员工
们，却无时无刻不面对来自两种文化或两种文明之间的交流与碰撞。中国
在不久前还处在典型的农业社会中，中国在短短几十年间就已经历了三大
浪潮的冲击，即三个社会形态的巨大变迁。然而一代人或上溯几代人中所
拥有的如费孝通先生所讲述的《乡土中国》的故事，难道还会深深烙印在中
国人的头脑中挥之不去吗？或者说，社会的变迁是否会对一种文化或文明
产生根本的动摇和影响？对此，法国历史学家布罗代尔分析指出：

从时标上看，文明所隐含和包括的时段相比于任何特定的社会现
象要长得多。文明的转变远不如它所支持和包含的那些社会的转变那

---

① ［美］塞缪尔·亨廷顿. 文明的冲突与世界秩序的重建［M］. 周琪，等译. 北
京：新华出版社，2002：60.

样迅速。①

关于文化、文明及社会之间的密切关系，我们会在本书相关章节中专门谈及。布罗代尔的上述观点为我们从深层次揭示了文明（或文化）与社会之间的关系问题，尤其是在本书中将会看到不同文化（或文明）在企业中的相遇所带来的交流方式问题、价值观问题、社会心理学问题等，都需要我们去做认真的探索和总结。尤其是作为变革中的中国社会中的一员，身处外资企业工作的员工，他们究竟有何特别的感受？不同的文化（或文明）在这里是否既有碰撞又能协同共存？希望读者通过本书能够从跨文化交流学的视角和理论以及相关田野调查的记录中认识和感知跨文化管理学的三个主题：文化差异、冲突管理和文化适应在我国外资企业中的现状。

本书的写作是基于 2015 年国家社科基金（基金号：15BGL103）资助课题所获得的大量数据，没有基金委的支持和信任，本课题及本书都是不可能完成的，在此深表感谢！此外还要感谢成都、重庆 40 余家外资企业的合作和支持，给作者提供了与企业员工直接交流的宝贵机会。参与本课题调研和数据采集处理的研究生有袁昕、吕玉帆、曹慧、王君妍、陈思、刘怡兰，在此，也深表感谢！

开展在华西南部城市的外资企业内跨文化交流的田野调查在国内尚属首次。调查面和调查设计与方法均可能存在诸多不足或失当之处，诚望读者和同行专家阅读本书后能给予批评赐教，作者将不胜感激！

---

① ［法］费尔南·布罗代尔. 文明纲［M］. 肖昶，等译. 桂林：广西师范大学出版社，2003：38.

目　　录

第一章 导 论

进入 21 世纪，信息技术的高速发展，数字通信与互联网几乎实现了全球覆盖，交通工具空前的便捷，加上中国几十年来实行的改革开放政策，使得出国访学、考察旅游、商务贸易、文化交流等成为常态，人们几乎天天有大量的机会接触到国外的人物、商品和文化，生活方式也在发生着潜移默化的变化。人们感觉到这个世界相互之间的距离前所未有地接近，不禁要问：全球化，特别是全球文化是不是越来越趋同？文化距离是否被学界夸大？全球化的不断推进给社会带来了太多的文化的碰撞，跨国公司恰好提供了这样一个场所，可以让我们近距离观察在商务环境中文化差异、文化摩擦、冲突管理以及员工对企业文化适应的状况。

一、研究目的

发端于 1978 年中国的改革开放，令大量外资和跨国企业进入中国。学者刘建丽在研究中国利用外资的进程后指出，1992 年至 2011 年是中国进入全方位大规模引进外资的阶段。① 1992 年邓小平在发表"南方谈话"之后，紧接着党的十四大明确提出，要"进一步扩大对外开放，更多更好地利用国外资金、资源、技术和管理经验"，强调"对外开放的地域要扩大，形成多层次、多渠道、全方位的对外开放格局"，"利用外资的领域要拓

---

① 刘建丽．新中国利用外资 70 年：历程、效应与主要经验[J]．管理世界，2019（11）：19-37．

宽"。从那以后短短十年间，中国成为仅次于美国的世界第二大外商直接投资引进国①，跨国企业遍布沿海地区及各大一线城市。

几乎与此同时，中国国企与民企也开始尝试境外投资开发，根据中华人民共和国政府网的信息，2020年中国的对外直接总投资第一次在全球范围内名列第一，与外国对中国的直接投资总量持平。中国对外直接投资覆盖了全球80%的国家，总共有超过10000家企业的分支机构在海外国家被建立起来。然而，在这样鼓舞人心的消息背后，我们很遗憾地发现，全球范围对外投资失败的公司较多。我国也不例外，据我们与许多中国企业的海外分支的管理者的交谈中得知，大量的企业在海外的投资不仅无法盈利，而且跟当地人和当地政府产生的冲突不断。一些学者认为高达70%的跨国经济合作的失败主要是由于跨文化沟通方面的问题造成的②，而跨文化冲突管理是跨文化管理的核心③，是国际企业在国际化进程中不可避免的问题④，价值观不同是导致跨文化冲突的根本原因。再拿来华投资合作的西方企业来说，当中国本土文化同"文化距离"较远的西方企业文化接触时，不可避免地会产生"文化摩擦"⑤，西方企业如何让这些"文化摩擦"产生的阻力和破坏减小到最低，并将其转化成为企业和个人发展的动力和灵感，使双方在适应彼此文化的过程中逐渐形成第三种文化？这方面的经验与教训也是值得我们走出去的中国企业关注和借鉴的。

鉴于此，尽管国内管理学学界已经有相当数量关于在华外国跨国公司的跨文化管理的研究，然而大部分跨文化管理学和国际商务领域的研究强

① 章文光. 跨国公司在华跨文化管理刍议[J]. 中国流通经济, 2006, 20(1).

② SHOCKLEY-ZALABAK PS, MORLEY DD. Research note[J]. Journal of Language and Social Psychology, 1984, 3(3): 213-218.

③ 李彦亮. 跨文化冲突与跨文化管理[J]. 科学社会主义, 2006(2); 金志衡. 论跨国公司的文化冲突管理模式[J]. 商业时代, 2007(22): 109-110.

④ 吴江秋, 晏阳. 企业国际化进程中文化势差, 竞争战略与跨文化冲突的模型构建[J]. 学术论坛, 2013(12).

⑤ Shenkar O. Cultural distance revisited: towards a more rigorous conceptualization and measurement of cultural differences[J]. Journal of International Business Studies, 2001, 32(3): 519-535.

调的是文化差异和文化距离。并且大量的比较文化研究使得文化间差异的印象变得固化，哪怕随着时间流逝，仍然一成不变，造成刻板印象或称文化定式。这些研究把文化和文化间的差异简化为一些可以测量、恒久不变、容易计算的变量，尽管这些倾向符合量化研究的特点和开展，也便于管理学和商务研究领域的学者们比较不同文化间的差异，但对于真实发生在跨国企业和多元文化环境中的跨文化接触的理解并没有太大的意义，甚至会对学界产生误导。

而从跨文化交流或者文化间性(interculturality)的角度来研究在华外资企业内部的冲突管理和文化适应的研究还很欠缺，在跨国企业内部开展质化和量化研究相结合的实证研究也不多见。本书基于跨文化交流和组织内交流的理论，将冲突管理同文化适应的理论相结合，把焦点集中在具有较强国际影响力、被业界誉为中国西部经济双核、国家级中心城市的成都和重庆两地，运用"混合方法"开展研究，探索该地区的跨国公司内部的种种文化差异，跨文化交际的过程、结果，以及有价值的冲突管理的模式和方法，分析和探讨中外双方彼此文化适应的情况。据《成都日报》报道：2021年已有312家世界500强企业落户成都①；而重庆作为我国直辖市在西南部占据着不可忽视的经济发展地位，也吸引了大量的外资，据《全国外资企业名录》(2021年版)记载已有外资企业2870家落户重庆。再加上巴蜀文化具有一定地域特色，选择这两个城市作为中国西南部调研的主要代表地区，具有可行性、必要性和较大的研究价值。

以下我们将分别从实践和理论两个层面来探讨本书研究工作的重要意义。

从实践层面来看，在外资或者跨国企业工作的人们对于冲突的处理方式和跨文化适应会直接影响企业沟通的大环境，以及员工对于企业环境的适应和满意度，因此也可能间接影响企业的生产效益。另外，成都和重庆身处内陆，文化相比较于北、上、广、深有较强的独特性；一方面经济上

---

① 在蓉世界500强企业已达312家[N].成都日报，2022-03-25.

处于西部地区最前列；另一方面从历史沿革和地理位置上属于较为守成的巴蜀文化。那么对于后来崛起备受国际资本追捧的成都和重庆，外企和合资企业在这片巴蜀土地上遇到怎样的挑战？就职于异域文化较为明显的外企或者合资企业的中国员工如何调适自己以适应企业文化？研究跨文化沟通的学者对于北、上、广、深的外国企业的研究较多，而针对内陆城市的研究则相对较少。本书的实践意义在于：一方面旨在为广大在外企或者跨国公司工作的中国员工提供针对文化差异导致的冲突管理的反思，以及如何适应企业文化的相关建议；另一方面给有意在华投资的外国企业提供跨文化商务沟通和管理方面的有益的参考、建议和帮助。同时，也希望为我国在海外投资设立分支机构的中资企业以及就职于这些企业的管理人员和员工提供一些相关问题的借鉴及启示，在华外资企业遇到的一些文化差异带来的挑战和困难具有一定的普遍性，投资方和接受国之间的关系机制具有共性，可供走出去的中国企业参考和借鉴。

从理论层面来看，尽管外企和跨国公司在中国的大地上早已不是新鲜事物，然而对于研究跨文化交流的学者对于外资企业或者跨国组织这样的工作场所，仍然很感兴趣，因为这样的工作场所提供了观察文化碰撞和摩擦的语境和机会。

因此，在这样的多元文化语境中，第一，我们意图探索从文化差异到冲突发生、冲突管理模式的选择和应用，到冲突双方调整跨文化交际的期待，最终达成动态的跨文化适应的螺旋上升的状态和过程。并且，我们对于这个路径中的各个因素间的关系也颇感兴趣，比如：文化差异是否一定导致更多的冲突，冲突管理模式的选择是否影响跨文化适应的状态，等等。

第二，从双方文化差异的方面，哪怕是在全球化进行到一定程度的当今，我们仍然初步认为企业文化很大程度上带有母公司文化和本土国别文化的特点，因为企业由员工组成，而自下而上的各级员工，无论是决策制定者还是执行者，都是企业所在国国别文化的产物。然而，其在海外的子公司或者分公司在多大程度上，以及在哪些方面传承了母公司文化和本土国别文化，每个公司的本土化策略和实践都不尽相同，甚至可能由于产业不同，进入东道国的时间不同，东道国员工的数量、质量不同，以及公司自身采取的策略不同都使得它们在传承母公司文化或者本土文化的程度上存在较大差异。本书将一方面探讨企业文化的国别差异，另一方面探讨跨国企业本地化的策略和实践。

第三，从冲突的内容层面和功能来看，跨国企业的情况相对于本土公司要复杂得多。一方面，体现国别文化的企业文化与当地社会文化环境有差异，同时，企业内部的沟通模式也与当地员工的沟通模式有差异，以至于尽管双方怀着美好的愿望结合，却不得不面对自己的交流期望一再被违背，导致分歧和冲突发生的现实。这些冲突有时候让人束手无策，因为不知道冲突产生的根源在哪里？我们把这部分冲突称为由于文化差异导致的关系型冲突。另一方面，因为文化差异导致在处理事务的态度、方式、流程，时效性，甚至认知上存在差异等，这些差异被称为内容型冲突。一般说来，后者更容易被发现和界定，也更容易通过公司制度来进行规范和统一，而前者往往来源于一个文化所隐藏的假设或期望，即本书末将会谈及的"语境"文化，当事人双方不自知。感觉到不舒适，被冒犯，无法理解，不喜欢，甚至憎恨、厌恶，从而使得关系出现隔阂，沟通出现障碍。这些无论涉及冲突管理的内容型目标还是关系型目标①，在研究多元文化的工作场所中，对于如何管理和解决冲突以达到这两种目标具有重要的意义。进一步来说，冲突和摩擦如何转化为推动企业发展的力量，同时又有利于员工的成长和文化适应，无疑是具有极大理论和实践意义的。

综上所述，跨国企业、外资企业、合资企业等社会文化环境为研究跨文化沟通的碰撞、摩擦、共存、融合等提供了较为理想的研究素材。在这

① JEHN K. The impact of intragroup conflict on effectiveness: a multidimensional examination of the benefits and detriments of conflict [D]. Chicago, IL: Northwestern University, 1992; JEHN K. Enhancing effectiveness: an investigation of advantages and disadvantages of value based intragroup conflict [J]. International journal of conflict management, 1994(5): 223-238.

一独特的社会文化环境中研究和理解中西企业价值观差异、跨国企业文化与本地文化的差异，中外双方在跨文化接触中所面临的冲突，以及其管理、反思和文化适应等现象，对于跨文化管理和跨文化沟通领域都具有很重要的现实意义。再者，跨文化组织内沟通学科分支(intercultural business communication)吸取了诸如人类学、心理学、社会学和语言学的成果，在西方国家，特别是在美国的发展，历经半个多世纪已趋于成熟，形成了自己跨学科的理论体系。因此我国管理学者若能借鉴这些跨学科的理论和概念，可以丰富自己的学科，启迪和开拓新的思维和方法。

二、研究内容

本书研究是从 2015 年下半年正式启动的，近 5 年的时间里，我们分三个阶段开展了研究。

在第一阶段的研究中，我们试图通过比较中美两个国家的重要企业的启发性企业价值观(或称理想化企业价值观)，来观察全球化背景下中美企业文化是否仍存在较大差异，这种差异是否反映了国别文化的影响或行业差异的影响。这个研究的意义在于将具有浓厚西方文化的美国大型企业作为西方企业的代表，我们试图通过价值观的对比来了解在全球化的今天两国企业文化是否仍存在较大差异，如果是，那么企业员工是否将面临文化差异带来的冲突以及适应企业文化的挑战？

之所以选择中美两国作为比较的国家，首先，中美两国在全世界 GDP 排名分别为第二和第一，对全球经济、政治、文化的影响可观。因此，了解并比较中美两国企业文化具有较大的理论和实践意义。其次，根据霍夫斯泰德过往的研究，中美两国文化价值观差异较大，尤其以个人主义/集体主义，以及权力距离这两个价值观维度为最。美国代表了较低权力距离的个人主义文化，而中国则是典型的较高权力距离的集体主义文化。这种差异应当同样表现在与美国拥有共同西方文明的其他西方各国与中国之间。当然，如果中美两国的企业文化在全球化进程中开始趋同，那么可以预测中国与其他西方国家的企业文化也会大致趋同。因此，在本书中，我们将主要呈现中美价值观的比较研究。

第一阶段的研究旨在弄清母国民族文化的特征对于企业价值观的影响是不是主要的。中美乃至中西企业，在全球化企业文化趋同的时代，是否仍存在较大的价值取向差异，以及企业文化同当地员工自身的民族文化的差异。这些我们将在访谈研究中进行探索，并力图从员工的角度来感知文化差异的存在与强弱。

第二阶段和第三阶段的研究是本书研究设计的重点，即针对成渝两地跨国公司企业内部的文化差异，以及导致的冲突、冲突管理和文化适应方面开展研究。在两地外资企业的调研中，我们分别采用了质性研究(访谈)和量化研究(问卷调查)的方法。调查对象主要是中国员工，其中也涉及一部分外国员工，试图从双方不同的角度来理解文化差异和冲突。

在质性研究(访谈)中，我们的目的是：

(1)验证第一阶段研究对于中外企业文化差异的存在是否被企业员工所感知；

(2)了解在不同公司的文化策略下面，中国员工面临的冲突管理以及文化适应方面的挑战和困难，以及他们是如何应对的。在访谈的过程和数据分析中，我们力图发现与文化差异和摩擦，以及冲突、冲突管理相关联的一些概念，同时反思这个重要概念如何促进或者帮助员工适应企业文化。但质性研究无法最终确定概念间的关系，从而得出可以用来解释和预测的模型。因此，我们决定开展第三阶段的研究，也就是量化(问卷调查)研究，从而探讨和建立重要变量间的关系，进一步验证访谈法中的一些相关推测和解释。

在量化研究(问卷调查)方面，首先，我们通过文献回顾和推理，了解交流期望违背可以在多大程度上解释跨文化冲突的发生，在定量研究中加入这个至关重要的变量，并以此确定了假设的路径，即：文化差异所导致的交流期望违背，引发冲突，通过冲突的管理，以及反思学习，员工逐渐适应企业的社会文化。这个过程螺旋向上，直到个人达到一定的舒适度(见

图 1-1）。然后，基于以上假设路径，我们通过发放问卷来测量参与者本国文化同交流对方之间的文化距离、跨文化期望违背、冲突的频率和强度、冲突管理的模式、反思、以及社会文化适应，通过统计学的方法来确定相互之间的关系，从而来检验相关假设。

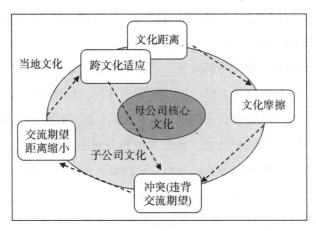

图 1-1　跨文化适应的理论框架模型

跨文化管理学领域比较关注跨国企业员工的绩效、满意程度、离职、管理模式，以及文化对这一切的影响等问题，我们试图用跨文化交际学的理论和视角来回答这些问题。同时研究企业内部中国员工因为文化差异导致沟通期望差异，产生冲突，处理冲突，从而不断适应公司文化的过程。我们还对反思和冲突管理模式对于文化适应的影响感兴趣。综上所述，结合跨文化交际领域和管理学领域来研究跨国公司内部的企业文化和中国员工的跨文化沟通现象，我们将主要针对以下四个方面的问题展开研究：

（1）在全球化趋势下企业文化差异是否因国别文化的差异而继续存在，尤其反映在企业的价值观中，而超越了行业在全球发展中趋同的需要，这些差异是如何被身处外企的中国员工所感知的？

（2）跨国公司内交流的冲突或分歧有些什么类别，其中文化差异引起的冲突一般是怎样发生的？

（3）冲突管理的过程和结果如何？

（4）外企中国员工经过怎样的路径，即如何从感受文化差异，交际期待被违背，或许进一步经历跨文化冲突，不得不调整交际期待，最终适应企业的社会文化？

为了回答这些问题，我们采用了多种方法，力图从不同的角度对以上四个问题进行探讨。为了避免概念混淆，本书将跨国/外资企业定义为在两个或更多国家进行经营或者生产的具有法人身份的企业/公司。为了方便表达，在以下研究中，我们把合资公司也归为跨国公司的一类，毕竟合资公司是受两个以上国别文化影响的公司，符合跨文化或者多文化并存/融合研究的范畴。

三、本书的构架

本书基于跨文化交际学及与企业文化相关的理论来研究成渝两地的外资企业内部的跨文化冲突和文化适应的问题。在以下各章中层层推进，逐一展开讨论这些课题，力图向读者呈现比较清晰的轮廓。在第一章导论之后，第二章讲述成渝两地在中国对外改革开放中的重要战略地位及独特的地域历史文化，从而使读者了解选择在成都、重庆两地获取案例的优势和重要意义，也更清楚案例发生的大环境及其语境，从而更好地理解我们的研究意义。第三章继续为我们的研究进行铺垫，主要介绍西方企业在华简史，讲述西方企业来华发展的三个阶段，力图使读者更加了解外企进入中国的历史脉络，从而更加清楚本书的研究对象——外企中的人所处的小环境，以及小环境形成的历史沿革。第四章进入主题，论述文化、文明与跨文化交流的概念，使读者对本书相关的概念、定义和学科背景有一个清晰的认识。第五章介绍本书主要涉及和借鉴的几个重要理论，它们分别是企业文化理论、文化冲突与冲突管理的理论、交际期望违背理论以及跨文化适应和组织社会文化适应理论，最后我们结合以上介绍的重要理论呈现整个研究工作的思路图。从第六章到第八章，我们主要书写"文化差异—冲

突及冲突管理—社会文化适应"的"三部曲"，也是本书的主体篇章，分别
是：第六章——外企文化与本土文化差异、第七章——外资企业内的跨文
化冲突与冲突的管理以及第八章——外资企业内跨文化适应研究。这三章
每一章都是按照如下步骤来编写的：首先简略介绍该课题的国内外研究现
状，其次介绍相关研究过程、结果和发现，最后以小结归纳每一章的要点
与发现。在最后的结语中，整合了前几章的发现，得出全书的结论，并对
相关问题进行了深入的讨论，为该方向未来的研究提供了借鉴和参考，最
后，也为在跨国公司工作的管理者和员工，无论是中方还是外方，在华的
跨国公司还是中国在海外的企业，在多元文化并存的企业内部的沟通、冲
突管理及社会文化适应等方面，都提出了有益的启示和建议。

第二章　案例选取地——成都、重庆

2015 年，是中国实施西部开发战略的第 15 个年头。一大批外资企业尤其是跨国公司已经云集在以成都、重庆、西安为中心的中国西部地区。值得指出的是，国家实施西部开发的战略决策已是在中国改革开放的 20 年之后，当时中国沿海地区已与世界高度接轨，率先走上了经济发展的快车道。为了实现东西部经济的平衡发展，2000 年 1 月，国务院西部地区开发领导小组召开会议，研究加快西部地区发展的基本思路和战略任务，部署了实施西部大开发的重点工作。2000 年 10 月，中共十五届五中全会通过的《第十个五年计划的建议》中，把实施西部大开发、促进地区协调发展作为一项战略任务，强调："实施西部大开发战略、加快中西部地区发展，关系经济发展、民族团结、社会稳定，关系地区协调发展和最终实现共同富裕，是实现第三步战略目标的重大举措。"2001 年 3 月，九届全国人大四次会议通过了《第十个五年计划纲要》，对实施西部大开发战略再次进行了具体部署。同年 12 月 11 日，中国被接纳为世贸组织（WTO）成员，正式融入全球一体化的经济体系，这无疑成为实施中国西部发展战略的强大的助推器。中国实施西部开发的战略决策，吸引了众多世界企业的目光。由于西部实施了吸引外资的优惠税收和补贴政策，加上当地政府的努力推动，外资企业如雨后春笋般被建立起来，如今已是第 15 个年头。。

一、中国西部经济的"双核"

在国家西部发展战略纲要中，明确提出了以点带面充分发挥中心城市的作用。截至 2021 年，我国千万人口的城市共有 17 个，排在第一位的就是重庆，有 3212 万人，而上海、北京与成都同处 2000 万量级，分居第二至第四位。2005 年建设部在全国城镇规划中首次提出"国家中心城市"的概念。截至 2018 年全国已确定了 9 个"国家中心城市"，主要集中在沿海，西部仅有 3 个城市入围，而其中的两个就是 1997 年前还同属四川省的重庆、成都。此外在我国规划的 19 个国家级城市群中，成渝城市群与京津冀、长三角、珠三角并列为"第一类"城市群，定位是"优化提升"。由此成都重庆被业界誉为中国西部经济的"双核"![1] 获得这些殊誉除了历史的原因还得益于国家西部开发战略的巨大投入。例如 2016—2020 年，中央财政对四川和重庆的转移支付累计达 2.28 万亿元，连续多年位居全国首位！这些巨大的投入大大改善了西部的基础设施，到 2020 年，西部地区铁路运营里程达到 5.9 万公里；高速公路超 8 万公里，20 年间增长了 40 倍！而四川一省铁路里程达 5312 公里，其中高铁运营里程达 1261 公里。加上成都双流国际机场第二个航站楼 2012 年正式运行，可满足年旅客吞吐量 5000 万人次需求，"蜀道难"已成为历史。

借助于高铁的通达，成渝"双核"会同西部另一"国家中心城市"西安已实现了"3 小时交通圈"，所带来的商贸文化交流的便捷，将有助于成都、重庆和西安形成继京津冀、珠三角、长三角之后我国另一个世界级城市群西三角经济圈。

在《国家综合立体交通网规划纲要》中已将成渝放在与京津冀、珠三角、长三角同等位置，成为中国交通第四极，也是唯一的"内陆极"。继 2011 年重庆的中欧班列开通运营后，到 2013 年"欧蓉快铁货运直达列车"也正式开通——每周周五从成都出发横跨欧亚大陆直达欧洲著名的工业城市罗兹，将我国西部地区与西亚和中欧各国连接起来！截至 2016 年 7 月，运行时间缩短至 10.5 天，是传统海铁联运时间的 1/3，成为中国到欧洲最快、最稳定、最有竞争力的铁路货运班列。成都出口货物通过"蓉欧快铁"到(波兰)罗兹后，可以在 1~3 天通过欧洲铁路或公路网络快速分拨至欧洲任何地方。此外，新建的成都天府国际机场于 2021 年 6 月 27 日正式开航

---

① 凯丰. 中国城市大趋势[M]. 北京：清华大学出版社，2021：12.

投入运营，成都成为继上海、北京后国内第三个拥有两座大机场的城市，正式迈入中国航空大都市的第一方阵。

特别值得指出的是，我国西部地区还特别享受了国家一系列税费优惠的政策，其中最重要的一条是鼓励类产业企业减按 15% 的税率征收企业所得税，有效期延长到 2030 年。

综上所述有利条件，为外资企业在中国西部，尤其是成都、重庆的投资经营提供了十分有力的支持，这对来华合作投资的西方跨国公司更有着巨大的吸引力。在本书研究起步的 2015 年，根据当年成都市政府的外商投资企业主体发展情况报告，全市外商投资企业总量已达 7091 户，投资总额超 600 亿美元。外商投资向第三产业和现代服务业聚集，其中信息传输、软件和信息技术业和金融业增长尤为迅速。外商投资企业户数、投资总额以及注册资本均位于中西部城市第一方阵。而尤其来成都市投资的世界500 强企业在逐年增加，例如在 2018 年成都市的世界 500 强企业为 271家，而仅 3 年时间即到 2021 年已增至 312 家。同样在 2015 年，根据当年重庆市政府统计局公告，全市外商投资企业总量已达 5400 户。截至 2018年年底，共有来自美、英等 19 个国家和地区的 287 家世界 500 强企业在重庆开拓了业务，主要布局于汽车、电子、金融等行业。如今，成渝地区电子信息产业规模已达全球规模的 1/3。全球每三台笔记本电脑，就有一台产自重庆；而全球 70% 的 iPad 和近 20% 的笔记本电脑产自成都。

二、独特的巴蜀文化①

古称重庆地区为"巴"，成都地区为"蜀"。自秦至宋，巴蜀分属不同行政区；而元至民国均划归为统一行政管理，直到新中国成立；1997 年后重庆成为直辖市，两者才再度分家。人称"巴山蜀水"，多山的重庆显阳刚之

① 本节相关数据资料主要参考：肖平. 湖广填四川 [M]. 成都：成都时代出版社，2019：9；宫炳成. 略论抗战时期内迁及其对西部地区的影响 [J]. 社会科学辑刊，2006，2；王毅. 四川三线建设企业布局与工业发展刍议 [J]. 当代中国史研究，2020（3）；葛建雄. 中国移民史 [M]. 上海：复旦大学出版社，2022：2.

气，而水泽滋润的成都富含阴柔之美。成都平原，气候滋润、良田万顷，加上伟大的都江堰工程，成为农耕文明最理想的聚落地。成都因此繁华了数千年，也"安逸"了数千年。故知足常乐和追求安稳的盆地意识在成都人中表现得十分浓厚，并在此基础上发展出了全国最独特的休闲文化。而地处长江、嘉陵江汇合之地的重庆，是自古以来"蜀道难"的四川与外界联络的唯一的水路和最繁忙的通道，是东西南北各路商贾的汇集之地。特别重庆在近代，尤其抗战时期成为陪都，堪称西南地区首屈一指的政治、经济、军事、金融重镇。在商贸繁荣的同时，历史上这里曾三教九流，龙蛇出没，致使重庆的码头和江湖色彩十分鲜明。

综上可见，成都与重庆，一阴一阳、一柔一刚、一静一动，山水相连、水乳交融，互利互补，形成了一幅造化天成的巴蜀太极图。然而，对双城影响更为深远的是近现代史上三次大规模的移民，致使成都、重庆成为我国广大地域多元人种族群基因和文化基因的大熔炉、中华文明重要的传承地。

第一次大规模移民历史上称为"湖广填四川"。发生在明末清初。清军清剿明朝在四川的残余部队，双方交战30余年之久，加上明末以张献忠为首的起义军在四川的烧杀抢掠，以及瘟疫和虎患，致使四川人口从900万锐减至16万（据《中国人口通史》）。成都几乎成了一座空城、一座废墟。"蜀省有可耕之田，而无耕田之民。"顺治十年（1653）清政府发布了招募移民进川开垦的通告，提供了一些优惠政策。康熙七年（1668）四川巡抚张德地再次上书恳求扩大移民，康熙三十三年（1694）康熙皇帝发出"招民填川"的著名诏书，下令从湖南、湖北、广东、江西、福建、陕西、贵州等省向四川移民。由于朝廷与地方政府对移民实施了一系列优惠的政策，加之对"天府之国"的向往，致使在多年后应诏入川变成了争相入川，更多的省份如广西、云南、河南、甘肃、浙江、江苏等省的民众也纷纷加入移民四川的队伍。而移民还在继续，道光十年（1830）四川人口已有3200万人。此次移民历时100余年。

第二次大规模移民川渝发生在抗战时期。自1937年7月7日"卢沟桥事变"之后，东北、华北战区民众就开始向西南移民；10 月 30 日上海淞沪会战失败，在首都南京遭受巨大威胁的情况下，11 月 20 日《国民政府迁都重庆宣言》发表，迁都重庆的行动开始。直到次年的 12 月 8 日蒋介石率军事委员会从桂林飞抵重庆，历时一年的时间中国历史上最大规模的迁都行动完成。伴随政府迁都，计有 250 多家工厂（占内迁工厂 55.8%）、80% 的军火工厂迁到重庆；48 所高等学校（占内迁高校 76.8%）迁到四川。进入成都、重庆的主要是政府职员、教师及各类知识分子、工商业者、技术人员和工人。两市因此新增人口 100 余万人。除了上述有组织的内迁，更大规模的则是难民自发地迁移。由于川渝有着抵御日本侵略的地理战略优势，因此成为全国难民所向往。整个抗战期间迁入内地的人数达 1500 万。

第三次移民川渝发生在 20 世纪 60 年代"三线建设"时期。当时中国面临严峻的国际形势，与美、苏、印等国的矛盾与军事冲突加剧，备战问题摆到了党和政府的重要议程上来。1964 年五六月间，中共中央政治局常委扩大会议讨论"三五"计划时，提出了"开展三线建设、加强备战的重大战略部署"。本着"大分散，小集中"的原则，重庆被定为全国三线建设的中心。四川三线建设以重庆、成都为轴心，企业沿宝成线、成昆线、成渝线、川黔线及襄渝线分布。在四川内迁与新扩建各类大中型企业达 450 个，涵盖机械、冶金、化学、电子、能源、兵器、航空、航天、船舶及核工业等工业门类。其中电子工业的企事业增加到 103 个；机械、兵器及冶金这三类工业企业约占内迁企业总数的 61%。这里有许多是特大型国企，如攀枝花钢铁公司、长城钢厂、成都无缝钢管厂、长江起重机厂、长江挖掘机厂、红岩机器厂、第二重型机床厂、东方锅炉厂、东方汽轮机厂、东方电机厂、四川仪表总厂等，当然还有许多重要的科研院所，无疑填补了川渝在科技与工业发展方面的很多空白。三线建设中数以百万计的中国工人、科技人员、解放军官兵涌入川渝，带去了技术和人才。到 80 年代四川拥有科技人才和其他知识分子 150 多万人，比例远高于全国的平均数。

从 17 世纪中叶起，近现代全国三次向川渝大规模的移民，意义是非常显著和重大的：

1. 大幅度提升了川渝地区的人口素质

第一次大移民几乎是在川渝被战乱清空的情况下，全国十几个省向川渝移民达一个世纪。无疑为异地居民和异族人口之间的通婚创造了极好的条件，从而避免了近亲和同族间的繁衍，有利于提高人口身体素质和防止人口的退化。正如葛建雄先生所指出："移民的过程往往也是一个优存劣汰的过程。特别在早期的或长距离的、战乱中的人口迁移中，能够到达终点并且能生存繁衍下去的，往往是体力和智力上的强者。经过一次移民，人口的素质就会得到一定程度的提高。"①

2. 大幅度提升了川渝地区的科技文化水平

移民对川渝科技文化水平的提升十分显著，尤其是在第二次和第三次移民中。抗战前川渝只有4所高等院校，抗战中48所高等院校移至川渝；而战乱中，中国知识界几乎所有精英云集四川、云南，继续从事教学和科研，为国家培养了大批栋梁之材。由于川渝被国家定为"三线建设"的重点，到20世纪80年代川渝拥有科技人才和其他知识分子150多万人，比例远高于当时全国的平均数。这些科技人才以及内迁四川的数百所大中型企业和科研院所，成为成、渝地区能够与我国东部沿海发达地区同步实现现代化即工业化的助推器。

3. 拥有开放包容的文化心态

近现代三次举国向以成渝两市为中心的四川大移民，造就了川渝这个独特的移民社会。历次移民所带来全国各地的不同文化、不同的风俗、不同的劳作方式、不同的方言，甚至不同的戏曲艺术、不同的饮食谱系等。在这里会不断发生冲突和碰撞，从而或取长补短、优胜劣汰，或求同存

① 葛建雄. 中国移民史·第2卷·先秦至魏晋南北朝时期[M]. 上海：复旦大学出版社，2022：124.

异、互相包容。应当说，移民社会开放包容的文化基因，也在川渝几代人中传承下来，在中国改革开放、全球化和西部大开发的今天显得十分宝贵。因此，大批外资企业入驻成都、重庆两地，是历史、文化和经济发展的必然结果，其文化和政治土壤，以及丰富的资源，特别是人力资源为外资的投入提供了便利条件。这也为我们的研究提供了丰富的案例，这些案例因着巴蜀文化同先富起来的北、上、广、深文化的差异，而具有其独特的价值，让我们可以窥见在改革开放不断和更加深化的大环境中，内陆城市和人民在与外国公司带来的外来文化接触中产生的文化间性（intercultuality），以及由此而引发的对于工作中的人际交流的价值观、态度和行为的融合、并存和转变。我们相信这会为跨文化管理、国际商务及跨文化交际等领域带来学术和实践方面的贡献。为了更好地理解外资企业这个在中国独特的存在，以及它对于中国和中国人的影响，把我们的研究放置于历史长河的背景当中，我们在下一章中将回顾西方企业的来华历史。

第三章　西方企业来华简史

　　1275 年，意大利威尼斯的商人、旅行家马可·波罗，抵达元朝的首都。他在中国游历了 17 年，其《马可·波罗游记》描述了当时富饶中国的景象，激起了欧洲人对东方的热烈向往，对以后新航路的开辟产生了极大影响。自 15 世纪起，由葡萄牙人率先，同处伊比利亚半岛的西班牙人紧随其后，开启了人类大航海与地理大发现的伟大时代。经海路，我国的瓷器、丝绸与茶叶从此以更快捷的方式源源不断运往欧洲。西、葡两国占据海上霸权和海路贸易达两个世纪之久后，代表了新兴资本主义和市场经济的荷兰、英国取代了西葡，世界进入"荷英时代"。从此欧洲与中国的贸易往来更加紧密。

　　西方企业自满清末年起进入中国已近 400 年，至今共经历了三个时期。

一、被迫开埠时期(鸦片战争前后至 1949 年)[①]

　　在"荷英时代"，以先进的资本主义生产方式和经营方式，欧洲经济获得了大幅度发展，尤其是英国率先发起的工业革命，使西方各国相继步入工业社会。在重商主义和自由贸易的大旗下西方企业也开始进入中国——这个有着巨大的人力资源、广阔的市场，尚处于落后的农业社会的国家。初期进入中国的企业大多能遵守中国法律，坚持资本主义诚信经营的方

---

　　① [美]费正清，刘广京. 剑桥中国晚清史 1800—1911[M]. 北京：中国社会科学出版社，1992：6.

式,但很快有了例外,这就是英国"东印度公司"。早在 1711 年,它就在广东建立了贸易点进行茶叶、丝绸贸易,但在 1773 年之后,便开始将其在孟加拉国种植的鸦牙片运往中国,中国政府屡禁不止,到鸦片战争爆发前的 1838 年,当年鸦片输入中国的数量就高达 1400 吨!中国政府发起的禁烟和销烟引发了 1840 年的鸦片战争,最终签署的《南京条约》,迫使中国开放通商口岸和割让香港岛。1860 年第二次鸦片战争之后,清政府又被迫与西方列国签署了《天津条约》和《北京条约》,到 1894 年实开通商口岸已从 5 个(广州、厦门、福州、宁波、上海)扩增到 25 个(新增者有汕头、天津、营口、镇江、汉口、九江、烟台、淡水、台湾、琼州、宜昌、芜湖、温州、北海、拱北、九龙、龙州、蒙自、重庆、亚东)。从此西方企业由沿海进入中国内地。

西方列强终于在船坚炮利的掩护下,撬开了中国的大门!满清政府长期闭关锁国的状况被画上了句号。

1. 外资在华贸易商行

中国的对外贸易主要是通过在华外资贸易商行——洋行进行的。早在中国开埠通商前的大半个世纪内,广州作为中国唯一的外贸口岸就已设有一些外国商行。第一次鸦片战争后,新旧洋行开始陆续向不断增开的通商口岸转移、扩展或新设,数目有所增加。第二次鸦片战争之后,列强进一步取得了向中国进行经济扩张的特权,到 1894 年,来华洋行已达 580 家。洋行的国别构成及其排序情况如下:英国位居第一,德国第二,日本第三,美国第四,法国第五,俄国第六。英商著名大洋行有太古洋行;日商著名洋行有三菱洋行、三井洋行、吉田洋行;德商著名洋行有瑞记洋行、鲁麟洋行。1865 年之前各洋行的主要业务,进口几乎都是鸦片和棉制品,出口几乎都是茶叶和生丝。1865 年以后,除了继续经营原有的进出口商品外,其他商品大量增加,出现了一些专门进口钟表、珠宝和五金机械的洋行,进出口品种业务种类渐趋多样化。

2. 外资在华开办的交通和工矿企业

随着西方列强对华贸易的扩展，从适应贸易扩展的交通运输和商品加工需要出发，他们在华投资开办资本主义性质的交通、工矿企业方面也出现了新的势头。

轮船航运业是西方列强为扩大对华商品倾销和原料掠夺而在这一时期兴起的一个重要产业部门。到1861年以后，在华设立轮船公司从事中国沿海和内河航运业务，成为外资轮船航运业扩张的最主要的方式之一。

除了直接在中国设立轮船公司之外，还有不少设在列强各国本国的轮船公司开辟了对中国的远洋航线，有的还开辟了中国的沿海和内河航线。总的来说，从1861年到1894年，先后有近50家的外国洋行在中国经营轮船航运业。外国商人在中国总计设立过16家轮船公司和4家驳运公司。此外有25家外国远洋轮船公司通航中国，经常来往的轮船近200艘，约66万吨。

在扩展轮船航运业的同时，外资还在寻求开辟铁路交通和电报通信业，以便为其对华贸易提供更为便捷的陆上运输和商情传递。1872年，上海的英美商人联合组成"吴淞道路公司"，1876年7月，吴淞铁路筑成通车，全路长10英里。尽管不久因遭当地人民反对，清政府于1877年10月以28.5万两白银的代价赎回并拆除，但已达到了把铁路向中国"介绍进来"的目的。

西方列强在中国开辟电报通信业始于19世纪60年代初，到70年代英国的大东电报公司建成了自广州、汕头、厦门、福州、宁波到上海的海底电报线。由丹麦、挪威、英国、俄国商人联合组成的大北电报公司，于1873私自铺设了上海至长崎、上海至香港的海底电报线。1881年，大东公司又趁李鸿章请求大北公司架设津沪电线之机，获取了香港至广州的电线架设权。

1860—1865年，西方在华共有9家船厂建成。其中最主要的是1862年建立的英商祥生船厂（Boyd&Co.）和1865年建成的美商（后转为英商）的耶松船厂。祥生船厂到1888年时,已制造轮船31艘,拥有工人近2000人。耶松船厂在1882—1893年共造成大小轮船37艘,其中19艘为清政府所定造,拥有工人2000余人。

继船舶修造业之后,更为先进的电信电气化方面的外资投入是德商西门子公司,1872年就与中国开始了业务往来。西门子在中国的第一笔订单是向中国提供指针式电报机,这标志着中国现代电信事业的开端。1879年西门子提供了一台10马力的蒸汽轮发电机组,解决了上海港的照明问题。1899年西门子在北京建设了中国第一条有轨电车,同时还在北京建设了中国第一家发电厂,为城区照明以及电车轨道提供电力。1910年西门子创建了西门子中国电气工程公司,促使其在中国电力领域的业务迅速发展。1921年西门子还在山东枣庄实施中兴煤矿公司的电气化工程,该工程是中国第一个现代化采矿工程。

外资在华发展轻工业方面的投入,从19世纪60年代起,开始设立以缫丝和制茶为主的出口品加工工业。外资缫丝企业出现于60年代初,且集中于最主要的输出口岸上海。1861年第一家外资缫丝厂——怡和纺丝局在上海成立。从70年代末开始,外资丝厂形成办厂高潮,使上海成为生丝出口中心和缫丝业基地。外资茶叶加工企业最早于1868年在台北出现。从70年代中期起,汉口成为外资机器茶叶加工业的中心。在华外资还发展了其他轻工业,在出口加工业方面有:榨油、制糖、蛋粉、制革等企业。在进口替代品制造业方面有:面粉、面包、糖果、酿酒、汽水等食品加工业,以及烛、皂、火柴、家具、建材、造纸和印刷等生活用品制造业。

3. 外资在华金融和保险企业

早在鸦片战争前,外国银行虽已开始在中国的香港、上海、广州设立分行、代理处等分支机构,但数量尚不多,总行均未进入中国。从1865年起,外资银行的情况开始发生重大变化,这是从汇丰银行在香港设立而开始的。

汇丰银行发起于1864年,是以控制中国金融市场为首要目的、满足英国对华经济扩张需要的第一家外资银行。它设总行于香港，成为第一家将总行设在中国的外国银行。很快它在 11 个城市开设分支机构，成为一个规模最大、效益最好、影响最广和势力最强的外资银行。在汇丰银行设立以后，从 19 世纪 70 年代起，一批外资银行陆续进入中国。

英国的德丰银行、大东惠通银行、中华汇理银行相继进入中国。德国政府于 1872 年支持德意志银行到中国设立据点，到 1890 年，又以德华银行取代德意志银行，作为在中国的专营银行。法国政府也在 1890 年后专门成立东方汇理银行，接替 1860 年在中国设立的法兰西银行分行。日本政府所支持横滨正金银行，于 1893 年在上海设立了代理处。俄国政府所支持的华俄道胜银行也于此时进入中国。经过 20 多年的扩张，到 1894 年时，西方 6 个主要列强国家中，已有英、法、德、日、俄 5 国的银行势力进入中国，只缺美国；外国银行的分支机构已达到 45 个，基本上遍及各通商口岸。

在保险业方面，第一次鸦片战争之前，中国已有极少数的外资保险公司出现。据目前所能见到资料来看，最早出现的外资保险企业是 1805 年在广州成立的谏当保安行，到 1836 年由英商怡和洋行接管，并改组为谏当保险公司(亦称"广东保险公司")。

第二次鸦片战争以后，随着中国通商口岸的开放、对外贸易和沿海贸易的发展，西方在华保险公司逐渐增加起来，并开始向各通商口岸推进。这些保险公司在初期都由相关航运企业合伙设立，主要为合伙人自己互相保险，做轮船运输方面的保险业务。后来逐渐发展为面向全中国，业务范围也大有扩展。经营范围包括水火、家庭财产、盗难、地震及其他。

综上所述，自第一次鸦片战争后西方在华企业的业务一步步扩大，贸易总量也急剧增加，从 1871 年前的 2.09 亿美元，增至 1929 年的 14.19 亿美元。西方各国在华投资到 1902 年上升到约 10 亿美元，1937 年则超过了 45 亿美元。而在日本殖民下的伪满洲和台湾地区，日本投资达 100 亿美元。到 1933 年外国资本控制下的中国主要工业的资产份额为：煤炭 39%，生铁 82%，造船 48.2%，棉纱 29.1%，棉布 61.5%。到"二战"前夜的

1936年外国资本已构成中国工业总资本的73.8%。

据统计到1949年，外资在华注册企业共计376家，其中超过2/3为英国人所拥有。

二、再次闭关自守时期(1949—1976)①

自1949年中华人民共和国成立后分别对西方各国企业采取了没收、征用、注销经营权等做法，到20世纪50年代末，西方企业悉数离开中国。

早在"二战"结束时，日本所有在华企业与资产就已被民国政府全部没收。

1949年后在华外资企业中以英国企业为最多，仍然在继续经营。但是1950年6月朝鲜战争爆发，以美国为首的西方国家以"联合国军"的名义参战，中国因援朝成为敌方，作为惩罚美国冻结了中国在美国银行的全部存款约800万美元，中国也报复性地没收了美在华的企事业。美国在华投资的重点不在制造业，而主要在教育，如燕京大学、协和医科大学，以及公用事业方面，如上海动力公司、上海电话公司等。因为参与战争西方各国在华企业也都受到了一定影响。加之，20世纪50年代初中国政府为了稳定新生政权在开展"三反""五反"运动的同时对资本主义企业也采取了"利用、限制、改造"的政策，并制定了一系列有别于传统市场经济规律的新法规，令在华的西方企业面临很大阻碍，经营活动难以为继，自然其结局都不看好。例如在华规模仅次于英国的法国公司，其下场也不外乎三种：(1)简单地将整个公司交给了新政权；(2)被军管或长期被征用；(3)以联合或扣押的形式被接管。

在华外资企业中占大头的英企处境自然很不堪，尽管英政府在中华人民共和国成立之初便在西方各国中率先承认了新生政权，但仍难免在朝鲜

---

① ［美］R. 麦克法考尔. 剑桥中华人民共和国史[M]. 费正清，译. 北京：中国社会科学出版社，1992；［以色列］谢艾伦. 被监押的帝国主义[M]. 北京：中国社会科学出版社，2001：8.

战争中的与中国的敌对关系，加之美国对英国不断的施压。一个多世纪以来英商在华投资主要集中在：原材料、贸易、工业制造、金融、保险、航运、港口设施，以及公用事业等方面。到1952年年英国主要企业均表达了停止经营的愿望。到1952年年底总共有236家企业（占英国在华资本的60%）清算了它们在华的资产。在剩下的英企中还有三家规模巨大的私企，它们是：怡和有限公司（经营进出口、航运保险、棉花加工和酿造酒业）、太古公司（涉及航运业、制糖业和颜料工业等）和新沙逊洋行（专门从事不动产、商业和重工业）。这些大公司，还包括著名的汇丰银行，1949年后越来越无法正常经营，由于无法经营纳税、发放雇员工资等，从而欠下了大笔债务。这些企业在与中国政府经过多年反复拉锯式的谈判之后，大多采用了以全部在华资产抵债的形式，到20世纪50年代末全部撤离了中国。在此之后，直至20世纪70年代末近20年间成为西方企业在华的"空档期"。

三、改革开放时期（1977年至今）

1978年12月18日，中国共产党十一届三中全会的召开，开启了中国改革开放的大幕。一天后，可口可乐在美国正式宣布，重返中国大陆市场。早在1927年，可口可乐就在上海和天津建立了装瓶厂。同年返回中国的还有美国GE公司，该公司早在1906年就开始在中国经营，1949年后中止。目前GE的8个产业部门——航空、医疗、石油天然气、发电设备与水处理、能源管理、运输、GE金融、照明，都已在中国开展业务，在中国拥有18000多名员工，建立了50多个独资、合资企业及研发中心等经营实体。同样与中国中断联系近30年之后再次来到中国的还有世界著名的计算机公司美国的IBM公司。20世纪80年代中后期，IBM先后在北京、上海设立了办事处。1992年在北京正式宣布成立IBM中国有限公司，这是IBM在中国的独资企业。重返中国的还有当今世界先进制造业巨头德资西门子公司。1984年西门子为中国建设了第一条高压直流输电线，这条输电线将 1200 兆瓦的电力从位于长江中游葛洲坝水电站输送到远在千里之外的上海市。西门子是第一家应邀与中国进行如此深入合作的外国企业,1985年 10 月 29 日西门子与中国政府有关部委在北京签署《西门子公司与中华人民共和国在机械工业、电气工程和电子工业等领域开展合作的备忘录》,此后西门子在华各省市已建立 13 个运营公司。1988 年 10 月 31 日西门子与中国达成在中国建立第一家生产数字公共电话交换系统(EWSD)的协议,以满足中国不断增长的公共电话系统的需求。1992 年,西门子在华建成了一家生产计算机断层扫描系统(CT)的合资厂,这是西门子在德国以外成立的第一家 CT 生产基地。2006 年 10 月,西门子中国研究院在北京正式成立,该研究院和西门子美国研究院成为西门子在德国以外的两个最大和最重要的研究基地。

到 2019 年,全球市值 250 强的外资品牌在华设立研发中心的有 108家,占比 43%,其中至少 15 家企业在中国开设的是全球研发中心。仅在上海一城,外资研发中心累计超过 420 家,其中,40 多家为全球研发中心,近 20 家为亚太区研发中心。

最早返回中国内地的外商企业还有 20 世纪 50 年代最后撤离中国的英资巨头怡和集团。1980 年,怡和参与投资了在中国的第一家合资企业"中国航空食品有限公司"及第一家工业合资企业"中国迅达电梯有限公司"。集团还通过其属下公司在浙江省投资了绍兴水厂的引水工程。

自中国改革开放以来,首次进入中国的外资企业当以万计。这里有代表高科技制造业的美国半导体公司 Intel,以及为苹果等高新技术产品代工的超大型企业富士康。而更多的是进入我国民众日常生活的外资企业,从最早的皮尔卡丹、宝洁、松下电器,再到麦当劳,以及 LV、轩尼诗 XO等,不少产品符号代表着高档、奢侈、身份、时尚和国际化,很快打开了中国的市场,其产品和服务也已成为我国民众生活中不可或缺的一部分。

根据国家商务部统计,截至 2019 年 12 月,外商在华投资已达 100.2万家,其中独资企业达 55.6 万家,占比 57.9%。外商投资中科学技术、信息技术等服务业增长较快,2019 年我国第一、二、三产业使用外资金额占比分别为 0.3%、29.9% 和 69.8%。该年外商投资企业缴纳税收为 2.87 万亿元，占全国纳税收入的 18.2%。

外资企业已经成为我国产业构成不可或缺的一部分，同时也为我国提供了客观的就业机会，上述在华外资企业中除了管理层中有少数是来自母公司的外籍人士外，公司中大多数员工是来自中国本土、本地的中国人。本书采用质性和量化混合的方法，试图以这群人为研究对象和研究单位，从他们的视角了解他们的感受、态度和经历，同时获取可以进行一定范围内的普及，并得出其中规律的数据和结论，从而指导进一步的相关研究，为广大实践者，包括，管理者、员工、投资方等，提供帮助。

第四章　文化、文明与跨文化交际

一、文化的定义

根据学科、功用与时代的变迁，以及其内涵和外延，关于文化的定义不胜枚举。人类学家 A. Kroeber 和 Kluckohn[①] 在其关于文化定义的著作中，就列举出了近 300 个文化定义。然而根据本书研究工作的主题，我们选用了跨文化交流学者 FredE. Jandt 的定义[②]，他认为文化是：

（1）一个可以自我支持的社群或者人群，它的规模足够大以至于可以不用依赖外界而繁衍生息。

（2）这样一个总体，包括：这群人的思想、经验和行为模式，指导行为的概念、价值观和对于生命的假设，以及以上这些组成元素通过与别的文化接触而进化的过程。

（3）这些思想和行为，从出生于一个家庭到进入学校接受教育，通过数代人的社会传递过程。

（4）与这个群体有意识的认同的成员。

上述定义特别强调了文化产生的基础是群体，并且在这个群体中代代相传。文化如此的重要却又容易被人忽视，需要我们更多地关注和研究。

---

① Kroeber A. L., Kluckhohn, C. Culture：A Critical Review of Concepts and Definitions[M]. New York：Random House，1952.

② Jandt F E. An introduction to intercultural communication：identities in a global community(8th ed.)[M]. Los Angeles，CA：Sage Publications，2018.

在人类文明漫长的发展进程中，逐渐形成了风格迥异的各国文化传承，具体体现在经济发展模式、政治体制、人文、社会、意识形态等。其中由于交际模式的差异导致的碰撞和冲突是本书的关注点。而各种文明、文化的差异中尤以西方和东亚文化的差异导致的彼此交流的误会为最甚。究其主要原因之一，Hall 认为高与低语境文化的差异应予关注。Hall 提出的高语境、低语境文化，分别代表着两种截然不同的交流模式。① 前者常常依赖发生的情景、周围的环境、交流者间的关系，社会文化习俗和规范以及其他非言语的方式来补充或"完善"人际间的语言交流；而后者则主要依赖交流过程中直接传递的文字及言语来进行人际交流。据 Hall 以及过往很多学者的研究表明，以英美为代表的盎格鲁-撒克逊文化以及大部分西欧和北欧文化，主要属于低语境文化；而以儒家文化为代表的东亚文化（包括：中国、日本、韩国）为典型的高语境文化。由于各自所依赖的信息来源，和所期待的交流模式的巨大差异，来自这两组文化的人要进行有效的跨文化人际交流，就显得尤为困难。当然这还仅仅是东西文化各自在交际中所依赖的手段，也就是对于语境依赖的差异，两种文化的差异还表现在人们日常认知的许多方面，在调研数据的分析中我们将会一一论及。

二、文化与文明

在很长的时间里，文化与文明这两个词被视为同义词。1830 年，在柏林大学的黑格尔就交替使用这两个词。将文明与文化视为同义词而混用的情况，在我国学者中也十分普遍。

然而当今世界学者普遍认为文化包含于文明之中。著名法国历史学家费尔南·布罗代尔认为文明既表示道德价值又表示物质价值。哈佛大学教授亨廷顿说："文明和文化涉及一个民族全面的生活方式，文明是放大了

---

① Hall E T. Beyond culture[M]. Anchor Books, 1976.

的文化。"①

其实早在20世纪初我国著名的思想家、哲学家、教育学家梁漱溟先生也十分形象地提出过自己的观点，他说：

> 文化与文明有别。所谓文明是我们在生活中的成绩品——譬如中国所制造的器皿和中国的政治制度等都是中国文明的一部分。生活中呆实的制作品算是文明，生活上抽象的样法是文化。不过文化与文明也可以说是一个东西的两方面，如一种制度亦可说是一民族的制作品——文明，亦可以说一民族生活的样法——文化。②

在过去几个世纪中，全球化浪潮翻腾汹涌，几乎所有文化改头换面，再也难窥原貌。许多源自西方的发明：影视、服装、食品，尤其是互联网、智能手机等高新技术产品，在很短的时间里便占领了中国市场，大量仿造品也很快问世……迅速而至的现代化被人们普遍接纳，似乎意味着人类文明正在步入同一？

以色列新锐历史学家尤瓦尔·赫拉利在其一部被翻译成近30种文字的名扬学界的奇书《人类简史》中指出③：

> 今天全球已经没有纯正文化。几乎所有人类都接受同一套地缘政治体系(整个地球划分为不同的国家，但受到国际公认)；使用同样的经济制度(就算是地球上最偏远的角落，也受到资本主义市场经济的塑形)；采用一样的法律制度(至少在理论上，人权和国际法放诸四海皆准)；也接受同样的科学体系(不管在伊朗、以色列、澳大利亚还是阿根廷，专家对于原子结构或肺结核疗法的意见都会相同)。纵观大

---

① [美]塞缪尔·亨廷顿. 文明的冲突与世界秩序的重建[M]. 周琪，译. 北京：新华出版社，2010：6.

② 梁漱溟. 东西文化及其哲学[M]. 北京：商务印书馆，1999：60.

③ [以色列]尤瓦尔·赫拉利. 人类简史[M]. 北京：中信出版社，2014：11.

局，可以看到从小文化到少数大文化再到最后全球的单一文化，应该是人类历史无法避免的结果。然而虽然我们说全球无法避免成为单一文化，但它不见得会是现在世界上的任何一种文化。

尤瓦尔·赫拉利关于全球已走向单一文化、单一文明的观点，在其近作《今日简史》中，作了进一步的阐述[①]：

> 从长远来看，历史的方向十分明确。一万年前，人类分列成无数个孤立的部落，每过千年，部落就融合成越来越大的群体，但创造出的独特文明越来越少。到了最近几个世纪，剩下的几个文明已经开始融合成单一的全球文明。虽然在政治、民族和文化上仍然可能有区别，但整体上的统一进程并不会被动摇。

这种单一文明的观点在学术界一直备受争议，多年来就有不少学者坚持不同的看法，并对类似上述的观点提出过批评。亨廷顿说：

> 文明的概念提供了一个判断社会的标准。而在 19 世纪期间，欧洲人把许多思想能量、外交能量和政治能量投入于阐述一个标准，根据它来判断非欧洲人的社会是否充分"文明化"到是否可以被接受为欧洲人所支配的国际体系的成员。然而同时，人们越来越多地谈论多元文化而反对用单一的标准来判断什么是文明化。[②]

布罗代尔更是尖锐地指出：

> 存在着许多文明，它们每一个都以自己的方式文明化了。简而言

---

①　[以色列]尤瓦尔·赫拉利. 今日简史[M]. 北京：中信出版社，2018：8.
②　[美]塞缪尔·亨廷顿. 文明的冲突与世界秩序的重建[M]. 周琪，译. 北京：新华出版社，2010：20.

之，单一文明的论点"丧失了某些威望"，而一个单一意义上的文明，事实上可能在多元意义上是相当非文明化的。①

布罗代尔和亨廷顿都认为，文明被认为是所有史话之中最长的史话。然而文明虽然是持久的，但它也是动态的，它也在演化：兴起又衰落，合并又分裂。而今各国学者在确认历史上的主要文明和在现代世界存在的文明上意见基本一致。即历史上至少有 12 个主要文明，其中 7 个文明已不复存在即：美索不达米亚文明、埃及文明、克里特文明、古典文明、拜占庭文明、中美洲文明、安第斯文明；五个仍然存在即：中华文明、日本文明、印度文明、伊斯兰文明和西方文明。

自公元 1500 年文艺复兴运动发生以来，经历了几个世纪，由西方所确定的国际体系出现了，此时的文明意味着西方文明。然而，从 20 世纪"一战"后至今，由于民族国家的兴起和冲突的加剧，加上意识形态的冲突，历史学家所谓的"西方扩充"时期结束了。恰如亨廷顿所言："在 20 世纪，文明之间的关系从一个文明对其他文明单方向影响所支配的阶段，走向所有文明之间强烈的、持续的和多方向相互作用的阶段。"②由于这些事态的发展，国际体系超越了西方，而成为多文明的相互作用与共存。这就是当今世界文明的现状。如此，在全球化的背景下，具有不同文化与文明的人群之间的交往也势必成为常态。

三、跨文化交际

简而言之，跨文化交际就是来自不同文化的人彼此间的交际。其困难早被人们察觉，在早期的外交、贸易和商务活动中都有所体现。但在国际

---

① ［美］塞缪尔·亨廷顿. 文明的冲突与世界秩序的重建［M］. 周琪，等译. 北京：新华出版社，2002：24.

② ［美］塞缪尔·亨廷顿. 文明的冲突与世界秩序的重建［M］. 周琪，译. 北京：新华出版社，2010：32.

贸易和国际商务尚处在不发达时期，以及以不平等交换和剥削为标志的近现代殖民运动时代，不需要精细而深入的跨文化交际活动。随着"二战"后以联合国为标志的世界和平框架的确立，通信技术和交通工具飞速发展，尤其是 80 年代末冷战的结束，全球化在近 40 年的时间快速发展。国家之间的外交和商业活动越发密集，协同合作越发频繁和重要，没有任何一个国家可以成为一座孤岛，而不被全球化的浪潮席卷，几乎所有国家都先后搭上这趟全球化列车进入高速发展的轨道。因此，跨文化交际在这一过程中变得空前重要。尽管跨文化的议题常常被其他学科领域的学者作为一个重要的变量或者因素来进行研究和考虑，这并不影响其作为一个独立的研究方向存在。这一方向在美国及世界其他一些国家的传播学领域经过半个世纪的建立和发展，更是形成了一系列自己的理论和方法，许多重要而优秀的研究应运而生，巩固了该方向的学科地位。

追溯跨文化交际学科的开创与发展轨迹，我们无疑会把目光投向 20 世纪 50 年代著名的人类学家 Edward T. Hall 发表的一系列著作，例如《沉默的语言》《超越文化》《生命之舞》《隐藏的差异》等，这位高产的学者，从人类学的角度让世界不仅开始关注文化的差异，并且意识到由此带来的交流模式的差异，会为来自不同文化的人彼此理解和合作带来障碍。这些著作和其他类似研究的出现，跟时代的需求有关，"二战"后的美国以及其他战胜国发现世界格局已经发生了变化，一个世界和平的新秩序需要被建立起来，以促进世界的经济重建和发展，同时限制像"二战"时期的德国和日本这样的侵略势力，防止其又一次发动世界大战。美国认为想要控制一个国家，首先需要深入理解这个文化的历史渊源、国民性格、心理状态，从而理解其行事的动机，于是为了研究与自己的文化完全不同的日本文化，日本的监管国——美国在"二战"结束之际开始进行一系列的研究，被称为"战时民俗志和文化研究"，其中解析日本文化的专著《菊与刀》①就是当时

---

① BENEDICT R. The Crysanthemum and the sword[M]. Houghton Mifflin Company, 1946.

这一政治诉求的产物。同时，美国发现自己尽管在"二战"中主导了战争的结束以及和平协议的签订，在外交事务中却并不招人待见，甚至还得到了"傲慢""丑陋"的评价，于是，美国开始着手投入人力、物力进行跨文化交际研究，试图发现如何才能与不同文化的人和平、愉快的相处，并且有效地达到各自的交际目的。从此，跨文化交际的过程、结果、交际双方应该具备的素质、能力、以及影响这一过程的因素，变成了学者们乐此不疲地讨论和研究的课题。这一学科分支也从美国蔓延开去，在世界各地风生水起。只是跟美国不同的是，这一学科分支不一定设置在人类学或者传播学的领域，而可能是一门设置在语言学、外国语言文学与翻译、商学、社会学、国际关系学下面的课程，甚至仅仅作为一个与该学科结合的变量或者影响因素来进行研究。

2013 年，习近平主席代表中国政府提出了建设"丝绸之路经济带"和"21 世纪海上丝绸之路"的倡议，即"一带一路"的倡议；提出了互信、经济融合、文化包容的利益、命运、责任共同体的愿景和规划。中国人从此有了自己的全球化蓝图，不再完全依赖以西方为中心的全球化发展模式，而是开创了一种全新的由中国主导的、平等的对外合作的交流体系。要达到这一目标，学界势必意识到跨文化交际研究和实践的紧迫性和必要性，因此，可以预测，该学科将会受到越来越多的关注。然而，2019 年年底新冠肺炎疫情的暴发，以及随之而来的国与国之间、人与人之间的隔离，尤其是我国与美国为首的西方国家在经贸等领域的摩擦加剧①，使得跨文化交际的机会和挑战并存。悲观的看法认为跨文化交际面临的挑战和困难将在很长时间内占据主导位置。正因为如此，跨文化交际的研究更凸显其重要性。此外，从跨文化交际的视角来研究传统上属于管理学范畴的课题，对于进一步促进中国与各国的经济合作，特别是回应习近平主席建设"一带一路"区域合作平台倡议和"建立人类命运共同体"的需要，对于中国企

---

① FANG T, CHIMENSON D. The internationalization of Chinese firms and negative media coverage: the case of Geely's acquisition of Volvo cars [J]. Thunderbird international business review, 2017, 59(4).

业走出去，无疑都具有很大的帮助和启发意义。

以上对于文化、文明和跨文化交际的历史发展及界定，以及对于它们之间的关系的论述，奠定了我们接下来要讨论的相关理论和研究的基础，也描绘了"一带一路"倡议提出以及新冠疫情以来新时期的大背景，揭示跨文化交际研究在此种背景下的重要性。接下来，我们进入具体相关理论和方法的探讨和阐释。

第五章　相关研究的理论与方法

本书在了解相关地域和历史背景的基础上，进行了大量的实证研究，主要分为三个阶段，即：企业（中美）价值观对比研究、外企员工访谈研究，以及外企员工问卷调查研究。每一个阶段采用了不同的理论和方法，互为支持、补充和验证。本章将从企业文化的角度阐述企业文化差异的重要来源之一企业价值观的差异；接着阐述冲突管理的相关理论，以此来向读者展示本书中与冲突相关的研究设计的理论根据；然后，将注意力投向交际期许违背理论，理解这个理论的起源和发展，它如何被学者们应用到跨文化交际学的领域，以及本书如何通过这一理论引出相关的假设；最后，将讨论跨文化适应理论，以及如何导出跨文化冲突与员工对于企业社会文化适应的相互关系的假设。最后，作者将使用研究思路图，清晰地向读者呈现本书的研究路径。

一、企业文化理论

当谈到文化，著名的荷兰跨文化管理学家霍夫斯泰德（Geert Hofstede）提出了自己的定义：所谓文化，即人类大脑的程序，它可以使得一群人区别于另一群人。① 他说，这一定义可以用于企业文化，即当谈及企业文化的时候，这群人就是一个企业。他同时也提出了用于进一步剖析文化的洋

---

① Geert Hofstede. 文化之重：价值、行为、体制和组织的跨国比较（第二版）[M]．许力生，等译. 上海：上海外语教育出版社，2008：1-15.

业，它们的企业文化价值观是否已经趋同？如果还存在明显的国别文化的特征，那么不同国家之间的企业文化价值观的差异在哪里？为了得到这个问题的答案，我们可以从两个方面来考虑，一是研究企业公之于众的价值观陈述，可以称为激发性（aspirational）价值观，可以归属于霍夫斯泰德所说的最佳文化（optimal culture）的范畴，是企业根据发展战略制定的，用于动员员工生产力的企业文化；而另一个则是研究企业员工经验到的企业文化，经验文化（experienced culture），介于霍夫斯泰德所说的真实文化（actual culture）和感受文化（perceived culture）之间。

除了比较中美企业的启发性/理想企业文化价值观，为了更好地比较企业文化差异，我们进行了企业员工访谈，着重了解霍夫斯泰德的企业文化洋葱模型中符号层面所包含的沟通模式。选择这一层面，符合我们从跨文化交际的视角来研究管理学的问题。当然对员工访谈所了解到的企业文化属于经验文化（experienced culture），介于霍夫斯泰德所说的真实文化和感受文化之间。

二、冲突和冲突管理理论

冲突是人类生活各个方面不可避免的一部分，对冲突的看法存在正负两种观点。负面的观点认为，一切冲突都应当避免，因为它反映了群体内部的不和谐，冲突常被视为消极的并且与暴力和破坏有关。比如：Robbins认为，冲突是人与人之间缺乏沟通和信任的结果。根据这一观点，应避免一切冲突，所以有必要关注引起冲突的根源和管理冲突，以提高团队和组织的绩效。[1] 他认为大多数冲突有消极的含义，能引发消极情绪，所以往往导致破坏。[2] 而持正面的观点则认为冲突是所有群体中的自然现象，冲突也可以是好的，因为当冲突以正确的方式被管理时，它可以激发创新思

[1]　Robbins S. Organizational behavior[M]. New Jersey：Prentice Hall, 2005.

[2]　Rahim. Managing conflict in organizations[M]. New York：Praeger, 1986.

维，可以让我们审视思想和行为的必要性，所以冲突也可能是有利于一个团体的表现。根据这一观点，冲突被看作人在团队工作中的自然和不可避免的结果。互动主义观点也认为冲突不仅是一种积极的力量，而且是个人有效表现的必要条件，解决冲突意味着挑战正常的流程和程序，以提高个人生产力或引入创新系统。①

在管理学领域，冲突被理解为两个或者两个以上的个体在特定的问题上看法不同或者意见相左而产生分歧、矛盾，从而形成一种相互对抗和排斥的状态。冲突广泛存在于组织的各项活动之中，是组织及其成员之间存在的一种不和谐的状态。组织（工作场所）冲突是指组织成员的个人需求、价值、资源、关系和利益之间存在的实际的或者感知的对立。谢作渺②进一步指出，除了利益上的冲突，成员也会因感情需要而引起冲突，目的是获得感情宣泄从而达到感情平衡。当利益或者情感方面出现抵触而产生差异，表现在组织中就成为组织冲突。组织冲突不仅影响着组织成员的行为方式，也在一定程度上制约着组织行为倾向。总的来说，对组织冲突的研究经历了三个阶段的发展，根据 Mikkelsen 和 Clegg③ 的总结，组织冲突可以被视为：（1）功能失调，即：一种独特的行为现象，带有特定的目的和明显的结果；（2）功能正常，即：一种能够获得权威认可的手段，并且积极的冲突会激发团队的生产力，提高领导的有效性④；（3）社会构建，主张将冲突视作一种组织现象来处理，且冲突是一种过程，可以用微妙的方式来表达，可以是非言语化的。

对于跨文化冲突的界定，我们采用 Ting-Toomey 与 Oetzel 基于面子关注和权力距离的研究。Ting-Toomey 与 Oetzel 认为，跨文化冲突是指来自两

---

① Robbins S P et al. Management forest[M]. NSW：Pearson Education，2003.

② 谢作渺. 组织冲突协调策略[J]. 首都经济贸易大学学报，2002，4(6)：21-25.

③ Mikkelsen E N, Clegg S. Unpacking the meaning of conflict in organizational conflict research[J]. Negotiation and conflict management research，2018，11(3)：185-203.

④ Tjosvold D. Defining conflict and making choices about its management：lighting the dark side of organizational life[J]. International journal of conflict management，2006，17(2)：87-95.

个或更多的不同文化背景的交际者们在互动时由于价值观、规范、面子取向、目标、稀缺资源、过程和/或结果的不相容性所呈现的一种能被感知的争执状态。① 从社会心理学层面来看，Turner认为在特定文化背景和价值体系下，互动者会对某种态度、行为或反应产生期望，当这种期望由于文化差异，并没有得到来自不同文化群体的人的满足时，就会产生冲突。跨文化冲突出现的前提是参与者需要置于一定的交际环境中，需要有信息交换或者互动行为的过程，其表现形式则是在此过程中所发生的对立、对抗、摩擦。在此过程中研究者最关注的是文化差异这个诱因对人际交互的影响，因此文化差异是学者们在跨文化冲突研究中最核心的关注点之一。

关于文化差异，尽管一些学者和业界曾经普遍持有片面的负面评价，重点放在其破坏性，认为文化差异将会带来一系列问题，造成冲突，降低生产效率，并带来其他恶性效应。然而越来越多的学者对文化差异的正负效应趋于辩证地思考，认为不应完全将其作为跨国企业管理中消极的影响因素。有学者提出有效解决因文化冲突的管理难题是如何将文化差异转化为企业资源的关键②，例如，Shenkar曾以中国发展的外资企业为背景，研究由于文化差异所带来的文化摩擦及其在动态组织运行与活动中产生的负面与正面效用机制。他认为文化差异既能带来协同增效作用，也可能产生破坏性影响，故而主张"文化摩擦"应该是一个中立性的概念，应该赋予不带偏歧的理解。具体而言，他将文化摩擦定义为是在个人、团队、组织以及社会层面，不同的文化实体在实际互动的过程中相互抵触或摩擦的行为，既可能因拖延效率而阻碍公司的正常运行，也可能帮助公司调整发展方向促进内部和谐。研究者和组织管理人员也应认识到文化冲突在本质上是具破坏性和融合性为一体，进行跨文化冲突研究不能局限于其负面效

---

① Tingt, Stella O, JOHN G, YEEJ K. Self-construal types and conflict management styles[J]. Communication reports, 2001, 14(2)：87-104.

② 彭迪云. 现代跨国公司成长的文化因素与跨文化管理[J]. 南昌大学学报, 2000(4)：57-63.

应，反之也应该关注到冲突背后潜在的积极效应。一方面妥善处理文化差异带来的冲突，能够促进公司员工之间对多元文化的认知和理解，并提高自身的沟通与共情能力。另一方面，通过正确地解决文化差异带来的冲突和问题，也能够促进员工之间的有机融合，体现企业自身多元文化竞争优势，不断吸收不同文化在碰撞中所产生的新元素，为企业创新带来机遇和活力。①

对于冲突解决的理解和分类，Deutsch 最初从一维的角度提出了冲突的解决策略：竞争和合作。随后 Blake 和 Mouton 从管理学的角度，着眼于关心自己和关心生产两个维度提出了冲突处理的五种不同模型，即：强迫（forcing）、退避（withdrawing）、安抚（smoothing）、妥协（compromising）、问题解决（problem solving）。美国行为科学家 Thomas② 在 Blake 和 Mouton 研究的基础上对该模型作了进一步研究，从关心自己和关心他人两个维度，进一步提出了五种人际冲突不同的管理策略，即：回避（avoiding）、强迫（competing）、迁就（accommodating）、合作（collaborating）和折衷（compromising）。Rahim③ 在 Blake 和 Mouton 以及 Thomas④ 的理论的基础上，进一步将冲突的五种处理策略发展为：整合（integrating）、忍让（obliging）、支配（dominating）、逃避（avoiding）和妥协（compromising）。Pruitt 和 Rubin⑤ 在关心自身和关心他人两个维度上，区分出四种冲突处理策略：竞争（contending），问题解决（problem solving），让步（yielding）和不作为（inaction）。本书认为尽管双维度的冲突管理模式仍然不能穷尽现实

① 刘璞，井润田．中外合资企业的跨文化冲突研究［J］．管理学报，2006（1）：113-116.

② Thomas K W. Conflict and conflict management：reflections and update［J］．Journal of organizational behavior, 1992, 13(3)：265-274.

③ Rahim M A. A measure of styles of handling interpersonal conflict［J］．Academy of management journal, 1983, 26(2)：368-376.

④ Rahim A, Thomas V B. Managing organizational conflict：a model for diagnosis and intervention［J］．Psychological reports, 1979, 44(3)：1323-1344.

⑤ Pruitt D G, Rubin J Z. Social conflict：escalation, stalemate and settlement［M］．New York：McGraw-Hill, 1986.

中所有的冲突管理的方式和策略，特别是对于中国式的冲突管理方式解释力比较弱，但基本可以区分出对抗型和非对抗型两种冲突管理的方式，在田野调查中再根据收集的数据和案例补充具体的策略和模式。拿 Rahim 提出的五种冲突处理策略来讲，我们把其中的整合、支配和妥协归为对抗型冲突处理策略，而把逃避和忍让作为非对抗型冲突处理的策略。之所以划分对抗型和非对抗型两方面的冲突处理策略，主要原因是中西冲突管理的差异性，传统的观点以及 Ting-Toomey 等研究跨文化冲突管理的学者认为，中国人比较不会使用对抗型的冲突管理策略，而西方人则往往使用对抗型的冲突管理策略。这两种对待冲突的态度和方法，使得中西方跨文化冲突的管理面临双重挑战：第一，文化差异大容易带来矛盾和摩擦；第二，解决矛盾和摩擦的方式不同容易进一步激化矛盾和摩擦。

　　本书采用的冲突定义为观点不同或者意见分歧，从而产生对抗和排斥状态，这一定义有别于将冲突仅仅视为激烈的，甚至暴力的争执或者对抗行为的认知。前者赋予冲突更加广泛的从弱(意见相左)到强(暴力对抗)的连续性，而后者的定义较为狭窄和极端。本书还采用了社会构建理论的视角，认为冲突是一种组织现象和过程，主要通过言语或者非言语的方式来体现。对于组织，可以产生正面也可以产生负面的效果。当人们采用建设性的对抗型手段(比如：整合、妥协)来进行冲突管理的时候，冲突对于组织具有推动和促进发展的作用；反之，如果采用消极被动或者非对抗型的手段(比如：逃避、忍让)来进行冲突管理，那么从长远来看可能会使得矛盾发酵，恶化，产生破坏关系和生产的后果。当然，如果双方采用破坏性的对抗型手段，也就是我国台湾学者蔡树培所说的"强度关山式"(dominating)，那么冲突可能会升级，无论从短期还是长期来看都会破坏关系和生产。综上所述，本书赞同 Shenkar 对于跨文化冲突的中立态度，即认为跨文化冲突既可能带来一系列负面的效应，比如：偏见、低效率等，也可能带来诸如多元文化的创新性竞争优势等正面效应。又正如 Shenkar 所比喻，摩擦可以产生内耗和磨损，也可以产生前进的动力。

三、交际期望违背理论

总的来说，期望通常指较为持久的预期行为模式，可以归为一般社会性的，也可以是针对个人的。在任何特定文化环境中，人们在传递信息时都会遵循某些文化表达模式和认知模式。① 预期可以划分为规范性预期（normative expectation）和预测性预期（predictive expectation），追溯其原因，这是由预期构成要素所决定的分类。② 一种是适合整个交际群体或亚群体的规范性社会行为模式；另一种是与他人交际模式相关的、个体独有的交际知识经验。当个体信息缺失或有待定义时，期望则倾向基于以上第一种因素，即规范性、模式化。③ 因此个体会按照所处文化环境中的定式对他人行为产生相应的期望，这类文化定式会具体表现在人们的交际过程之中。④ 而交际期望又可表示为对特定个体预期性交际行为的认知，这种由社会规范所塑造的认知是对同时代角色、关系和语境的判断、认同的表现。值得注意的是，个体在交际中不仅对他者单独带有这两类预期，而且常会将规范性与预测性预期效应叠加最终产生对交际对方的期望。

各个学科领域都对期望差异有所研究，不论是期望差异（expectation diversity）还是期望违背理论（expectancy violation theory），都是着重研究社会个体对某一事件或对象提前产生的预设标准与实际事件本身或行为者的结果之间存在的差距效应。传播学者 Burgoon 结合不确定性理论和期望理

① Burgoon J K, Joseph B W. Nonverbal expectancies and the evaluative consequences of violations[J]. Human communication research, 1990, 17(2): 232-265.

② Staines G L, Libby P L. Men and women in role relationships[M]//Ashmore R D, DEL BOCA F K, Eds. The social psychology of female-male relations. New York Academic Press, 1986: 211-258.

③ Hamilton D L, Sherman S J, Ruvolo C M. Stereotype-based expectancies: effects on information processing and social behavior[J]. The journal of social issues, 1990, 46(2): 35-60.

④ Ekman P, Friesen W V. The repertoire of nonverbal behavior: categories, origins, usage, and coding[J]. Semiotica, 2009, 1(1): 49-98.

论,在 1978 年的文章中通过研究群体间的非言语交际行为,提出了期望违背理论,解释了非言语行为对信息传播的影响,由于互动双方具有较高的不确定性,个体通常会依照自身特定文化环境中固有的行为范式以及经验背景提前预设对方行为举止以及事件的发展走向,进而减少不确定性,提升亲密程度。① 期望违背理论主要关注在信息交流中个体对他人行为预期以及与人们在出现相悖预期后的行为效应。Burgoon 提出,在交谈者之间,人们对他人的非语言行为抱有期待,交谈距离如果发生期望以外的变化会造成生理唤起,经常还会产生模糊的意义。Burgoon 重点强调期望的社会规范性基础,认为在一个特定的社会群体中,许多沟通行为遵循群体成员通常固有的规则模式,这种社会规范存在的假设对期望的概念化是至关重要,她具体将期望定义为社会规范与交际者本身的已知特质(即偏离规范模式)的结合。该理论的适用范围从最初的非言语交际进一步扩展到言语交际领域。②

Burgoon 的理论中的期望违背归纳总结为"超出预期范围,明显与预期完全不符的行动"。除此之外,Burgoon 还提出了违背效价(violationvalence),特指客观上违背期望的行为的评价,而不是对信息传递者作出评价。当出现偏移预期的行为时,我们会对信息传播者的行为赋予正面或者负面的评价。这类赋意过程不同于她所提出的传播者奖励效价(communicator reward valence)。传播者奖励效价是指对某人或传播者做出背离期望行为的评价,是综合互动前对交流者的了解和观察信息以及互动中交流者的行为表现的评估。期望违背理论的研究假设主要有以下三个:第一,交际者的期望驱使双方的互动行为(人们在与他人的互动中总是带着期望);第二,交际者对他者行为的期望属于后天习得(人们不仅从文化中学习期望,还从文化中的个体那里学习期望);第三,交际者获得回报

---

① Burgoon J K. A communication model of personal space violations: explication and an initial test[J]. Human communication research, 1978(4): 129-142.

② Burgoon J K, Buller D B, Hale J L, Deturck M A. Relational messages associated with nonverbal behaviors[J]. Human communication research, 1984, 10(3): 351-378.

的价值会影响对背离期望的行为的评价(当人们离开或背离期望时,这种背离是否被接受取决于它对他人的回报)。

　　大部分对于期望的定义是价值中立的,而关于期望违背的评价却很少是中性的。偏离或出乎意外的行为都通常视为带有负面效应,可能会影响自我的认同,呈现以及角色塑造,进而破坏群体中认知的稳定性,[①] 但也有一些期望违背的行为能带来积极效应。例如1993年Eagly和Chaiken的研究结果表明预期以外的劝说性信息比预期内信息更有说服力。[②] 同样在市场营销方面的研究也表明,一定程度上地违反消费者预期,而不是一味地迎合预期,有助于提高消费者满意度。另外,非语言性的信息传播的实证研究也验证了某些非预期的非言语行为可以带来积极效价。[③] 因此,交流中所出现的期望违背行为并不会只有负面效应,也可能存在积极的促进作用,有利于打破一些模式化的沟通行为,降低双方的信息不确定,增强人际关系中的亲密度。交流预期是社会常规互动规范准则以及个人行为模式的综合反射物,预期不仅会受交际个体特质因素改变,同时也会因交际双方的社会文化背景因素发生变化,进而期望效价也会因文化的差异而不同。[④] 例如在高语境文化的交际互动中,人们更偏向于减少非言语信息的传递,往往对过多的非言语信息持较低的交流效价;反之,来自低情景语境文化背景的个体则对非言语接触抱有更多期望,对高频率的非言语互动信息持积极的正向交际效价。[⑤] 因此,在研究沟通中的期望违背行为效价

　　① Backman C W. Identity, self-presentation, and the resolution of moral dilemmas: toward a social psychological theory of moral behavior[M]//Schlenker L, Ed. The self and social life. New York: McGraw-Hill, 1985: 261-289.

　　② Eagly A H, Chaiken S. The psychology of attitudes[M]. Fort Worth, TX: Harcourt Brace Jovanovich College Publishers, 1993.

　　③ Burgoon J K, HALE J L. Nonverbal expectancy violations theory: model elaboration and application to immediacy behaviors[J]. Communication monographs, 1988(55): 58-79.

　　④ Gudykunst W B. An anxiety/uncertainty management (AUM) theory of strangers' intercultural adjustment [M]//Gudykunst W B, Ed. Theorizing about intercultural communication. Sage Publications Ltd, 2005: 419-457.

　　⑤ Morrisd. Intimate behavior[M]. New York: Random House, 1971.

时，不仅要注意关注与期望相关联的信息内容、个体差异、群际同质性，而且也应该将预测性（predictive）与规范性（normative）交流期望的评估置于合理的文化语境信息中进行，充分考虑文化维度变异性对期望形成的作用。

在组织行为学领域，谢晓非与朱冬青等人提出了期望差异效应，认为期望差异是描述人际关系之间的冲突来源之一，具体定义为"指处于同一情境中的一方对另一方自我期望之间的差异，现象上表现为沟通双方认为对方无法与自己的期望相符，因此各执一词相互抱怨、难以沟通，甚至产生激烈的对立等状况。"①本书的研究问题涉及跨国公司内部人际冲突发生的过程及起因，根据 Judee Burgoon 的交际期望违背理论，以及谢晓非与朱冬青等所提出的期望差异与危机的关系的观点，我们认为员工的心理期望违背是冲突诱发的直接因素之一。

跨国企业的情况比起单一国别文化的企业更加复杂，员工彼此之间的交际期望究竟是基于外资公司企业文化的政策、规章和氛围，以及价值观，还是员工生长的本土文化的传统、规范和习俗，以及价值观呢？比如，同一个外资企业的员工 A 和员工 B 已经各自对企业文化有所了解，他们在工作中的沟通更多会遵循企业文化的规章制度，还是他们成长的当地文化的习俗规矩呢？当他们各自或者共同面对外籍同事的时候又是怎样的呢？当 A 和 B 产生矛盾或者摩擦，他们更多的是使用企业文化中的冲突处理模式还是按照当地文化的冲突处理模式来管理他们之间的冲突呢？另外，交流期望还可能建立在个体的习惯、个性、关系的亲密度等之上，致使情况异常复杂，冲突的产生更加不容易预测。为了使得不确定性因素减少，外资企业的规章制度往往非常详细而具体，大部分外企还制定了涉及冲突解决的条款和规矩。对于新员工的培训也非常重视，指导他们遇事采取"就事论事"的专业态度，目的也是为了降低期望违背，以减少不必要的

---

① 谢晓非，朱冬青. 危机情形中的期望差异效应［J］. 应用心理学，2011，17（1）：18-23.

冲突和误解，维持和谐的工作环境，从而创造更多的价值。

四、文化适应理论

Burgoon 以及其他学者对期望违背理论进行了不断的深化和完善，Burgoon 提出了互动适应理论(interaction adaptation theory)，并把期望违背作为其理论的核心概念。互动适应理论作为期望违背理论的扩充和衍生理论，支持期望违背理论中的基本假设。构成互动适应理论九大原则的理论前提是与期望违背三个理论假设相关联的五个核心概念即：要求、期望、需求、互动地位与实际地位。它们更加完备地解释了人际互动适应过程[①]。Burgoon 的期望违背理论侧重评估衡量人际关系的起端，开始产生互动前交际者的期望形成以及未达到预期或背离预期行为所带来的影响。而互动适应理论集中探讨交际者在沟通过程中所采用的调整方式与适应过程。[②]

互动适应理论着重强调交流者之间常规互动以及沟通行为和功能对群体适应过程的重要性，扩充了人际适应模型和理论。另外，互动适应理论承接了期望违背理论中的核心思想，并实现了期望违背理论中的假设同跨文化交际有机的建构。在互动适应理论研究中，Burgoon 主张期望会影响交际者的互动适应，并且她的多数研究成果是通过采用背离期望的实验来讨论交际者在跨文化沟通视角下的互动适应情况(如：1999 年研究陌生人首次见面的期望性非言语示好符号的文章；2001 年研究跨文化沟通中的人际欺骗现象的文章)。

正如前文所述，个体在发生交际之前会对交际者存在规范性期望，而这又会因个体的文化背景差异而变化；此外，单一文化群体的个体，对内

---

① Burgoon J, Stern L, Dillman L. Interpersonal adaptation：dyadic interaction patterns. Interpersonal adaptation：dyadic interaction patterns [M]. Cambridge University Press, 1995.

② Burgoon J K, White C A. Researching nonverbal message production：a view from interaction adaptation theory[M]. Mahwah, NJ：LEA, 1997.

部与外部也存在期望差异。在认知有限的情况下，个体对来自异质文化群体的交际者容易产生较为相似的期望，而这类对异质文化交际者的期望违背，相对比于同质文化交际者的期望违背，往往是负面或消极的。例如希腊人对来自同文化的交际者会抱有例如礼貌、热情、可靠的正期望效价，而对非同文化的背景的交际者则易有好斗、不友善、不可靠的负期望效价，这或许可以解释为模式化排外认知。所以在实际跨文化交际互动中，交际者双方可能会因受文化定式的影响和作用，存在更多的背离期望的，在单方交际者看来违背预测或者违背规范的交际行为。①

美国心理学家 Redfield、Linton 和 Herskovits 在 1936 年第一次提出了"文化适应"（acculturation）的概念。他们将跨文化定义为："不同文化背景的人不断地进行直接接触，导致一方或双方的原本文化模式发生变化的现象。"②到了 20 世纪 70 年代中期，加拿大心理学家 John Berry 将"文化适应"一词普及为"两种或多种文化群体及其内部成员接触所导致的文化和心理变化的双重过程"。③ 新西兰心理学教授 ColleenWard 将文化适应定义为文化学习的过程，其中的变化是由于不同文化背景的个体间不断进行直接接触而产生的。④ 文化适应突出了文化群体在跨文化适应中彼此相互影响的特点，因此文化适应的结果可能来自不同的文化适应方式。

Ward 及其同事认为跨文化适应大致可以分为两类：心理适应和社会文化适应。⑤ 心理调整（适应）主要聚焦于情感反应，是指跨文化过渡期间的

①　Manusov V, Hegde R. Communicative outcomes of stereotype - based expectancies: an observational study of cross - cultural dyads[J]. Communication quarterly, 1993, 41(3): 338-354.

②　Redfield R, Linton R, Herskovits M J. Memorandum for the study of acculturation [J]. American anthropologist, 1936, 38(1): 149-152.

③　Berry J W. Acculturation: living successfully in two cultures [J]. International journal of intercultural relations, 2005, 29(6): 697-712.

④　Ward C. The ABCs of acculturation[M]// MATSUMOTO D, Ed. The handbook of culture and psychology. New York, NY: Oxford University Press, 2001: 441-445.

⑤　Searle W, Ward C. The prediction of psychological and sociocultural adjustment during cross-cultural transitions[J]. International journal of intercultural relations, 1990, 14(4): 449-464.

幸福感或满足感。①另一方面，社会文化适应位于行为领域之内，是指在新的文化环境中"适应"或进行有效互动的能力。② 同样地，Wilson③ 认为社会文化适应指个体获得并表达出与文化相适应的行为和技能，用于协商在新的文化环境中互动时。社会文化适应的解释，往往与社交技能和文化学习范式相联系，它更关注行为能力，受到文化距离、与东道国居民接触量和文化知识的影响的强度。④ 因此社会文化适应与行为领域相挂钩，指文化过渡时期旅居者或者新移民获得的文化能力。⑤ 这种能力是在新的环境中进行生活的能力，比如语言能力、文化知识、社会关系等。⑥ Berry 等⑦也支持这种观点，认为社会文化适应，是指个体在跨文化环境中管理日常生活的社会能力。Bierwiaczonek 和 Waldzus 进一步指出，这种能力是在文化学习中获得的，这些过程包括特定的文化技能，规范等。这些研究共同表明，社会文化适应更关注个体的行为，是一种跨文化能力的体现，反映出个人在新的文化中实现日常目标的能力。

Selmer 和 De Leon 提出了组织文化适应的概念，母公司组织文化的影

① Ward C, kennedy A. Locus of control, mood disturbance, and social difficulty during cross-cultural transitions[J]. International journal of intercultural relations, 1992, 16(2): 175-194.

② Ward C, Bochner S, Furnham A. The psychology of culture shock [M]. London: Routledge, 2001.

③ Wilson J K. Exploring the past, present, and future of cultural competency research: the revision and expansion of the sociocultural adaptation construct[D]. New Zealand: Victoria University of Wellington, 2013.

④ Ward C, Kennedy A. The measurement of sociocultural adaptation[J]. International journal of intercultural relations, 1999, 23(4): 659-677.

⑤ Wilson J, Ward C, Fetvadjiev V H, Bethel A. Measuring cultural competencies: the development and validation of a revised measure of sociocultural adaptation[J]. Journal of cross-cultural psychology, 48(10): 1475-1506.

⑥ Bierwiaczonek K, Waldzus S. Socio-cultural factors as antecedents of cross-cultural adaptation in expatriates, international students, and migrants: a review[J]. Journal of cross-cultural psychology, 2016. 47 (6): 767-817; Kosic A. Acculturation strategies, coping process and acculturative stress[J]. Scandinavian journal of psychology, 2004, 45(4): 269-278.

⑦ Berry J W, Phinney J S, Sam D L, Vedder P. Immigrant youth: acculturation, identity, and adaptation[J]. Applied psychology, 2006, 55(3): 303-332.

响导致外国子公司中本地员工的工作价值发生变化。① 他们进一步指出，东道国的雇员通过外籍高管和母公司的组织规范和组织文化来了解外国工作标准和价值。因此这些员工在自己的国家会经历外来角色行为，受到外来文化的影响。组织文化适应的概念范围是组织，更具体地说是外国子公司。其前提是文化影响和文化变化，这些影响和变化是由于(民族)文化相遇而产生的，体现了不同的工作价值和规范。② 目前对于组织文化适应的研究分为心理调整和社会文化适应两个方面，心理调整涉及员工的情感方面，社会文化适应涉及员工的行为方面。③ 而就社会文化适应而言，组织是一种不断发展的社会文化体系。④ 社会文化的观点认为，构成组织的文化和社会关系，组织的环境以及组织的生态结果是组织生活不可分割地联系在一起的特征。⑤ 跨国企业往往有两种或多种文化并存，对于非原文化的其他文化，企业员工需要进行组织内的社会文化适应。组织社会文化适应目前没有明确的定义，大多数学者从组织机构和组织语境中研究组织社会文化适应，主要指员工在组织中参与和适应多元文化政策和惯例。

本书主要从跨文化交际学的视角来研究在华的跨国公司，将研究单位确定为处于这些跨国企业中的中方员工，重点关注他们对于企业的社会文化适应。

---

① Selmer J, De Leon C T. Chinese work values in Hong Kong, Singapore, and Thailand[J]. International journal of commerce and management, 1993, 3(3-4): 71-82.

② Selmer J, De Leon C. Organizational acculturation in foreign subsidiaries [J]. Theinternational executive, 1993, 35(4): 321-338.

③ Ward C, Geeraert N. Advancing acculturation theory and research: the acculturation process in its ecological context[J]. Current opinion in psychology, 2016, 8: 98-104; Shi X, Franklin P. Business expatriates'cross - cultural adaptation and their job performance[J]. Asia Pacificjournal of human resources, 2014, 52 (2): 193-214; Neto F, Wilks D C, Fonseca A C M. Job-related well-being of immigrants[J]. Social indicators research, 2019, 141(1): 463-475；练凤琴，郑全全，岳琳. 外籍员工在中国的文化与心理适应研究[J]. 中国心理卫生杂志, 2005, 19(2): 105-107.

④ Weick K E. The social psychology oforganizing[M]. MA: Addison-Wesley, 1969.

⑤ Everett J L. Communication and sociocultural evolution in organizations and organizational populations[J]. Communication theory, 1994, 4(2): 93-110.

五、研究的基本思路

以上分别对企业文化理论、冲突和冲突管理理论、交际期望违背理论以及跨文化适应和组织文化适应理论的回顾和阐述，作者接下来将向读者解释本书涉及的三个研究的思路，它们相互之间的关系，以及本书主体部分如何将内容分章节呈现给读者。为了便于读者理解，为此作者将本书的三个子研究所涉及的概念或者变量，以及它们相互间关系的基本思路图描绘成图 5-2。

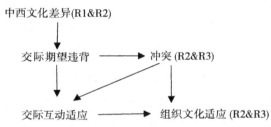

R1：企业（中美）价值观对比研究
R2：外企员工访谈研究
R3：外企员工问卷调查研究

图 5-2　研究思路图

如图 5-2 所示，三个阶段的研究分别由 R1、R2 和 R3 来代表。其中，中美价值观对比研究和外企员工访谈研究都涉及调查中西文化差异和摩擦这个话题，作者试图了解在全球化已经进行到相当程度的当今，不同国家的企业文化差异是否还足够明显和不可预测，以至于可能或者正在带来较明显的摩擦和冲突。如果答案肯定，那么研究跨文化冲突和跨文化适应才有必要，否则就没有必要。从对于外企员工的访谈和问卷调查研究中，作者期望了解跨文化冲突的内容、形式和管理的策略，及其带来的后果。从问卷调查中，作者更试图找出文化差异、交际期望违背、冲突以及企业社会文化适应之间的关系，以期实现本书的目标，检验这些变量相互间关系的路径。

第六章　外企文化与本土文化

在外资企业内部的文化差异可以是拥有不同文化背景的个体与个体之间的，也可以是本地员工个体与企业文化之间的，并且体现在企业的各种实践层面。可是我们怎么知道哪些实践来自不同的社会文化背景，哪一些仅仅是公司里面人与人之间个人习惯的差异，或者个人习惯与公司的规定之间的差异呢？加拿大跨文化学者 Alder 认为解决跨文化冲突的管理方案应聚焦于文化差异，在其著作中详述了文化对组织的影响。① 关于文化差异的界定来自对比研究，也就是对比来自不同社会文化背景的企业或者群体，且回到企业文化的核心，即研究企业文化的价值观或者群体的价值观，这样关于文化差异的研究才更具有说服力。

研究问题一：在全球化背景下外资企业文化是否与本土文化存在相当的差异？尤其反映在企业的价值观层面，身处外企的中国员工感受如何？

一、相关研究现状

在讨论文化差异的时候，大量的比较文化研究在 20 世纪中期不断发表。霍夫斯泰德在 20 世纪 80 年代对于 IBM 全球分公司的问卷调查，奠定了他的文化价值维度研究在跨文化研究领域中的重要地位。他最早的研究在《文化的后果》这本书中发表，使用的是客位(etic)的视角和方法，对比

---

① Adler N J, Graham J L. Cross-cultural interaction: the international comparison fallacy? [J]. Journal of international business studies, 1989(20): 515-537.

国别文化的差异。① 这一研究从发表到现在在各个学科得到广泛的应用，同时也受到了不少的批评。他本人也不断地丰富自己的研究，从最初提出的四个文化价值维度和涉及 40 多个国家，到 2001 年新版的《文化的后果》提出六个文化价值维度，② 如今研究涉及 120 个国家和地区，③ 最终成为跨文化研究中引用率最高的作者之一。以下是对于霍夫斯泰德 6 个民族文化价值维度，修订后的定义：④

（1）权力距离（等级导向 vs 参与导向）：对不平等，或者上下级之间权力距离的接受程度。

（2）个人主义（个人导向 vs 集体导向）：个体更倾向于为个人利益而努力，还是更倾向于为集体利益而努力。

（3）确定性（对确定性的需求 vs 对不确定性的容忍）：个体更倾向于规则、条例以及管控约束，还是更倾向于松散的、不明确的或者不可预知的情形。

（4）成就（成果导向 vs 生活质量导向）：个体更倾向于完成工作和达成目标，还是更倾向于追求生活质量和对他人的关心。

（5）时间导向（长期导向 vs 短期导向）：某个社会中的个体更倾向于准备去达到一个理想的未来，还是更倾向于从过去汲取指导从而实现当下的需要和渴求。

（6）放任（自身的放任 vs 约束）：比较自由的满足人类对于享受生活和趣味性的基本驱动，还是认为这样的满足需要被严格的社会规则进行约束。

根据霍夫斯泰德和团队研究，如今全球大约 120 个国家和地区在这 6

① Hofstede G. Culture's consequences: international differences in work-related values [M]. Newberry Park, CA: Sage, 1984.

② Hofstede G. Culture's consequences: comparing values, behaviors, institutions, and organizations across nations(2nd ed)[M]. Thousand Oaks, CA: Sage, 2001.

③ www.hofstedeinsights.com.

④ https://cultureinworkplace.com/hofstedecwq/.

个价值观维度上都有基于满分为 100 的打分。但也有人质疑霍夫斯泰德的研究已经过时，全球文化已经改变。而霍氏的回答是文化的基本价值观经久不变，变化的是文化的实践。我们根据霍夫斯泰德的研究，找出中国、德国、日本及美国在六个文化维度上的得分比较柱状图①，如图 6-1 所示：

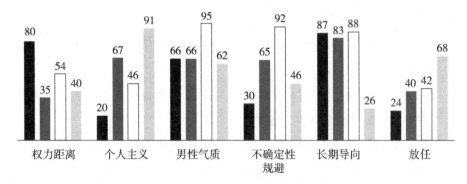

图 6-1　霍夫斯泰德价值观维度中、德、日、美对比图

　　注：柱状图中六个文化价值维度分别是：权力距离、个人主义、成就（男性气质）、不确定性规避、长期导向和放任。每个维度上的四个国家分别是：中国、德国、日本和美国。

　　从以上柱状图可以看出，中美文化在权力距离、个人主义、长期导向和放纵这四个维度上差别很大，中日文化在不确定性规避维度上面差别很大，中德文化在权力距离、个人主义、不确定性规避维度上面差别很大。根据中国在六个维度上的得分，以及同其他国家的对比，中国可以被总结为典型的高权力距离、长期导向的集体主义国家。

　　比较有影响力的文化维度的研究，还有豪斯和合作者们在 2002 年发表的 GLOBE 项目，② 他们试图在霍夫斯泰德的研究基础上进行改进。

　　①　https：//www.hofstede-insights.com/product/compare-countries/.

　　②　House R，Javidan M，Hanges P，Dorfman P．Understanding cultures and implicit leadership theories across the globe：an introduction to project GLOBE［J］．Journal of world business，2002，37（1）：3-10.

GLOBE 项目的初衷是研究领导力在国别社会间的认知差异，换句话说，在全球不同的文化群里面，怎样的领导更容易被接受。研究的对象是企业中层到高层的经理。另外，这个项目也试图对比国别文化的差异，同样使用的也是客位(etic)的视角和方法，但与霍夫斯泰德的 6 个维度不同的是，GLOBE 提出了 9 个维度，每一个维度又分为价值观和实践两个层面，因此每个被研究的国家或者地区对应 18 个基于满分 10 分的分数。这样使得文化对比的维度更加全面和细致，因为区分了价值观和实践的层面，GLOBE 试图弥补霍夫斯泰德文化价值维度的缺失，更加全面地来了解文化，不仅对理想的文化(价值观)感兴趣，也对于现实的文化(实践)感兴趣。GLOBE 是一个持续的项目，涉及的国家目前已经有结果的是 62 个，从 2020 年至今的研究中研究者将研究国家扩展到 120 个，因此与霍夫斯泰德的价值观维度研究相比较也是一个颇具影响力的全球研究项目。

表 6-1 是中国、德国、日本和美国在 9 个维度，价值和实践层面的得分。

通过回顾和比较以上最有影响力的客位(etic)比较文化研究，我们发现：第一，他们的结果不尽相同，例如两个研究对于不确定性规避这个维度的定义相似，但得出的四个国家的价值观分值比例却大不相同。第二，这些研究尽管历时很长，但结果更新不及时，已经有一些年限。作者认为，虽然文化的价值观相对稳定，但在全球化加速，全球格局发生巨大变化的今天，仍然有必要对价值观的变化趋势进行更新的研究。GLOBE 项目 2020 年启动了新的研究，试图将新研究的发现与 2004 年和 2014 年获得的国家和区域文化的研究发现进行比较，但此研究尚在进行中。第三，两个研究都采用的是客位、定量的文化比较方法。虽然在以往的研究中，不乏主位、定性的研究，比如：对于中国企业文化中的关系、面子的研究等，但对于跨文化交际情境中体现出来的文化差异，人们尚缺乏足够的了解。跨文化的交际是一个动态变化的过程，双方都会不断调整交流的期望和行为，因此我们很难用现有的比较文化成果来解释和预测彼此在交际中表现出来的行为和策略。因此，在本章接下来的部分，我们将报告两个我们自

表 6-1　　　　　　GLOBE 价值观维度中、德、日、美得分表

	UA	FO	PD	IC	HO	PO	IGC	GE	AS	UA	FO	PD	IC	HO	PO	IGC	GE	AS
中	4.94	3.75	5.04	4.77	4.36	4.45	5.80	3.05	3.76	5.28	4.73	3.10	4.56	5.32	5.67	5.09	3.68	5.44
德	5.22	4.27	5.25	3.79	3.18	4.25	4.02	3.10	4.55	3.32	4.85	2.54	4.82	5.46	6.01	5.18	4.89	3.09
日	4.07	4.29	5.11	5.19	4.30	4.22	4.63	3.19	3.59	4.33	5.25	2.86	3.99	5.41	5.17	5.26	4.33	5.56
美	4.15	4.15	4.88	4.20	4.17	4.49	4.25	3.34	4.55	4.00	5.31	2.85	4.17	5.53	6.14	5.77	5.06	4.32

注：表格底色为灰色部分为实际表现得分，底色为无色部分为价值观得分。

UA（不确定性规避）：同霍夫斯泰德。

FO（未来导向）：组织或者社会中的个体参与未来导向的行为，比如：计划、投资以及推迟满足。

PD（权力距离）：同霍夫斯泰德。

IC（社会集体主义）：组织或者社会机构鼓励和奖赏集体分配资源和集体行动的程度。

HO（人道主义倾向）：集体鼓励和奖赏个体的公平、利他、友好、慷慨、呵护和良善的程度。

PO（表现导向）：组织或者社会鼓励和奖赏成员表现提升以及优秀表现的程度。

IGC（群内集体主义）：个人在组织或者家庭中表达骄傲、忠诚和团结的程度。

GE（性别平等）：组织或社会最小化性别角色差异和性别歧视的程度。

AS（果断性）：组织或社会中的个体在社会关系中是果断的、抗争的和具有进攻性的程度。①

己的研究成果。一个是采用主、客位结合的中美企业价值观比较研究；另一个是成都地区的外企员工的访谈研究。本章试图回答这样的研究问题，即：中西企业文化价值观差异主要有哪些？如何体现在企业文化实践中？以下报告中美企业价值观差异研究。

二、企业价值观比较研究

亨廷顿在《文化的重要性：价值观如何影响人类进步》一书中指出：文化，"它指的是一个社会中的价值观、态度、信念、取向以及人们普遍持

---

①　https：//globeproject. com/study_2004_2007？ page_id＝data#data.

有的见解"①。我们从事外资企业内跨文化交流的课题，价值观的比较研究显然应该放在头等重要的位置。企业文化相对说来具有较深的内涵，并非用语言能完全阐述，反之作为企业文化的核心——企业价值观的表达可以较为明确、直白，例如常常能在企业广告语中得到展示。因此我们从中外企业价值观的异同研究入手，对后续研究外资企业内跨文化交流与冲突的现状和认知会有较大帮助。

在众多西方企业中，我们选择了最具有西方企业文化代表性的美资企业进行价值观的比较研究。位居财富五百强的中美企业是我们本书比较研究的对象，相关资料的获取来自公开发布的数据资料，使用了内容分析的编码法，以及统计学的方法来进行文化价值观对比，从而找出其异同点。

在研究工作中我们采用主、客位(emic and etic)混合的研究方法，该方法既能够使我们进行各国价值观的跨文化比较，又能更准确地反映独特的本土文化价值观。为此，我们立足于开放性系统的角度，充分考虑组织的外部环境，来研究社会和行业价值观对组织文化的影响。② 由于文化动态性和不断变化的复杂性特质，我们认为，研究方法不需要非此即彼，而是采用两者兼而有之，或者叫作阴-阳的互补方法能够更好地呈现文化中固有的悖论和不断变化的复杂性。

我们通过公司的价值观声明来定义其组织文化。价值观声明简明扼要地总结了公司期望的价值观应包括的要素，或该公司领导层对判断何种行为是"正确做法"的信念。③ 这些陈述不仅揭示了一个公司理想的组织文化应含有的重要元素，而且体现了该公司外部的国家文化和行业环境。我们分析了不少来自中国和美国公司的样本，对这两个国家共有的组织价值观

---

① ［美］塞缪尔·亨廷顿，［美］劳伦斯·哈里森. 文化的作用——价值观如何影响人类进步［M］. 程克维，译. 北京：新华出版社，2013：9.

② Scott W R, Davis G F. Organizations and organizing: rational, natural and open systems perspectives［M］. London: Routledge, 2015.

③ House R J, Hanges P J, Javidan M, Dorfman P W, Gupta V. Culture, leadership, and organizations: the GLOBE study of 62 societies［M］. Sage, 2004.

进行了分类归纳，从中提取了通识价值观，并识别提取出属于中国文化所特有的本土价值观。最后，我们考察公司的价值观究竟是与所在行业相关，还是与更广泛的国民文化有更高的相关度。

我们的研究团队具有跨文化背景，团队由一名在美国生活了近8年的中国作者和两名在中国生活了8年的美国作者组成。作者的跨文化背景有助于对两种文化进行"局内人到局外人"的分析同时限制客位分类的使用。此外，我们尝试使用 Chidlow 等人的意义语境化和自反性原则，此原则中研究人员是主位-客位（emic-etic）研究过程中的一部分。①

（一）概念性背景

客位（etic）研究通常被分类为从外部研究文化的方法。而这种定义忽略了一些更深层的含义。etic 截取于语音学"phonetic"这个单词，该词本指的是将语言分解成基本的音素进行分析研究。想象一下早期的语言学家们从自己的语言着手开始，将他们语言中的每一个独特的语音音素放在电子表格中的第一行，每一列都标有一个"X"符号。这第一行语音音素就成为分类其他语言中发音的基础。语言学家尝试着把新的发音音素与表格第一行中音素也就是他们自己的语言发音相匹配。如果匹对成功，该新音素就会用"X"标记在表的第二行与该因素所在的列相交叉的单元格中。如果该音素没有找到相同的匹配发音，则会另添加一列，并保持第一行该列空白，而在第二行该列处用"X"标记该音素。随着时间的推移，语言学家们已经开发了一个包含许多语言/行和许多发音/列的语音扩展表。音素在大多数语言中存在的发音是普遍通用的，而只出现在少数语言中的发音是属于本土的。因此，Pike② 认为，这种发音分类"在早期只拥有部分信息的分

① Chidlow A, Plakoyiannaki E, Welch C. Translation in cross-language international business research: beyond equivalence[J]. Journal of international business studies, 2014, 45 (5): 562-582.

② Pike K L. Language in relation to a unified theory of the structure of human behavior [M]. The Hague: Mouton, 1967.

析中是可行的",从而提供了系统化的途径。

主位研究通常被归为作为局内人来研究文化的方法,但这也忽略了它的一些深层次的含义。主位研究源于音位学,探究考察语言系统或者文化系统。音位学是研究最终赋予语音意义的语言的结构、句法、语法以及非言语元素的学问。① 主位研究包括一个较大的背景,在这个背景下,思考和想象导致一个句子拥有具有完整性的一个含义,而不是这个句子的各个组成部分简单加和的意义。② 因此,"主位的标准需要研究者了解这套标准所相对的整个体系,这个体系也为这套标准的意义提供了源头"③。

虽然主位和客位是不同的概念,但它们之间的关联也相当密切。主客位关系可概念化为相互渗透的关系,两种概念没有清晰的边界,就好像相对立的形体亲密共舞的样子,或者主客位互补而非二分的组成一幅立体的图画。同样,Peterson④ 将客位概念化为主位的一个子集,其聚焦普遍的,以及本土中可以被归类的文化特性。Pike 把所有的客位分类看作提供意义的主位本土系统中的一部分。因此,主位为客位补充了局内人对于他们自己世界的理解、感知和分类。

主位和客位互相嵌入的特性要求研究者设计出一种具有独特的主位客位序列的研究方法⑤,而这样的研究方法通常将客位视角置于优先地位。Pike 和 Berry 都认为客位研究始于主位,即一个局外人带来了她自己的主

① Morris M W, Leung K, Ames D, Lickelb. Views from inside and outside: integrating emic and etic insights about culture and justice judgment [J]. Academy of management review, 1999, 24(4): 781-796.

② Pike K L. On the emics and etics of Pike and Harris [J]. Newbury, CA: Sage, 1990: 28-47.

③ Pike K L. Language in relation to a unified theory of the structure of human behavior [M]. The Hague: Mouton, 1967.

④ Peterson M F, Ruiz-Quintanilla S A. Using emics and etics in cross-cultural organizational studies: universal and local, tacit and explicit [J]. In cross-cultural management: foundations and future, 2003: 73-100.

⑤ Punnett B J, Ford D, Galperin B L, Lituchy T. The emic-etic-emic research cycle [J]. AIB insights, 2017, 17(1): 3.

位认知结构，并将其叠加到局内视图上。① 进而，Berry"强制性客位"的观点承认，将本土文化概念输出去理解其他文化就好比在圆洞中钉方木钉，但 Berry 也希望之后的主位研究最终能得出跨文化交叉的客位概念，他把这叫作"普遍认知"。但最终，本土认知想要摆脱使之要么符合普遍认知的概念要么被摒弃的单向压力也并非易事。

在翻译研究方法中，客位视角在主客位共舞中的主导地位则尤其显著。基于客位视角的翻译方法主要依靠机械化的手段译出一篇一模一样的目标文本。然而，Venuti 认为，在翻译过程中存在着以文化挪用形式呈现的粗鲁翻译手段，抹去了或否认了异国文化的差异。② 同样，Chidlow 等断言，翻译和分类往往成为一种要么将不同的异国类型归化为普遍通用类别，要么将其当作危险、令人厌恶或可笑的类型而丢弃的过程。因此，他们主张一种更透明的语境法，这种方法将语言从约束转变为资源。"做翻译不是去寻找相似之处，译者有着伦理和政治的责任去尊重和表达他者的意思。"③

客位研究方法在国际商务研究中饱受青睐，加之大部分实验研究是由西方研究机构所指导，因此西方国家大学的研究结果占据学术界主导地位。④ Tsui 认为，盲目地采用西方理论并将其应用于中国，就有可能遗漏

① Berry J W. Imposed etics-emics-derived etics: their conceptual and operational status in cross-cultural psychology[M]//Headland T N, Pike K L, Harris M, Eds. Emicsand etics: the insider/outsider debate. Newbury Park, Ca: Sage, 1990: 28-47.

② Venuti L. Translation as cultural politics: regimes of domestication in English[J]. Textual practice, 2008, 7(2): 208-223.

③ Chidlow A, Plakoyiannaki E, Welch C. Translation in cross-language international business research: beyond equivalence[J]. Journal of international business studies, 2014, 45 (5): 562-582.

④ Jackg, Zhu Y, Barney J, Brannen M Y, Prichard C, Singh K, Whetten D. Refining, reinforcing and reimagining universal and indigenous theory development ininternational management[J]. Journal of management inquiry, 2013, 22(2): 148-164.

在中国独特的管理背景下的一些重要研究问题。① 研究人员不应过度强调共性，而应同样重视文化之间差异性和语境特殊性。所以，这里存在一个悖论，即：显然普遍现象很有趣，但这些现象都必须从个人所处的本地位置来定义，因此必须与多个不同本地位置出发的定义相平衡。我们将以中国的阴-阳概念来支撑我们主位-客位、普遍-本土的框架。

(二) 阴-阳——一种动态、整体、互相依存的研究方法

中国的阴-阳哲学是一种整体的、平衡的策略，与许多动态而相互依存的变量间产生的张力共存。这与西方主张分离和解决悖论及复杂问题的思维模式形成鲜明的对比。正如《老子》一书中所说："万物负阴而抱阳，冲气以为和。"对此林语堂先生曾释其意："万物秉持阴阳二气的相交而生，这阴阳二气互相激荡而生成新的和谐体，始终调养万物。"②阴-阳哲学强调对立体的统一性，中国传统的中医学继承了该思想，认为阴-阳失衡会导致疾病，治疗的目标就是恢复其平衡。③ 而西医则是主张从分析动植物器官或微生物之中诱发疾病的活性化学物质来寻求解决问题的方案，这类文化和医学研究的思维方法是分离概念/化学物质，以及减少变量进而可以创造一个普适的方法。这种追求普适性的思维模式所带来的牺牲就是研究者通常要么消除本土文化特性，要么将本土文化特性混入普遍特征当中。

互为对立而又相互依存的阴-阳思维改变了西方的"非此即彼"的框架，取而代之以"既-又"思维，而不会导致悖论。在经典的阴-阳太极图中，每一个相容的黑白图形都包含一个与其颜色相反的种子，以表示它们重叠的身份。同样的，所有主位分析都包含一个客位视角、理论或方法论，这为

---

① Tsuia S. Contextualization in Chinese management research [J]. Management and organization review, 2006, 2(1): 1-18.

② 林语堂. 老子的智慧[M]. 黄嘉德，译. 长沙：湖南文艺出版社，1948：8.

③ Cheng J T. Drug therapy in Chinese traditional medicine[J]. The journal of clinical pharmacology, 2000, 40(5): 445-450.

主位分析中使用的对比分析提供了依据。① 反之亦然,因为所有的客位分析都嵌入主位中,这就构成了"经验上默示"可以转化为"理论上明示"的类别的基础。②

阴-阳的相互依存性体现在对立面相互定义彼此。而 Berry 的主、客位操作五步法的第一步假设将本土类别比作"强加的客位"是没有根据的,因而抛弃了本土的类别而聚焦普遍性。③ 然而,Saussure 认为,一个事物只能依据它所不是之物来定义。④ 同样地,我们相信即使在 Berry 自己的智力研究例子中,定义任何一种文化中不是智力的东西,对于普遍的客位的智力分类都有重要贡献。Pike 语音编制的目标是开发出一套人们能够发出的声音的系统。因此,这套语音系统,包括普遍的和本土的语音,对理解人类语言的丰富性都很重要。事实上,研究普遍通用的范畴具有价值,而研究本土范畴也具有同等的价值。运用主位研究视角能增加分析角度的丰富性。

Peterson 和 Pike 的论点也证明了主、客位相互依存关系,即英语音位系统构成了英语语音的基础。英语语音与米斯特克语的语音重叠,但并不包括米斯特克声调发音。对米斯特克语声调的音位学研究为识别英语中的四种声调打下了基础。同样,Morris 等人提出的综合研究方法也不是一个连续体,而这个研究方法可以当作一个完整的生命有机体,在这个有机体中,客位文化的范畴是从本国的主位文化视角所衍生出来的。认识并了解

---

① Peterson M F, Pike K L. Emics and etics for organizational studies: a lesson incontrast from linguistics [J]. International journal of cross cultural management, 2002, 2 (1): 5-19.

② Peterson M F, Ruiz-Quintanilla S A. Using emics and etics in cross-cultural organizational studies: universal and local, tacit and explicit [J]. In cross-cultural management: foundations and future, 2003: 73-100.

③ Berry J W. Imposed etics-emics-derived etics: their conceptual and operational status in cross-cultural psychology[M]//Headland T N, Pike K L, Harris M, Eds. Emics and etics: the insider/outsider debate. Newbury Park, Ca: Sage, 1990: 28-47.

④ Saussure F E. Course in general linguistics (English Ed.)[M]. New York: McGraw-Hill, 1916.

个人-集体主义客位研究视角有助于启发研究主位的中国人的"群内人"及"和谐"概念,这也反过来为个人-集体客位分类给出一个更加微妙的、动态的理解。虽然和谐文化观念在中国的组织文化中更为突出,但是在美国和其他文化中也存在"和"文化的萌芽。① 因此,主位研究(中国人如何看待和谐和一个群内人的构成)也诠释了客位研究视角下集体主义这一类别及其对于维护和谐的重视。

将文化概念化为一个相互依存的整体系统是相当常见的做法,而阴-阳研究方法论也将其动态因素作为一种释意手段,并认同现实是由在社会中的本土文化部分所定义的观点。相反,实证主义方法论认为现实是普遍的,独立于社会定义。② 这种静态的文化视角促使组织和社会文化只是简单地基于几个通用维度所定义,并最终发展成为衡量文化差异和构建理论的基础。③ 然而,Rousseau 和 Fried 也发现跨文化研究人员太过鲁莽地将自己文化类别强加给其他文化,直到几年后这些人才意识到他们一直在用通用标签来标记那些独特的文化结构。④

动态的阴-阳文化视角也会促使研究者认识到,不同的社会语境为在理解意义方面会提供不同的框架,并鼓励他们在不忽略共有客位概念的情况下发现独特的主位概念。⑤ Fang 将该类动态的文化视角理论喻为海洋,在任何时候,都可能有一些深层的文化价值浮出表面,表现相当突出。⑥ 因

① Li P P. Global implications of the indigenous epistemological system from the East: How to apply Yin-Yang balancing to paradox management[J]. Cross cultural & strategic management, 2016, 23(1): 42-77.
② Buckley P J, Chapman M. The use of native categories in management research[J]. British journal of management, 1997, 8(4): 283-299.
③ Earley P C, Singh H. International and intercultural management research: what's next? [J]. Academy of management journal, 1995, 38(2): 327-340.
④ Rousseau D M, Fried Y. Location, location, location: contextualizing organizational research[J]. Journal of organizational behavior, 2001, 22(1): 1-13.
⑤ Fang T. Yin Yang: a new perspective on culture[J]. Management and organization review, 2012, 8(1): 25-50.
⑥ Fang T. From "onion" to "ocean": paradox and change in national cultures[J]. International studies of management & organization, 2005-2006, 35(4): 71-90.

此，除了典型的几个普遍的文化层面之外，可能还有许多与语境相关深层次的本土文化元素等待浮出水面。了解这些本土因素可为管理者如何在其组织文化中制定、培养和约束行为提供更多语境空间。

总之，标准客位方法的一个重大缺陷是缺乏灵活性——来自其他社会的数据不能灵活自由地描绘出新的、不同于西方发达国家先前已定义的类别。非西方国家社会被与自己不同的西方范畴定义，因而一些自身重要的本土文化特征则被忽视了。一个灵活的主-客位研究方法将有助于呈现不同于西方的、新的范畴，也能够更好地让组织文化由自己所在的社会环境来归纳定义。图 6-2 演示了主-客位、阴-阳视角的组织文化比较研究模型。原创模型图使用英文标注，作者对英文标注在注释中进行了翻译。

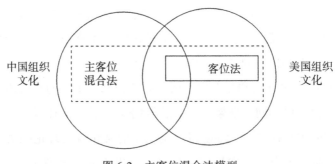

图 6-2　主客位混合法模型

(三) 研究假设

1. 组织文化价值观

我们借鉴 Giorgi 等①所提出的五种文化认知 (价值观、事件、框架、研究方法和类别)，重点关注组织文化的价值观和研究方法。尽管每个人只

---

① Giorgi S, Lockwood C, Glynn M A. The many faces of culture: making sense of 30 years of research on culture in organization studies[J]. The academy of management annals, 2015, 9(1): 1-54.

有一个自身的价值体系,但他们可能拥有(或接触)多个社会价值体系。①
因此,组织文化除不同的个人价值体系之外,也包括其他种族、性别和社
会群体的价值子系统。② 个人价值体系和社会价值体系之间以及价值观和
行为之间的这种不一致性进一步导致体验文化和最佳文化之间的区别。大
多数组织文化研究是通过借鉴和考察组织内成员之前已树立起的价值观,
或已经有固定象征意义的组织实践价值观来建立组织文化的客观分类。③
相比之下,组织中理想价值观是主观评价性的,而不一定就是真实存在。
它们在一个组织的文化中被语境化为"这是我立志于实现或渴望表现的行
为"④或"事情应该是怎样的"而不是"事情是怎样的"。

体验文化方法是目前组织文化研究中最常用的方法论,它主要依靠调
查来衡量成员对组织实践和价值观的看法。2009 年,Jung 等在已发表的研
究中发现了 70 种类属于这种方法论的研究手段。尽管有些研究手段措施因
缺乏结构效度、文化概念存在差异或研究者强加使用僵化的组织文化分类
等因素,受到不少批评和质疑⑤,但这些客位研究方法并与其具有前瞻性
的衡量维度已经催生出了不少在西方和非西方语境下的研究和结果。

---

① Rohan M J. A rose by any name? The values construct[J]. Personality and social
psychology review, 2000, 4(3): 255-277.

② Stocker F, Abib G, Fürbringer G V, Lourenço M L. Virtual teams
andmulticulturality: differences and impacts of organizational culture in an IT company[J].
Revista Brasileira de Estratégia, 2018, 11(1): 35; Vij R. Do women perceive organizational
culture differently from men? a casestudyof state bank of India[J]. In handbook of research on
civic engagement and social changein contemporary society, IGI Global, 2018: 253-271.

③ Cameron K S, Quinn R E. Diagnosing and changing organizational culture: based on
the competing values framework[M]. New Jersy: Addison-Wesley, 1999.

④ Trompenaars F, Hampdent C. Riding the waves of culture: understanding diversity in
global business[M]. Nicholas Brealey Publishing, 2012.

⑤ Chatman J A, O'reilly C A. Paradigm lost: reinvigorating the study oforganizational
culture[J]. Research in organizational behavior, 2016, 36: 199-224.

在中国，Cameron 和 Quinn 的竞争价值观框架常用于分析产品创新①、结构性改革②和领导力等③。同样，McKinnon 等④使用由 O'Reilly 等人所编制的组织概况量表⑤来分析部分台湾企业的组织文化对组织承诺与工作满意度的影响。其他西方组织文化测量工具也被用来衡量组织文化对仿造和新产品创新、企业社会责任、员工创造力和激励以及人力资源系统的选择等方面所带有的影响作用。尽管客位研究方法在凸显跨文化差异方面有显著意义，但也可能会忽略对组织有独特影响作用的中国文化特征。

然而，Giorgi 等的观点与理想价值观的研究观点相一致，他们认为将概念化的价值观及其所重点强调的组织价值观一同与能使促使群体成员塑造组织文化的概念化方法手段相结合是相当有益的。在解决问题时，除了个人独特的解决方法和技能之外，多元文化的视角也可能带来多种不同的观察结果。因此，领导者会对这种文化资源进行管理整合，以此适应、支持和指导组织的战略。⑥ 组织领导者会发布和推广这种代表和拥护价值观的声明(例如，做正确的事情，承担个人责任)，从而来说明和指导在组织

①　Wei L Q, Liu J, Herndon N C. Shrm and product innovation: testing themoderating effects of organizational culture and structure in Chinese firms[J]. The international journal of human resource management, 2011, 22(1): 19-33.

②　Lau C M, Tse D K, Zhou N. Institutional forces and organizational culture in China: effects on change schemas, firm commitment and job satisfaction[J]. Journal of international business studies, 2002, 33(3): 533-550.

③　Liu Y. Exploring the impact of organizational culture on paternalistic leadership in Chinese SMEs[J]. World journal of management, 2014, 5 (1): 1-19.

④　Mckinnon J L, Harrison G L, Chow C W, Wu A. Organizational culture: association with commitment, job satisfaction, propensity to remain, and information sharing in Taiwan [J]. International journal of business studies, 2003, 11(1): 25.

⑤　O'reilly C A, Chatman J, Caldwell D F. People and organizational culture: a profile comparison approach to assessing person-organization fit[J]. Academy of management journal, 1991, 34(3): 487-516.

⑥　Barney J B. Organizational culture: can it be a source of sustained competitive advantage? [J]. Academy of management review, 1986, 11(3): 656-665; Chatman J A, Cha S E. Leading by leveraging culture[J]. California managementreview, 2003, 45(4): 20-34.

内部何种是正确的态度与行为。① 这些被拥护的价值观并不总是与现实塑造组织的日常实践(即经验文化)一致,而是代表了在公司形象管理中一部分即被公开传播的最佳文化。

据以上讨论我们提出:

假设一:企业的组织文化包含本土价值观。

2. 以开放系统的组织方法来研究理想价值

虽然公司战略研究者强调外部环境因素在战略制定中的重要性②,但组织文化研究者主要关注的是在封闭环境中的战略实施状况。组织是一个独立的实体,而不是嵌入各种具有文化约束性机构(如行业和专业)的实体。虽然研究人员可能会发现一些外部影响,如来自咨询公司和行业协会的影响,但这些很少被认为是组织文化的重要传播者。因此,组织文化按实际中认可和践行的价值观、意识形态和可观察到的行为,或个人倡导的行为、推崇的价值观、信仰以及文化基本假设来进行分类。

尽管如此,一些早期的研究还是采用了一种组织文化的开放系统视角,即主张组织文化是由广泛行业环境和文化环境所塑造。Deal 和 Kennedy 称,与一个行业相关的外部商业环境比组织内部的价值观、模范人物、发展史和仪式要求更具影响力。③ 而 Chatman 和 Jehn 发现,一个企业所在行业对其组织文化有很强的预测力,以及该公司的技术利用程度

① Schein E H, Schein P. Organizational culture and leadership (5th Ed.)[M]. Wiley, 2017.

② Porter L W. Forty years of organization studies: reflections from a micro perspective [J]. Administrative science quarterly, 1996 (41): 262-69; Schwartz H, Davis S M. Matching corporate culture and business strategy[J]. Organizational dynamics, 1981, 10(1): 30-48.

③ Deal T E, Kennedy A A. Corporate cultures: the rites and rituals of corporatelife [M]. Addison-Wesley, 1982.

增长率。① Schein 认为，组织文化通常是在适应外部环境中逐步形成的。一些国际商业文化研究发现，员工的价值观更多地取决于其国籍文化而不是组织内的成员身份②并且组织文化不局限于只反映它们所在的行业文化，也更能反映广泛的社会文化。因而可以称这类文化研究也支持赞同开放性综合系统的观点。20 世纪 90 年代的全球化浪潮激发了对西方价值观传播的研究，③ 并重新激发研究者将组织文化作为一个开放系统进行分析的兴趣。④

制度理论一直认为，强制性、规范性和同化性的力量会使组织形式的合法性由其同构性提供其。⑤ 后来的研究发现，这些组织不只是环境的"文化仿造者"，而且还在公共领域对其合法性、名誉和利润最大化进行战略性管理。⑥。随着全球化程度的提高，文化材料从全球环境中被提炼出来，导致行业内部也呈现全球同构的现象。⑦ Groysberg 等认同这一点，并断言"最优秀的领导者能够充分意识到他们所处的在的多元文化环境，能感知到

① Chatman J A, Jehn K A. Assessing the relationship between industry characteristicsand organizational culture: how different can you be? [J]. Academy of management journal, 1994, 37(3): 522-553.

② Hofstede G, Neuijen B, Ohayv D D, Sanders G. Measuring organizationalcultures: a qualitative and quantitative study across 20 cases[J]. Administrative sciencequarterly, 1990, 35, 286-316.

③ Fiss P C, Zajac E J. The diffusion of ideas over contested terrain: the (non)adoption of a shareholder value orientation among German firms[J]. Administrative sciencequarterly, 2004, 49(4): 501-534; Meyer J W, Boli J, Thomas G M, Ramirez F O. World society and the nation-state[J]. American journal of sociology, 1997, 103(1): 144-181.

④ Weber K, Dacin M T. The cultural construction of organizational life: introductionto the special issue[J]. Organization science, 2011, 22(2): 287-298.

⑤ Dimaggio P, Powell W W. The iron cage revisited: collective rationality and institutional isomorphism in organizational fields[J]. American sociological review, 1983, 48(2): 147-160.

⑥ Jonsson S, Buhr H. The limits of media effects: field positions and cultural change ina mutual fund market[J]. Organization science, 2011, 22(2): 464-481.

⑦ Weber K. A toolkit for analyzing corporate cultural toolkits[J]. Poetics, 2005, 33(3-4): 227-252.

何时需要变革，并且也能够巧妙地影响其过程"。① 结果是，管理者通常会在含有社会和行业价值观的环境中工作，而这些价值观为构建一个组织的文化提供了丰富的文化因素与工具。Hofstede 等人发现组织的价值观源于国别文化价值，同样地，House 等人进行的全球研究中也发现社会文化对组织实践有显著的影响作用，尽管 Gerhart② 认为国家只解释了 23% 的差异，但是这 23% 中只有 27% 是来自一个国家文化的影响。

综上所述，我们提出如下假设：

假设二：公司价值观声明可以体现国家文化特征对组织文化的影响。

假设三：公司价值观声明可以体现行业特征对组织文化的影响。

我们采用 Kirkman 等人③对文化进行多层面分析的提议，在我们的研究中包括国家、行业和组织等层面。前人的研究普遍表明，两国之间的文化距离越大，文化对商业实践的影响就越明显。④ 这对于我们的中美研究尤其适用，因为 GLOBE 和 Hofstede 的文化测量结果都表明中美两国之间存在着较大文化差异。因此，我们提出以下假设：

假设四：国家文化特征，相较于行业文化特质，对组织文化有更大的影响力。

---

① Groysberg B, Lee J, Price J, Chung Y J. The leader's guide to corporate culture[J]. Harvard business review, 2018, 96(1): 44-52.

② Gerhart B. How much does national culture constrain organizational culture? [J]. Management and organization review, 2008, 5(2): 241-259.

③ Kirkman B L, Lowe K B, Gibson C B. A retrospective on culture's consequences: the 35-year journey[J]. Journal of international business studies, 2017, 48(1): 12-29.

④ Kirkman B L, Lowe K B, Gibson C B. A quarter century of culture's consequences: a review of empirical research incorporating Hofstede's cultural values framework[J]. Journal of international business studies, 2006, 37(3): 285-320.

(四)研究方法

本书遵循五步阴-阳、主位-客位过程法,该过程包括相互依存关系和以整体的方式平衡主位-客位的需要,以便确定组织文化的普遍性和本土性类别。我们分析了两个数据集,一个来自美国公司,另一个来自中国公司。五步为:第一步,编码人员在自己国家文化中收集并列出公司的价值观声明中明确写出的价值观念;第二步,美方编码人员确认了21种价值观类别的初步集合,接着使用这些类别对美国的价值观声明进行编码;第三步,中国编码人员从美国的价值观类别入手,发现了另外9种本土价值观类别,然后使用这30种价值观类别对中国的价值观声明进行编码;第四步,美国的编码人员用完整的30种价值观类别重新分析了美国的价值观声明;第五步,我们核验了中美价值观声明之间的语境对等性。

1. 对中美价值观声明的编码

在20世纪70年代,管理决策的制定越来越多考虑道德和伦理的层面,超越了使股东财富最大化那样更为世俗的任务。① Deal 和 Kennedy 是最早阐明价值观在组织文化中重要性的学者,他们认为价值观是任何企业文化的基石。企业常以公司广告宣传语的形式作为传达公司基本价值观的重要手段。例如,卡特彼勒的广告语是"在世界上任何地方都提供24小时的零件服务",这是对客户需求的承诺的象征。杜邦的广告语:"通过化学让更好的东西成就更好的生活",是对产品创新和化学工程的信念。到了20世纪90年代,公司逐渐开始将其道德层面外部传递给利益相关者,同时内部传递给员工。② 因此,正式的价值观声明成为实现这一目标的主要

---

① Khurana R. Searching for a corporate savior: the irrational quest for charismatic CEOs[M]. Princeton University Press, 2002.

② Van M J. The smile factory: work at Disneyland. In Frost P J, et al (eds). Reframing organizational culture[M]. Sage, 1991: 58-76; Van M J, Barley S R. Occupational communities: culture and control inorganizations[J]. Research in organizational behavior, 1984(11): 287-365.

手段。① 这一方法与文化是企业领导所管理的资源这一新兴观念相吻合。两项独立的人种学研究发现，研究的每家公司想有意地向员工传授文化，而且已经把它们文化的重要方面编写成简洁的陈述，这种陈述与现在的价值观声明极为相似。② 到了 20 世纪 90 年代后期，价值观声明已经成为美国领导者用来塑造文化和引领公司的重要工具。③

在 2013 年和 2014 年，我们从 2012 年发布的美国《财富》500 强中前 300 名公司的网站上"关于我们""工作机会""经营原则"或者类似的选项中的信息来获取价值观声明。约 67% 的价值观声明可以通过"关于我们/我们的公司/我们是谁"选项找到，18% 的价值观声明可以通过"经营原则/行为准则"选项找到，还有 15% 的价值观声明可以通过"工作机会/职业"选项找到。一旦我们确定了一个公司的价值观声明，我们便将网页保存到我们的数据库中。我们在包含 300 家公司的初始样本中确定了 241 条价值观声明，成功率达 80%。我们也收集了公司行业和控制信息。

在 2015 年，我们从 2014 年发布的中国财富 500 强中选出了前 300 强，并从其中 277 家公司的网站获得了价值观声明，成功率达 92%。所有的中国企业价值观声明使用中文，然后母语者使用中文收集和编码数据。约 73% 的价值观声明可以通过"关于我们"和"企业文化"选项找到。

价值观声明通常是由单个词语(如：正直、诚实、尊重)组成的列表。这些单个词语值由"我们的核心价值观"之类的标题或者"以下的价值观表现了我们的行为方式"之类的句子所引出。我们使用开放编码过程来确定以及编码不同的价值观。每个公司的声明都排列在电子表格中，每个公司一行。对于第一个编码的公司，每一个单独的价值观都在新的一列中列

① Kunda g. Engineering culture：Control and commitment in a high-tech corporation [M]. Temple University Press, 1992.

② Schein E H. Organizational culture and leadership (2nd Ed.) [M]. Jossey-Bass Publishers, 1992；KUNDA G. Engineering culture：control and commitment in a high-tech corporation[M]. Temple University Press, 1992.

③ Hsieh T. Delivering happiness：A path to profits, passion, and purpose [M]. Hachette UK, 2010.

出。当再给接下来的公司价值观声明编码时，我们会在表里为第一次提到的价值观创建一新的价值观列。除了偶尔以段落的形式呈现价值观声明，整个过程几乎不需要任何说明。在编码过程中，我们在美国价值观声明中发现了 181 种不同的价值观，在中国价值观声明中发现了 156 种不同的价值观。随机选择了价值观声明样本进行再次编码，并与原始编码进行比较，编码过程准确率达 99%。

价值观声明编码过程说明了主位-客位的平衡。这是一个主位发现的过程，这个过程始于观察空白电子表格，其方法是没有将预想的类别强加到数据上从而促进本土类别的发现。① 另一方面我们也用了一些客位方法。Pike 主张："通过分析部分数据，客位数据可以尽早获得……因此，客位数据提供了进入系统的通道——是分析的起点。"②详细的价值观搜集是创造构建系统的第一步，该构建系统提供了一些语境词语类别以便开始理解组织价值观。

2. 21 种美国价值观类别的创建

我们根据出现的频率对价值观声明中 181 种已经编码的、不同的美国价值观进行排序。"正直"在该排序中居于第一，出现了 149 次。对此，我们为"正直"创建了一个价值观类别来囊括这种价值观的出现。对于剩下的每种价值观，编码人员考虑频率和概念的重叠以确定一个不同的价值观是否符合它自己的类别。高频价值观将会拥有自己的类别，除非它们与另一个术语明确地同义。当编码人员认为价值观与现有的价值观类别在概念上有重叠时，他们就会把价值观归到已经有的类别中。这种对价值观类别创建频率的强调可以限制研究人员将自己的概念强加在价值观类别上。在将不同的价值观归到价值观类别上，编码人员的共识率为 82%，大多数的分

① Harris S. Reconciling positive and interpretative international management research: anative category approach[J]. International business review, 2000, 9(6): 755-770.

② Pike K L. Language in relation to a unified theory of the structure of human behavior [M]. The Hague: Mouton, 1967.

歧是因不常出现的价值观而引起。编码人员之间的分歧经过讨论后解决。最终的分析产生了 21 个价值观类别。在表中，这些价值观类别以黑色粗体显示。价值观类别后括号里的数字是在价值观声明中包含此价值观类别的公司数量。在价值观类别和其在价值观声明中出现的频率相关联后，不同的价值观以常规字体列出。价值观类别的频率不一定是不同的价值观频率的总和，比如当一家公司的价值观声明在同一价值观类别中（如责任）包含两个价值观术语（如职责和可靠），该价值观类别只计数一次。

表 6-2   **价值观类别定义和组成**

Accountability（62）   accountability（41）, compliance（3）, personal accountability（4）, reliability（3）, reliable（1）, responsibility（13）, responsible（1）

责任——专业、可依赖、纪律、承担、责任心

Commitment（63）   above & beyond（1）, aspiration（2）, caregiver inspired（1）, commitment（10）, dedication（2）, discipline（3）, driven（3）, enthusiasm（2）, honor commitment（1）, loyalty（3）, passion（16）, passion for success（7）, passion for winning（3）, passion to succeed（4）, perseverance（3）, positive attitude（2）, positive difference（1）, power of attitude（1）, pride（3）, professionalism（2）, spirit of winning（1）, winning spirit（1）

奉献——奉献、敬业、拼搏、忠诚、执着、坚毅、行动、自强、激情、能战斗、勤敏、用心、信于行、危机感、吃苦、心建

Community（60）   citizenship（2）, community（35）, community outreach（3）, corporate citizenship（7）, corporate responsibility（1）, engagement（2）, look externally（1）, recognition of society needs（1）, reputation（1）, social responsibility（5）, stakeholder value creation（2）, stakeholders（5）

N/A

Customer（107）   client commitment（4）, client focused（4）, customer（35）, customer center（5）, customer commitment（4）, customer experience（2）, customer focus（18）, customer oriented（2）, customer responsiveness（6）, customer satisfaction（5）, customer service（6）, customers（1）, dedication to customer（1）, passion for customers（6）, patient focused（1）, quality service（2）, quality services（2）, satisfied customers（1）, service（12）

顾客——健康（医药产业）、服务、满意、客户、顾客、用户、旅客、快乐人生

Development（*Chinaonly*）

发展——发展（只有中国）

Employees（**16**）　employee（3）, employees（12）, employment security（1）

员工——员工

Empowering（**38**）　personal development（16）, empowering（15）, enabling lives（1）, enriching workplace（7）, faith-friendly（1）, fun（2）, make a difference（1）

N/A

Environment（**40**）　environment（25）, environmental responsibility（2）, environmental stewardship（4）, planet（3）, sustainability（5）

环境——环境友好、环保、节能、绿色、低碳

Ethics（**25**）　ethics（25）

N/A

Excellence（**126**）　achievement（3）, be science based（1）, building great brands（1）, commercial focus（2）, compete and win（2）, create value for patients staff and stockholders（2）, deliver on promises（2）, deliver results（6）, earn a fair return（1）, economy（1）, efficiency（3）, excellence（52）, execute superbly（4）, expertise（3）, financial strength（5）, focus on cost（2）, growth（6）, high performance（1）, high standards（2）, knowledge（4）, performance（22）, profit（3）, results（3）, results oriented（4）, results-driven（2）, results-oriented（2）, simplicity（6）, use assets wisely（1）, value creation（5）, well-managed（1）, winning（4）

卓越——规范、高效、创造价值、价值最大化、科技、卓越、竞争、效益、效率、严谨、业绩、健康、阳光、简单、快速、绩效、智慧、特色、管理、完美、超越、成本领先、积极、担大任、成大器、承载使命、承接历史、缔造辉煌、活力、顺应市场、专精、执行力、表率、程序、成功、依法治企、立誉、品牌、信誉

Future Orientation（3）　forward looking（3）,

未来导向——开创未来、引领未来、展望未来、未来、前瞻、远见

Global Citizens（4）　global citizens（2）, global involvement（1）, global thinking（1）,

N/A

Gratitude(*Chinaonly*)

感恩——感恩、知恩图报

Harmony (*China only*)

和谐——和谐、融合度、热情宽容、谦和、包容

Innovation (**99**)   agility (2), continuous improvement (15), contrarian spirit (1), creativity (9), entrepreneurial (1), imagination (1), improvement (2), independent thinking (2), ingenuity (2), innovation (62), inspiration (2), invention (3), positive change (3), problem solving (3), resourcefulness (1), risk taking (3), speed (4), technology (3)

创新——创新、开拓、突破、敢为人先、批判、鼎新、进取、上进

Integrity (**173**)   authenticity (2), confidentiality (2), courage (2), do what's right (7), doing the right thing (8), fairness (7), honesty (31), honor (1), humility (3), integrity (149), justice (1), values (1)

正直——良心、品格、坦诚、信用、正直、真诚、崇德、诚信为人、公正、公平、公义

Leadership (**25**)   decentralization (1), lead by example (3), leadership (9), ownership (11), servant leadership (2)

N/A

Learning (*China only*)(**6**)   *learning* (6)

学习——学习、成长、谦学

Openness (**36**)   communication (13), openness (18), real (2), sharing (2), transparency (6)

对外开放——开放

People (**56**)   care (1), caring (12), compassion (3), humanity (2), improving life (2), people (31), quality of life (2), relationships (4), wellness (4), Quality (31), quality (31)

人本——关爱、人文、以人为本、友爱、善意

Quality (**31**)   quality(31)

质量——精品、精细、精致、健康(医药产业)、品质、品位、质量

Pragmatics (*China only*)

实事求是——求实、踏实、务实、扎实

Respect (**125**)   dignity(9), diversification(1), diversity(48), kindness(1), respect(88)

尊重——尊重

Safety（**47**） safety（47）

安全——安全、关爱生命、平安

Serving Nation（*China only*）

服务国家——服务社会、共创美好世界、济世、社会责任感、振兴中华、爱国、爱民

Shareholders（**19**） responsibility to shareholders（1），shareholders（17），stockholders（1）

股民——股民

Stability（**1**） *manage risk*（1）

稳定——稳定、稳重、稳健

Teamwork（**92**） collaboration（22），global teamwork（3），partnership（12），team（12），teamwork（50）

团队——集成、团队、团结、协同、参与、支持

Trust（**37**） trust（35），trustworthiness（2）

信任——信赖、信任、恒信

Win-Win（**1**） *offer fair deals*（1）

共赢——共赢、共享、分享、合作(对外)

在这一步骤中，价值观类别过少限制了包含本土价值观类别在内的理解系统的主位分析。然而，过多的客位类别又限制了用来跨文化客位研究的普遍类别创建。因此，主位和客位之间的相互依存变得显而易见。但在这项旨在突出本土价值类别的研究中，选择太多类别总比选择太少类别要好。①

3.9 种中国价值观类别的创建

为了发现和确立本土的中国价值观，我们选择一种主位-客位混合的方

① Peterson M F, Ruiz-Quintanilla S A. Usingemics and etics in cross-cultural organizational studies: universal and local, tacit and explicit [J]. In cross-cultural management: foundations and future, 2003: 73-100.

法而非 Ford et al 在研究品牌引发的怀旧之情中使用的单纯主位方法。① 它们曾经使用焦点小组在美国和比利时进行了两个独立的主位研究，在美国的主位研究发掘了四种感情类别，而比利时的主位研究发掘了三种感情类别。它们类别数量有限，美国与比利时之间文化差异有限，因此这一方法尚可。但是他们也承认，这种方法难以在具有更大文化差异的两种文化之间复制。因此，我们从美国的 21 种类别入手，并遵循这样的原则，即一个类别只能根据它不是什么类别来定义。②

我们使用主位-客位混合方法来确定中国本土的类别，作者首先讨论了美国 21 种类别中每种类别的含义，"不可译"的问题③以及其他可能会影响编码过程的问题。英文中的任何一个单词可能有多个相对应的中文，这些中文单词可能涵盖多个英文价值观类别。在此过程中，我们就类别描述的中文翻译达成一致，我们曾用类别描述来训练两名中国研究生，把 156 种中国价值观进行价值观类别归类。

尽管中方研究者是从最初的 21 种价值观类别入手的，但是如果他们认为中国的价值观不适合现有的类别，那么就强烈建议增加新的类别。我们删除了只出现了一次到两次的价值观(不到 1%)，剔除了不适合任何现有类别或者无法划为一个新的中文类别的价值观。在两名中国的编码人员完成编码过程后，中美双方的研究者进行了讨论并就一些理解和分类差异达成了一致。我们讨论了美国的"社群(community)"价值类别含义与中国的"服务国家"价值观含义之间的区别，并确定了它们的不同含义。最后，我们新创建了 9 种价值观类别，包含在最终的 30 种价值观类别(表 6-2)中，其中中国特有的类别用斜体标出。

---

① Ford J B, Merchant A, Bartier A L, Friedman M. The cross-cultural scale development process: The case of brand-evoked nostalgia in Belgium and the United States[J]. Journal of business research, 2018(83): 19-29.

② Saussure F E. Course in general linguistics (English Ed.)[M]. New York: McGraw-Hill, 1916.

③ Munday J. Introducing translation studies: theories and applications[M]. London: Routledge, 2016; Newmark P. About translation[J]. Multilingual matters, 1991: 74.

在这一步中，主位-客位过程的动态本质导致主位类别的不断发现，支持了 Peterson 和 Pike 的第二个主张，即没有事先假设美国或者中国当地发展出的类别是普遍的，而是去发现和认识当地的想法及意义。与创建新的语言语音类别一样，新语言/文化的分析常常会导致新类别的发现。随着所分析文化的数量的增加，美国的哪些类别是普遍的，哪些是本土的，将会变得更加明显。

4. 美国价值观类别的重新编码

在与中国研究人员交流以获得理解后，美国编码人员将 9 种价值观类别增加到他们的类别列表里然后重新进行编码数据。我们发现了 4 种中国价值观类别的实例：双赢、学习、稳定和未来导向。这种方法有助于把中国类别包含在美国的价值观声明的数据中。表 6-2 列出了编码最后阶段的结果，其中 9 种中国价值观类别斜体标出。我们的方法确定了可用于客位比较的重叠类别以及有助于加深主位理解的独特类别。例如，中国的样本包含一个"和谐"类别，该类别与美国发现的其他价值观类别（比如团队合作和协作）不同。同样地，美国的"团体"类别也是美国独有的。

表 6-3 列出了中美按价值观类别的频率进行的对比。美国编码人员确定的 21 种价值观类别中有 16 种类别也在中国数据中得到确认。中国编码人员确定的另外 9 种类别中有 4 种在美国数据集重新分析中得到确认。

表 6-3   中国组织文化维度主位实证研究

维度	Xin et al. (2002)	Tsui et al. (2006)	Liu (2003)	Kong (2003)	本研究
员工贡献	×	×			奉献、责任、领导力
员工发展	×	×			赋权、团队合作、员工
和谐	×	×	×	×	和谐、稳定、双赢、团队合作、信任、尊重

续表

维度	Xin et al. (2002)	Tsui et al. (2006)	Liu (2003)	Kong (2003)	本研究
领导力	×	×		×	领导力、责任
实事求是	×			×	务实、责任
公平奖励	×		Equality	×	正直
顾客导向	×	×			顾客、品质
未来导向	×				未来导向
创新	×	×			创新、学习
结果导向	×	×		×	发展、服务国家、环境、卓越
专业性		×			责任
交流		×			开放、团队合作
共同价值观		×			
结果和品质		×			卓越、品质
创业精神		×			创新
忠诚			×		奉献
官僚体制			×	×	
安全			×		

在这一步骤中，主位-客位过程的整体性和平衡性与 Li 的主张一致，即解释局部现象的目的不是为了解释，而是为了向外界反映局部现象来提升全世界的理解。① Pike 主张，其他语言的语音可以帮助我们听到自己话语中默认的声音特征。比如，Pike 首先在米斯特克语言中发现了音调，这

---

① Li P P, Leung K, Chen C C, Luo J D. Indigenous research on Chinese management: what and how[J]. Management and organization review, 2012, 8(1): 7-24.

使他发现的英语音调的类别，尽管音调类别不尽相同。① 又如，英国研究人员预想中国的研究经费受到政治因素影响。通过自反性他们才能意识到自己也受英国经费的影响。② 因此，我们必须将中国的类别再转变为美国的类别。如果我们不能给中国价值观同等的重视，那么阴-阳就会失衡，那么整体视角就会沦为美国视角。如表 6-2 中就列举了中美两国抽样的企业价值观声明中所有发现的 30 个类别、每一种类别下属的词汇及词汇出现的频率，其中英文记录了美国企业价值声类别和下属词汇，中文记录了中国企业价值类别和下属词汇。

5. 对等性验证

在上述第一步中，我们根据美国管理学理论简述了价值观声明的历史，并在经历价值观和理想价值观之间建立了联系。美国管理学理论将经验文化视为可以通过提升理想价值观从而与公司战略保持一致的资源。在这种背景下，中国企业的价值观通常能在"企业文化"和"企业精神"标题下找到，而不是在美国最常见"核心价值观"或者"价值观"标题下。因此我们认为有必要验证中国的理想价值观和经验价值观在上下文中是否相似。我们尤其希望与那些经历过中国企业组织文化的人一起证实我们在价值观声明中确定的中国本土价值观。为此，我们将重点放在中国数据集上，以了解我们的本土理想价值观与先前对中国组织中的经验价值观进行的主位研究相比有何区别。

我们找到了 4 篇使用主位方法来研究中国组织的经验价值观的已发表文章。Xin 等人③让 120 名经理在 3 所中国大学上 MBA 高级课程来描述他

---

① Peterson M F, Pike K L. Emics and etics for organizational studies: a lesson in contrast from linguistics[J]. International journal of cross cultural management, 2002, 2(1): 5-19.

② Easterby S M, Malina D. Cross-cultural collaborative research: toward reflexivity [J]. Academy of management journal, 1999, 42(1): 76-86.

③ Xin K R, Tsui A S, Wang H, Zhang Z X, Chen W Z. Corporate culture in state-owned enterprises: an inductive analysis of dimensions and influences. In the management of enterprises in the People's Republic of China[M]. Springer, 2002: 415-443.

们的组织文化，然后他们得出了 10 种价值观，我们在表 6-3 的第二列用"x"标识。Tsui 等人在向私人或者外商投资公司工作的高级 MBA 经理收集数据时也使用了相同的过程办法。他们的研究中所确定的私营企业文化价值观在表 6-3 中的第三列。① Liu 使用主位和客位相结合的方法来研究中国东北两家国有制造企业的组织文化，得出了 5 种价值观，在表 6-3 的第四列。② 最后，Kong③ 对澳门 6 家酒店的主位研究记录了 26 种信奉的价值观的使用来证明组织的外在行为是合理的，我们将这些价值观与表 6-3 中 Xin 等人、Tsui 等人、Liu 确定的价值观联系在一起。例如，我们将信奉的价值观"我们要么改变，要么在对手手中灭亡"与创新相联系，还有"在领导下团结起来，且不制造纠纷"与和谐相联系。

表 6-3 的最后一列将从本书中得到的理想价值观与之前四项研究发现的经验价值观相联系，结果没有出现一对一的完美匹配。例如，沟通是 Xin 的和谐维度的一部分，但 Tsui 却将沟通列为单独的类别。在我们的研究中，沟通是开放的要素。因此，我们将开放价值观包含在两个地方来标识表 6-3 最后一列的两个联系关系。最后一列的空白单元格代表先前研究中发现的经验文化的那些方面，这些方面与我们的价值观声明类别（如：共享价值观和官僚体制）不重叠。

（五）中美价值观声明比较研究的结果与讨论

1. 结果

为了评估前述假设一"企业组织文化包含本土价值观"，我们可以为本土价值观这一类别定义多个级别的标准。其中一个标准是仅被本土研究者

① Tsui A S. Contextualization in Chinese management research[J]. Management and organization review, 2006, 2(1): 1-18.

② Liu S. Cultures within culture: unity and diversity of two generations of employees instate-owned enterprises[J]. Human relations, 2003, 56(4): 387-417.

③ Kong S H. A portrait of Chinese enterprise through the lens of organizational culture [J]. Asian academy of management journal, 2003, 8(1): 83-102.

发现的价值观。在这种情况下，中国研究人员发现的所有 9 个价值观都是本土价值观。其中最严格的标准是，只有特定文化专有的价值观才是本土化的。当我们将此标准应用于表 6-2 时，我们发现为国家服务，务实，和谐，发展和感恩是本土价值观。当我们把这一标准应用于美国价值观时，团体价值观是一种本土价值观。如表 6-4 所示，其中一些本土价值观非常突出，占到价值观声明的 20% 以上。另一种标准是不同社会之间的价值观差异程度。表 6-4 中的数据表明尊重和信任两个价值观在美国非常突出，数据是中国对应价值观的 15 倍以上，因此尊重和信任可能属于美国本土价值观。尽管我们仅根据两个社会的数据谨慎地将价值观标记为本土价值观和普世价值观，但结果确实为我们的第一个假设提供了初步的支持。本土价值观是可以被识别的并且他们可能会提供独特而重要的文化见解。

我们同时使用阴-阳和西方方法两种方法来检验关于国家和行业对组织文化影响的假设二、假设三、假设四。对应分析(correspondence analysis)是一个阴-阳一致模型，它从整体上说明了两组变量之间的相互依存关系。它不受单个因变量要求的限制；相反，它有助于分析表格里行和列之间的关系。在我们的研究中指的就是理想价值观和中美公司中不同行业之间多种变量之间的关系。

我们通过将按国家和行业分类的价值观计数转换为相关性来使数据标准化。由于这是数据的线性表示形式，因此不会影响对应分析结果。[①] 我们先计算每个国家行业与价值观之间的相关性，然后我们将这些样本组合在一起创建一个表，该表有 30 个价值观，每个价值观对应一行。我们将这些公司分为 12 个行业领域，再加上是否属于国有企业(SOE)，则分为 26 列。由于没有一家美国公司是国有企业或农业公司，因此表中只有 24 列。

对应分析与最小二乘模型相类似，因为它创建向量使两组变量之间的差异最小化。在计算完第一个向量或维度之后，它将计算后续维度的剩余差异，直到说明所有差异。因此，一个 $m \times n$ 的表格将具有最小的 $m-1$ 和

---

① Greenacre M. Correspondence analysis in practice[M]. CRC Press, 2017.

n-1 维度，在我们的研究中为 23(24 列-1) 个维度。第一维的结果占总差异的 52%，第二维的结果占另外的 10%。所有后续维度均占差异的 7% 或更少。向量利用卡方距离将向量缩放为坐标，从而使行变量和列变量之间关系可视化显示。某价值观在表中绘制得越接近某个行业，该价值观与该行业的关联就越大。相似地，当两个行业(或两个价值观)绘制点彼此靠近时，表明这两个行业(或两个价值观)与所有价值观或(行业)相关联。

图 6-3 显示了价值观和国家之间的关系，其中 y 轴是第一维度，x 轴是第二维度。行业标签为蓝色，美国行业标签以"A"开头(如 A 金融)，而中国行业标签以"C"开头(如 C 金融)。第一维度代表了 52% 的差异，并且清楚地表明，社会差异是这种差异的根源，因为所有美国行业都位于 y 轴的负部分，而所有中国行业都位于 y 轴正部分上。因此，这支持了假设二，即：民族特征会对组织文化产生重大影响。

我们还发现假设三也得到了部分支持，即行业特征会影响组织文化。无论企业位于中国还是美国，工业制造业和采矿业类别都展现出独特的组织文化特征。图 6-3 的独特阴-阳方面在于它说明了美国和中国工业制造业的组织文化是如何既相似又不同。差异通过虚线圆(中国)和实心圆(美国)之间的展示出来，因为它们与不同的价值观相关联。中美组织文化的相似之处在于它们都是与他们国家的本土价值观紧密相关。图 6-3 进一步说明了工业制造企业的组织文化的相似性，该图绘制了对应分析中维度 2 和维度 3 之间的坐标，因此消除了维度 1 的影响，而维度 1 的影响主要是社会差异。图 6-3 中的圆圈说明了两种社会中工业制造业的相似性，因为它们都与质量这一价值观相关。这种阴-阳模式也存在于图 6-3 和图 6-4 采矿业，但是不太明显。

最后，假设四也得到了支持。由于第二维度和第三维度与第一维度相比，仅占变化的一小部分，对应分析结果表明与行业相比，社会环境造成的差异更大。

我们还使用更西方的向下钻取和隔离变量方法来检验关于国家和行业对组织文化影响的假设二、三和四。我们首先测试每个价值观，以查看其美国平均值和中国平均值之间是否存在差异。均值的统计差异结果显示在表 6-4。在 30 个价值观中，中美两国仅有 4 个价值观在统计上没有差异。这些结果表明假设二得到了支持，即民族文化对组织文化具有重要意义。

表 6-4　　　　　　　　中美价值观类别平均值比较分析结果

价值观	中国%	美国%	百分比差异	t-test	sig.
责任	18%	26%	8%	2.17	0.03*
奉献	39%	26%	13%	−3.25	0.00**
社群	0%	25%	25%	9.38	0.00**
顾客	25%	44%	20%	4.84	0.00**
发展	6%	0%	6%	−3.95	0.00**
员工	14%	7%	7%	−2.72	0.01**
赋权	4%	16%	12%	4.51	0.00**
环境	10%	17%	7%	2.36	0.02*
道德	2%	10%	8%	4.01	0.00**
优秀	70%	53%	18%	−4.19	0.00**
未来导向	5%	1%	4%	−2.42	0.02*
全球公民	1%	2%	1%	1.00	0.32
和谐	17%	0%	17%	−6.89	0.00**
创新	55%	41%	13%	−2.99	0.00**
正直	47%	72%	25%	6.05	0.00**
领导力	1%	10%	9%	4.78	0.00**
学习	4%	3%	1%	−0.93	0.35
开放	4%	15%	11%	4.44	0.00**
人本	18%	23%	5%	1.4	0.16
务实	19%	0%	19%	−7.51	0.00**

续表

价值观	中国%	美国%	百分比差异	t-test	sig.
尊重	3%	52%	50%	15.68	0.00**
安全	4%	20%	15%	5.61	0.00**
服务国家	23%	0%	23%	-8.46	0.00**
股民	9%	8%	1%	-0.29	0.77
稳定	6%	0%	6%	-3.7	0.00**
团队合作	27%	38%	11%	2.78	0.01**
感恩	2%	0%	2%	-2.09	0.04*
信任	1%	15%	14%	6.32	0.00**
双赢	20%	0%	19%	-7.43	0.00**

我们还可以使用更严格的 logit 模型来确定行业和/或国家/地区对组织文化的影响。由于 p 是方程式(1)中的一个潜在概率变量，因此使用最大似然估计(MLE)进行迭代拟合过程以计算 MLE 系数。对于具有二分因变量的模型，logit 模型是比 OLS 模型更准确地预测指标。[1]

$$\ln \frac{p(y=1\mid x)}{1-p(y=1\mid x)} = \alpha + \beta_{1i} \qquad (1)$$

在表 6-5 的所有三个 logit 模型中，组织价值观是因变量，是一个特定值在一个价值观声明中出现同不出现的概率比。在模型 1 中，正如上面的等式(1)所示，α 是截距项，β_{1i} 是二分变量，其中，对于样本中 539 个公司的第 i 个公司来说，第一个表示来自中国的公司，在默认情况下，零表示来自美国的公司。该模型只计算了 30 个价值观模型中的 25 个，因为发展，和谐，务实，为国家服务和感恩这些价值观仅在中国发现，所以这些价值观相应的模型被删去。结果显示在表 6-5 的"模型 1-仅国家(NO)"列中。

① Long J S. Regression models for categorical and limited dependent variables [J]. Advanced quantitative techniques in the social sciences, Sage, 1997(7).

$$\ln \frac{p(y=1\mid x)}{1-p(y=1\mid x)} = \alpha + \sum_{j=12}^{J} \beta x_{ji} \tag{2}$$

$$\ln \frac{p(y=1\mid x)}{1-p(y=1\mid x)} = \alpha + \beta_{1i} + \sum_{j=12}^{J} \beta x_{ji} \tag{3}$$

公式(2)与前面的公式相同,除了用12个行业以及国有企业部门中的二分变量代替了二分国家变量。模型3由等式(3)表示,包括来自模型1和模型2中的国家,行业和国有企业变量。模型2和模型3也针对25个价值观中的每一个价值观进行计算,并显示在表6-5的相关列中。在模型2和模型3中,系数和 p 值仅针对在0.05水平上具有显著意义的行业给出。

这三个模型的结果使我们能够通过比较三个模型中每种组织价值观的似然比来确定哪个模型最适合每种价值观类别。例如,模型1责任价值观在一个自由度下的似然比为535.2,而在13个自由度下的似然比为527.50。对数似然值越低,模型越适合。因此,从表面上看,模型2更适合,但它需要添加12个变量。通过模型1的对数似然值减去模型2的对数似然值,可以在0.05水平上进行卡方检验,并将其与95%置信水平,12.36自由度下的卡方分布进行比较。由于两个模型之间的差异小于22.36,因此模型1更合适。同样,我们可以将模型3的14个自由度与模型1进行比较,发现模型1仍然提供最佳拟合。我们在表4的最后一列中用"NO"表示这一点,它表示模型1(仅限国家)是这一价值观的最佳模型。我们为每个价值观类别确定三个模型中的最佳模型,并在表4的最后一列中表示最佳拟合模型。

总体而言,"仅国家"模型(模型1)是其中19个价值观中的最佳模型,"仅行业"模型(模型2)是唯一与人民价值观最匹配的模型,而同时包含国家和行业变量的模型(模型3)最适合其中的5个价值观。因此,尽管有些数据对行业影响(假设三)有一定的支持,但是国家环境总体上比行业在确定组织的理想价值方面更具影响力(假设四)。

表6-5是中美行业的三个罗杰特模型分析结果展示:

表6-5　中美行业罗杰特模型

DV Value	Model 1-Nation Only (NO)			Model 2-Industries Only (IO)				Model 3-Both Nation & Industries (Both)					Best Model
	p-value	MLE	-2 log liklihood	Significant Industry	p-value	MLE	-2 log liklihood	Nation p-value	Significant Industry	p-value	MLE	-2 log liklihood	
accountabillity	0.03	-0.46	535.20	None			527.50	0.07	None			524.11	NO
commitment	0.00	0.62	644.97	None			647.64	0.02	None			642.25	NO
community	0.00	-4.53	282.59	ManC	0.05	-1.48	342.83	0.00	None			272.71	NO
				Manufact(1)	0.03	-1.17							
customer	0.00	-0.90	637.03	Construct	0.03	-1.56	613.23	0.00	Mining	0.04	-1.13	602.31	Both
				ManC	0.03	-1.23							
				Mining	0.01	-1.50							
employees	0.00	0.83	342.58	None			342.10	0.02	None			336.79	NO
empowering	0.00	-1.43	308.18	None			314.90	0.00	SOE	0.03	1.39	292.13	NO
									Agriculture	0.02	3.61		

续表

DV Value	Model 1-Nation Only (NO)			Model 2-Industries Only (IO)				Model 3-Both Nation & Industries (Both)					Best Model
	p-value	MLE	-2 log liklihood	Significant Industry	p-value	MLE	-2 log liklihood	Nation p-value	Significant Industry	p-value	MLE	-2 log liklihood	
environment	0.02	-0.62	392.90	Finance	0.05	-1.78	383.14	0.00	None			373.15	NO
ethics	0.00	-1.66	218.02	Manufact(1)	0.05	-1.21	209.92	0.02	None			203.66	NO
				Mining	0.03	-1.95							
excellence	0.00	0.76	667.15	Real Estate	0.04	1.79	658.95	0.00	None			645.75	NO
future orientation	0.03	1.43	143.09	None			127.30	0.03	None			121.06	NO
global citizen	0.33	-0.85	64.36	None			49.82	0.30	None			48.65	NO
innovation	0.00	0.53	706.00	Mining	0.00	1.47	679.92	0.09	Mining	0.01	1.29	677.23	Both
				Manufact(C)	0.01	1.31			Manufact(C)	0.02	1.21		
				Manufact(1)	0.02	1.03			Manufact(1)	0.06	0.88		

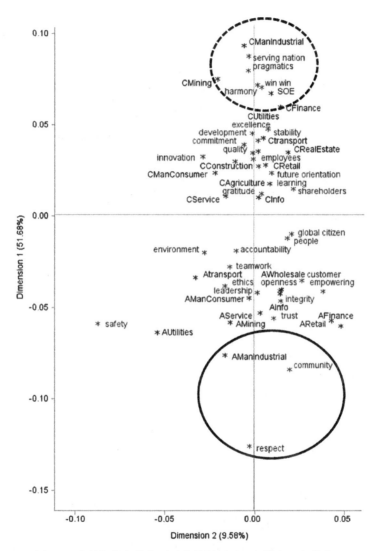

图 6-3　中美行业与价值观对应分析图示——维度一和维度二
（由于原图用英文标注，此处使用英文呈现）

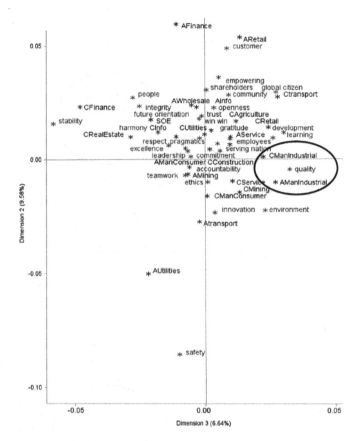

图 6-4　中美行业与价值观对应分析图示——维度二和维度三

（由于原图用英文标注，此处使用英文呈现）

2. 讨论

组织文化的开放系统模型是一种双向方法，是我们使用主位-客位混合方法操作的。我们的分析表明，中美之间大部分价值观的差异是由于社会环境的差异引起的，而不在于全球环境下的行业差异。我们确定了 9 种独特的中国价值观，这些价值观在中国企业中很常见，但在美国并不常见。在中国，这些价值观声明中的三种价值观（和谐、稳定、面向未来）在区分不同行业的最佳文化中非常重要。因此，组织文化包含重要的本土价值观，而且在研究组织文化时，若无法识别并包含这些本土价值观的研究将会遗漏很多信息。

尽管本土价值观最具特色，但在更普遍的价值观中有一些同构的迹象。图 6-5 提供了普遍价值观的全球趋同类型，其中每个单元格都包含基于表 6-5 中结果的示例价值观。单元格 1 用于与社会环境不同有关，但是与特定行业无关的价值观。因此，"责任"价值观在美国更为普遍而"员工"价值观在中国更为普遍，但它们都与任何特定行业无关。单元格 2 代表着广泛的全球价值观同构，如"学习"和"全球公民"，这两种价值观在两个社会中都有使用，但与特定行业无关。单元格 3 代表着广泛的差异，其中"安全"价值观与美国相关度比中国高，与公用事业行业的联系比其他行业多。单元格 4 代表了全球行业内的融合，与其他行业相比，"人本"价值观与工业制造业相关度较低。

	不同社会	相同社会
相似	单元格 1 可靠性-美国 员工-中国	单元格 2 学习 全球公民
不同行业	单元格 3 安全-公用事业、美国 顾客-矿业、美国	单元格 4 人本-工业制造业（-）

图 6-5　组织价值观类型的全球趋同

我们研究企业文化的开放系统方法突出了企业价值观的三个不同类别。首先，某些价值观是社会固有的，因此它们根植于社会和文化之中；其次，某些价值观是行业固有的，这可能是由于外部环境的压力导致的；最后，从潜在价值观的深海中浮出水面的大多数价值观是受社会、行业环境和企业特征多重影响的结果。开放系统方法强调了在组织文化研究中经常被忽视的社会和行业影响。

经理们习惯了在普遍性的维度上对比社会文化差异，他们也可以用图6-5单元格1、单元格2中的普遍组企业价值观来对比组织文化。他们应该知晓"责任"价值观在美国企业中比起在中国企业中更普遍，从而调整他们的行为。而且单元格3、单元格4暗示着会有一些例外，行业环境的一些价值观可能超越了社会差异，而创造出同一行业相似的企业价值观，就好像公共设施行业中的"安全"价值观。前人对于文化的研究指引经理们在社会文化差异中去运作，我们的研究表明许多企业文化的差异发生于社会和行业文化的交叉之处，这些复杂性要求经理们既要了解社会对于企业文化的影响，也要了解行业对于企业文化的影响。

然而，这个研究对于经理们最大的启示在于他们必须寻求理解社会和企业文化的本土方面，这一点非常重要，就好像 Koch 等人论证得出：越是深植于一个文化中的价值观，就越容易导致跨国企业中的混乱。认真对待本土特性需要经理们相对于对等性来说更看重差异性。这样，经理们应该在证明"和谐"同"合作"相同之前首先假设二者不同。

在文化的价值观和工具性的理论研究中，我们看到文化价值观的理论意味着稳定，而工具性理论则意味着自主性和变化。尽管我们的研究不是历时的，但确实一些迹象表明企业正在改变他们的理想价值观以应对不断变化的环境。在中国，金融业的稳定观与国家目前的政治言论非常吻合，制造业对安全观和质量观的应用可能是对公众批评劣质产品的回应。价值观与当前环境的这种一致性可能表明，企业正在使用价值观声明来积极规范其合法性或使其文化与战略相匹配。

虽然我们断言本土价值观是一种独特的价值观范畴，但也可能存在其他价值观分类，例如：理性（如创新和质量）、全球和地方合法性（如诚信和为国家服务）、公共营销（如客户和环境）和内部行为调整（团队合作和尊重）等。每种分类可能具有不同程度的稳定性，可以假设本土价值观类别是最为稳定的，但我们需要历时研究来发现企业的理想价值观变化的程度和方向。

以上研究从企业价值观声明出发得出结论，中美企业的价值观因为社会文化的差异而存在着相当的差异，尽管普遍性的价值观也存在于两国企业的文化中，但各自本土的企业文化不容忽视，作为跨国企业，带有母国社会文化的印记，又兼具行业文化的特色，并且需要与当地文化进行接触（雇用当地员工、与当地政府、供应链、经销商、市场等打交道），文化的碰撞、摩擦和融合每时每刻都在发生。到目前为止，我们只印证了不同国家社会中企业的激发性文化（aspirationalculture）间的差异，那么从员工角度出发的企业的经验文化（experiencedculture）呢？是否也同当地文化存在明显的差异？为了回答这个问题，我们进行了成渝两地跨国企业员工的访谈研究。

三、基于访谈的文化差异分析

（一）研究目的

在对外资企业的实地调研中，为了从不同的角度检验有关文化差异的结果，我们对驻成都的外资企业采用了访谈的方法，试图通过外企员工来了解体验企业文化特征是否与自身的成长的国家社会文化或者经历过的本国企业文化具有明显差异。

通过对访谈录音、笔录和访谈日记的分析和分类，以及通过对访谈数据进行编码和一些描述性的统计学运算，我们有如下四个方面的发现：第一，关于企业/公司/组织文化的特点，与当地文化的差异与相关因素；第二，关于中国员工适应企业文化的挑战、对策和现状；第三，关于企业/公司/组织内部的冲突管理的特点、过程、案例等；第四，从访谈中观察和了解到的相关反思。在本章中，将围绕第一个方面进行报告，并且引用访谈的笔录和简单的统计学数据进行说明。

跨文化冲突的根源主要来源于各自文化的差异，本章将主要回答以下问题即：本地员工是否感受和经验到企业文化同自身民族文化有明显的差异，这些差异是什么？

(二) 访谈方法

访谈属于比较典型的质性研究方法。Corbin 和 Strauss 提出了质性研究的基本假设，即：人类世界是很复杂的，事情和现象的产生一定是多种因素相互作用产生的。研究者应该尽可能多地去发现事物的复杂性并解释产生的过程，但全部呈现是不可能的。因此，研究者应该从多种角度，以多种研究的手段来研究人类社会中的种种现象。而且，要理解人的经历，必须从内部着手，与此同时不能脱离外部环境中与社会、政治、文化、种族、性别、信息以及科技框架相关的影响。Corbin 和 Strauss 认为访谈过程是质性研究中很重要的一环，因为所有的经历，以及互动和行为的形成与变化都是对于一些结果和情况的回应。① 在此过程中，概念和理论对于质性研究也至关重要，概念和理论从对现实的分析中被抽象出来，用于科学研究者的讨论和对话，借此达成对于人类社会研究的一些共识，如果没有这些概念和理论，科学家也就失去了自己的语言，无法进行研究。十分重要的是质性研究使得研究者可以深入了解被研究者的内心体验，理解意义是如何被文化以及在文化中被构建的，使得研究者去发现而不是测试变量。在质性研究中，客观性(objectivity)并不是一个重要标准，更重要的是敏感性(sensitivity)。②

我们的研究选择了访谈法，初衷是在访谈和听取受访者自述中去了解受访者的内心体验，从而了解这样一个文化差异甚至冲突中的个体如何去看待和应对这些外界的变化，这个过程的发展和对个人的影响如何，以及

① Corbin J, Strauss A. Basics of qualitative research: techniques and procedures for developing grounded theory[M]. Thousand Oaks: Sage, 2008.

② Glaser B. Theoretical sensitivity advances in the methodology of grounded theory [M]. Mill Valley: Sociology Press, 1978; Glaserb, Strauss A. The discovery of grounded theory strategies for qualitative research[M]. Mill Valley: CA Sociology Press, 1967; Strauss A L. Qualitative analysis for social scientists[M]. Cambridge University Press, 1987.

个人能够感知的整个公司的交流氛围、效率和政治环境如何。定性访谈法主要采用一对一或者一对多的问答形式，对研究者感兴趣的问题向受访者获得相关的信息。学术研究中的访谈法不同于普通访谈，最主要体现在学术访谈需要基于理论来设计问题，并且获得的访谈录音和笔录的资料需要进行系统的、基于理论的严谨的分析，从而得出结果和结论，用学术性的语言进行报告。

访谈法分为结构式、半结构式和自由访谈三种类型。我们采用的是半结构式访谈法来进行研究。所谓半结构式访谈法，就是在访谈前先根据研究问题和相关理论拟定访谈的具体问题，在访谈中除了问及准备好的问题以外，访谈员可以随时根据对方的回答，要求对方进一步回答更深入的问题，或者由对方的回答引出新的相关问题。问题的顺序比较灵活，不用按照拟好的问题的顺序来问答，可以根据需要提前问一些问题，或者推后问一些问题。访谈的时间也可以比较灵活掌握，当发现对方可能提供更有价值的信息的时候，在对方同意的前提下，可以延长访谈时间。

质性研究的精髓在于研究者对于研究问题和理论的熟悉，以及对于获得的数据或素材的敏感性，研究者在访谈和分析访谈获得的数据的过程中都需要充分发挥自己的敏感性，来寻找和发现访谈中出现的基于理论的一些重要的规律性的概念、模式、和关系。敏感性是指在数据（素材）中运用洞察力，能够发现并挑出相关的问题和事件，也就是通过沉浸在数据中且能够站在参与者的立场上呈现他/她的见解。总的来说，这一特质是通过长期与数据（素材）和人打交道而发展出来的。因此，质性研究，特别是访谈法的特点很适合我们多视角深入获得有价值的基于理论的详细素材、案例、现象的经过，并发现背后可能的相关因素、潜在的原因，以及从受访者中去发现事件发生的社会文化背景、语境等。从不同的受访者口中又可以彼此印证和加强一些主观经验、观点和看法，从而总结形成一定的模式。孤立而特殊的案例则被筛选出来，保证了一定的客观性。访谈法研究出现的一些概念、模式和关系有可能为以后的量化研究提供新的变量和假设的依据。以下我们将分别介绍这次研究的访谈对象、数据收集过程和数据分析过程。

(三)访谈对象

这次研究的访谈对象确定为母公司或者本部在外国的跨国公司,设在成都的是其分公司或者子公司(以下简称外企),以及有明显外国企业文化的中外合资企业中的中国员工和管理层人员。因为笔者居住地和熟悉的环境在成都,所以这一阶段的研究主要在成都的外企员工中进行。在所有的受访人员中,一部分通过项目组成员的工作或者私人关系取得联系,另一部分,通过朋友、前同事或者在读研究生取得联系。所有的访谈均由笔者和当时在读的研究生一同前往,在读研究生作为陪同和笔录人员。因为质性研究中研究者作为研究工具具有很重要的地位,项目组只有笔者(项目主持人)最为了解整个研究的计划和进展情况,并且深知研究的框架、背后的原理及理论支撑,因此实际的访谈由作者亲自掌握,访谈中可以做出适当的调整、灵活处理各种不可预测的局面。此外笔者过往积累了大量的质性研究的经验,又曾经长期在美国求学和工作,对于文化差异和跨文化交流的难度有深刻的体会,因此对跨文化信息有较强的敏感性。

总共有50名公司员工或者管理层人员接受了我们的访谈。在第一轮访谈中,笔者就研究问题和一部分受访者进行了较为自由而涉及面较广泛的半结构式访谈。从访谈中提取了比较重要的相关的概念、现象和议题。这一轮访谈共有7家公司的员工或管理人员参与,这些跨国公司的总部或母公司国籍涉及美国、日本、德国和瑞典。访谈时间比较长,所有访谈在1~2.5个小时。这有利于缩小第二轮访谈问题的范围,调整问题的方向,使得第二轮访谈可以更有效率,并且更有针对性。

第一轮访谈的主要对象是中层以上的具有管理者职位的10名中国和外籍人员,因为这些受访者有一定的阅历,对公司的情况较为熟悉,有全局观,所以更能够较全面客观地回答问题和阐释自己的体验。从这些管理者们口中得到的信息有利于我们检验事先拟定的问题的恰当程度,发现新的之前没有关注但是具有研究价值的现象和概念。

第二轮访谈涉及 20 家公司的 40 名员工，这些跨国公司的总部或母公司所在国籍涉及美国、英国、韩国、日本、印度和意大利。这轮访谈每人平均时间在半个小时左右，主要针对前一轮研究之后锁定的问题，以及需要澄清的问题进行进一步的情况了解，体会受访者真实的想法和意图。这一轮访谈的对象分布在企业各个部门和级别，全部是中方员工和实习生。这些受访者从各自的角度去诠释了问题和现象，他们分享的亲身经历和事件帮助丰富了数据，让我们能够更好地理解他们的处境、态度、想法与行为。

1. 数据采集过程

笔者在受访人所在的公司/工厂、咖啡厅或者其他公共场所进行约谈。这些受访人是笔者在成都外企工作的老同学，以及直接或者间接的朋友，因此，对他们进行的是非正式的比较自由的访谈。访谈的题目主要包括但不完全局限于以下几个部分：

(1)本地员工是否发现企业文化同自身民族文化有明显的差异，这些差异是什么？

(2)本地员工是如何适应企业文化的？

(3)本地员工同外国员工如何解决冲突或分歧？

(4)可能有助于双方进行跨文化适应的个人因素有哪些？这些因素是如何影响跨文化适应的过程的？

我们的初衷是要探索有助于员工在跨国企业/组织工作环境中进行跨文化沟通和适应所需要的认知、情感以及技能方面成长的机制。为了达到这一目的，除了一些人口学信息以及受访人在公司的部门、职位及年限等，我们设计了以下问题：

(1)你同来自其他文化的同事交流起来有没有困难？如果有，有哪些困难？主要是什么原因导致了这些交流的困难？

（2）如果你并不觉得困难，当你和来自其他文化的同事发生争执时，一般是如何处理呢？

（3）如果发生意见不一的情况，无论问题有没有解决，你事后会反思当时的情况吗？这个反思的过程如何帮助你处理以后类似的情况呢？

（4）随着时间的推移，你对于来自其他文化的同事的看法有没有改变？最大的改变是什么呢？与刚进公司相比你是更愿意还是更不愿意跟来自其他文化的人共事？

（5）你如何评估你自己处理同来自其他文化的同事发生意见不一的情况的能力？

（6）你可以回顾最近发生的一两次同来自其他文化的同事处理异议的事件吗？请讲述一下事情的经过及后续事件。

在这一轮的访谈中，作者发现一个受访者比较常见的回答是，跟外籍员工接触不多，公司很少外籍人员，大部分员工不需要与外籍员工打交道。这样看来，许多外企在寻求一条本土化的道路，经过初期的打根基和建立企业的过程之后，为了降低成本，企业里的外籍员工纷纷被调离，剩下的中低层管理者和员工多数来自本土，也就是多数为中国人。但与此同时，作者也注意到，虽然外方人员多数撤离，但他们在初期建立起来的企业文化核心价值观和企业管理理念并没有跟随他们消失，而是存在于企业的"基因"中，存留在当地的子公司或者分公司的管理架构、管理模式和沟通氛围里面。本土化的进程在影响着这些过程，但并没有动摇基本的核心价值观。当然每个公司的文化策略和本土化策略都不尽相同，有的甚至差异很大。

了解到这些信息以后，在第二轮访谈中，我们调整了一些问题，主要侧重在员工们体验到的企业文化当前的状态是什么，企业对于本土化的策略怎样，沟通氛围和方式如何。进一步，我们想要了解企业的哪一些文化跟员工们自身带来的文化不太一致，沟通中有哪些期望违背，发生了怎样的冲突，他们又是如何处理的，后来是如何调整自己的，自认为调适的结果如何。第二轮访谈的受访人是通过项目组成员以及直接和间接的朋友帮助联络来进行的，地点仍然是在受访人的工作场地、咖啡厅或者别的公共场所。

在访谈开始的时候，我们会先向受访人进行自我介绍，并大致介绍项目的情况，然后询问受访人是否自愿接受访谈，是否介意我们录音。在我们的访谈中有小部分受访人同意我们进行录音；对于剩下的受访人，陪伴作者前往的研究生采用了笔录的方式来记录访谈过程。在访谈的当天晚上，作者回到家中，回忆当天访谈的整个过程，周围的环境，接触到的人及他们的特质，对话涉及的话题，对方的回答和自发的分享等。根据追忆，作者会及时书写当天的访谈日记（见附录三），尽可能详细地记录以上所述内容。这样做的目的是记录访谈中出现的一切可以帮助作者日后来理解访谈笔录或者录音的信息，尽量做到从受访者的初衷而不是作者自己的角度来理解访谈的内容，[①] 这时候访谈者应当把自己当作一个研究工具，她/他需要真实地传递和反映受访者的体验。

2. 数据处理与分析方法

对于允许我们录音的访谈，作者的研究生根据录音进行转写，音频和文字同时存档。对于受访者不同意录音的，作者的研究生进行了笔录，回家后进行整理，文字存档。因此，加上作者的访谈日记，一个访谈会涉及 2~3 个相关的文件，有的有音频，其他的则没有。在接下来的分析过程中，我们使用了化量和质性结合的方法，首先使用内容分析方法中的编码步骤来初步处理海量的笔录和录音的转写（编码表见附录二）。编码的步骤是：第一步，为每一份访谈转录和笔录编号（1~43 号），然后通过阅读一定数量的访谈笔录和转录，初步确定编码表。第二步，培训 3 个本科生成为编码员，并随机挑出 4 份访谈笔录和转录让 3 人同时编

---

① Weiss R S. Learning from strangers: the art and method of qualitative interview studies[M]. Free Press, 1994.

码。第三步，作者与3个编码员会商，讨论各自的编码结果，以达成一致。同时，对一些不合理的编码类别，进行修改和调整。第四步，根据新修订的编码表，请三位编码员为另外随机挑选的4份访谈数据编码，统计他们编码一致的百分比。当编码统一率未达到85%的时候，继续在剩下的数据中随机挑出4份访谈数据进行编码；当编码统一率达到或超过85%，则开始分工为剩下的31份访谈数据编码。当所有的编码表都集中之后，由其中一名编码员将43份编码表录入Excel文档（附录四），这样数据的初步处理就完成了。

其次，我们对于访谈数据进行了话语分析和扎根理论中的"经常性比较"（constant comparison）方法，也就是详细地去了解每一份访谈笔录和转录所体现出的受访人的体验，特别是我们在他们讲述自己经历事例的前因、经过和后果的基础上，提炼主题，再将提炼出的具有规律性的主题返回到数据中进行数据的分类，并寻找到能够体现主题的较为典型的例子，在写作中呈现出来，用来支持这些主题。具体的操作是我们对于访谈录音的转写和访谈的记录反复阅读，同时在文本上恰当的地方进行标注，然后我们使用经常性比较法提炼主题和理论，具体分为四个步骤：第一，比较不同种类的类似事件；第二，整合种类和它的属性；第三，界定理论；第四，书写理论。对于主题的提炼主要是通过反复出现的频率来判断。

最后，我们再将提炼的重要主题应用到收集的数据中进行数据分类，并找出最为典型的例子来报告。

话语分析是典型的质性研究的方法之一，我们用它来分析具体例子如何构建出重要主题，从而从员工的访谈叙述还原他们构建的工作环境、企业文化及自己与企业及他人之间的融合、分裂、适应等沟通现象。话语，总的来说，是指谈话和写作的实践。① 它也被定义为：一组互相关联的文

---

① Woodilla J. "Workplace conversations: the text of organizing" [M]//GRANT D, KEENOY T, OSWICK C, Eds. Discourse and organization, 1998: 31-50.

本，以及它们的制作、传播、接受和为要达到一定目的的实践活动。①
Philips 和 Hardy 认为话语分析的任务是为了探索话语与现实之间的关系。②
三维的话语分析将文本与话语连接起来，再把它们放在历史和社会的语境
中，这个语境指的是能够代表研究中特殊情况的具体的人、关系和实践。③
Gergen 认为话语分析不仅仅是方法，还是方法论，因为它带有很强烈的社
会建构主义的视角（social constructionist view）来研究社会。④ 话语分析的方
法和研究与语言的建构效果相关联，是反思性和解读性的研究。⑤ 话语分
析的语料和对象中就包括访谈。因此，我们选择在写作中使用话语分析来
阐述我们获得的访谈数据，以此来探究受访人，即成都地区的外企员工如
何用语言来建构他们的社会现实。

(四)访谈结果与分析

访谈中我们发现，公司文化受诸多因素影响，比如，母公司国别文
化、所在地社会文化环境、所属产业文化、公司规模、公司历史沿革、公
司股份及员工的组成等。由于我们的目标是针对的是外企或者国别文化显
著的合资企业，故我们把目光更多地放在因为母公司国别文化对于被调查
公司组织文化的影响，同时又不忽略其他因素对于组织文化带来的影响，
从而避免把一切差异归因于国别文化的差异。以下我们通过分析获得的材
料和数据，总结出关于组织文化特点及文化差异的一些主题，并且进行
讨论。

① Parker I. Discourse dynamics: critical analysis for social and individual psychology [M]. Taylor & Francis/Routledge, 1992.
② Philips N, Hardy C. Discourse analysis: investigating construction of social processes [M]. Thousand Oaks, CA: Sage Publications, 2002.
③ Fairclough, Norman. Discourse and text: linguistic intertextual analysis within discourse analysis[J]. Discourse and society, 1992, 3(2): 193-217.
④ Gergen K J. Agency: social construction and relational action [J]. Theory & Psychology, 1999, 9(1): 113-115.
⑤ Burman E, Parker I. Discourse analytic research: repertoires and readings of texts in action[M]. Taylor & Francis/Routledge, 1993.

我们的访谈主要关注交际文化差异的问题。从编码统计所有访谈记录中，我们发现认为公司文化同当地文化有差异的受访者占所有受访者的90%以上，差异主要体现在以下几个方面，以提及该差异的受访者人数排序：管理模式（60%）、层级分化（48%）、交流模式（45%）、语言（34%）、人际关系（31%）。提到以上差异的受访者都在30%以上，除去管理模式，其他的差异都与本书具有较紧密的联系。接下来，我们从层级分化（权力距离）、交流氛围、会议讨论这几个方面来进行阐释。最后我们讨论本地化和合资企业这两种特殊现象。

1. 权力距离与层级化分

霍夫斯泰德将权力距离定义为：一个组织或者社会中较弱势群体对于权力分配不均的接受程度。[①] 在霍夫斯泰德的文化价值观维度研究中，他发现中国文化中的权力距离比较大——80（美国得分40）。层级化分，很容易被认为等同于公司架构，而我们往往在与受访者交谈过程中会将谈话导向层级化分或者权力距离在沟通和人际关系方面的体现，而弱化公司本身章程规定上的层级和架构。我们发现受访者对于权力距离的感受往往会因为受访者所在公司的母国文化的差异而不同，其中一些人经历了两个以上国别文化的企业之后，总体都认为外企中的权力距离较小，员工可以自由平等地表达自己的意见，与上级之间也可以如此，只是大部分人仍然保留了一部分中国人的含蓄、顾及面子以及非直接性的沟通方式。

一些受访者提到西方企业文化中的权力距离较小，这不一定表现在层级划分上面，而表现在上下级彼此间沟通的平等，会议讨论以及决策参与度上面。比如以下这位前后在美资企业、美资驻中国的分公司以及德资驻中国的分公司工作过数年的高级经理 A 如此说：

① Hofstede G. Culture's consequences: comparing values, behaviors, institutions, and organizations across nations[J]. Behaviour research and therapy, 2003(41): 861-862.

中国人的 hierarchy(等级)事实上，比美国的 hierarchy(等级)更严重、更多。比方在中国工作，我虽然没有在中国国企待过，所以我不太了解现在的情况，但是我总会觉得这个中国的员工对老板，是十分顺从的。都是听您的啊，您怎么说就怎么做，我无所谓的。我也不会为一个项目来跟你争论、讨论，费时花费心思的。你怎么说我就怎么做就是了，好像没有，好像是人对人的，这是一个 me to you as a relationship as the boss and subordinate, All the responsibility to decisions are yours(英文部分翻译：我跟你就是老板和下属的关系，所有做决定的责任都是你的)。

在 A 看来，在国内，下属顺从上级的一个原因是认为上级有做决定的所有责任，因此愿意全然顺从上级的决定。A 也描述了在美资企业，上级对于下级的期望是希望其参与讨论，以帮助上级做出决策：

美国在讨论的过程中，在项目议论过程中，老板倒是十分想听取一些有争议性的、批评性的建设性的建议，就是你要胆敢说话。你要跟老板站在公平的这个平起平坐的立场上来评判这个事情……所以他们在这个时候不会考虑得太 hierarchical(等级化)，或者不会因为 hierarchy(等级)的问题不说出自己的意见。

访谈中另一名先后在美国的银行和中国的银行工作过的员工 B，在被访谈者要求解释什么是他认为的传统的中国式沟通时，如此说："中国的员工就是老板说什么就是什么，老板叫你做什么就是什么，他们阶级(等级)很明显……因为中国的特点就是老板说什么就是什么，中国的员工没有自己去思考。"

B 认为中国员工"没有自己去思考"，和 A 一致，B 认为中国员工是完全顺从上级/老板的。一位先后在中国的国企和驻中国的美资企业工作的销售部经理 C，认为自己现在的这家美资公司从相互之间的称呼上表现出平等的概念：

> ……员工之间相对比较平等，外企的特色都是讲英文名字嘛……我们这就不管谁都是叫英文名字，那就其实淡化了(等级观念)，上下级是有的，但是你知道谁是你上级就行了，工作当中会体现出来。但是这个等级的差异相对于国企体制内的非常非常淡的……

同样，一位中英合资公司的人力资源部门总监 F 认为因为公司是中英合资的背景，公司文化体现了两种中西文化特征并存的情况，从称呼上体现了两种文化下面的等级关系差异：

> ……就是说如果说没有这一些小的影响(指中资公司文化的影响)的话，可能是一个非常西化的工作和环境，第一个是整个管理架构会比较扁平，虽然职务职称这些有一些区别，但是大家相处的氛围是比较比较平等的，比如说你不会叫人什么总啊，或者什么经理呀，一般都是互相叫名字，但是因为公司里也有某公司(中资公司)的管理层，所以对有一些同事大家又会叫他什么总。

C 和 F 都在访谈中提及从称呼中体现出来的中西组织文化在权力距离上面的差异。

在西方企业文化中，不同母国文化带来的权力距离差异在沟通中也有所体现，一些既在德资企业又在美资企业工作过的受访者认为德资企业在权力距离方面大于美资企业，比如在德企和美企先后进行过短期(三个月以上)实习的大学生 D 这样说：

> ……我觉得德企的话还是有一点点的等级观念吧，就是说老板说的话就比较重要，因为德国也有这种传统嘛……因为我们部门是有德国的老板的。他有时候对我们态度不是很好或者说是比较凶嘛，所以

我就觉得很多时候会有这种等级制度，然后也没有办法反驳他。美企就会好很多。

当被问到中国员工在某德企工作的过程中是否会提出一些建议和意见的时候，他这样回答：

> 不太会有，因为德企嘛，权威的（现象）还是比较严重，所以就说，就是说不能个人去反驳他的观点和做法……这是公认的，就是德国老板会比较直接，比较不考虑员工感受。

同时，D同时也指出，也许这是个体现象："当然也有可能只是我们部门的这个老板的个人特点吧，但至少我们的体验是这样，因为我也没有去过其他部门。"

当被问及在某美资企业实习与在某德资企业实习相比较，与上级沟通的经历如何，D答道：

> 不相似，某公司（美资）这边会比较好，等级观念会比较少，会比较轻松，工作起来没有那么累……我觉得（在美企）是跟老板的交流会变多，我们现在跟老板差不多每周会有联系，他也会跟你了解情况，所以跟老板的交流会变多，然后老板也会比较关心你的情况，也比较关心公司的情况。

A分享了自己对比之前工作的美资公司和后来工作的德资公司的感受，认为：后者比前者内部存在更明显的等级划分，而两家公司属于同一个行业。

> 我一直在美国公司工作，所以对德国公司啊，进去的时候，我也有一种反差，感觉，我渐渐相信了，说服了自己，德国公司比美国公

司更为这个 hierarchy（等级化），更为这个 process oriented（过程导向），更为这个 rigid（刻板），不像美国，相对来说美国还是一个比较 relaxed（宽松），比较所谓 democratic（民主），比较所谓这个 friendly（友好）之类的一个企业。

另一位先后在同一行业的美资企业和德资企业工作过的技术型经理 E，讲述了自己在一家美企工作多年后进入一家几乎同行业的德企工作的与上级沟通的经历。在他的团队中，成员们对领导的话言听计从，当他表达了一些针对领导的反对意见之后，他的意见并没有被认真考虑，反而因为挑战领导，失去了领导的信任。相反，另一位总是拥护领导的同事得到了领导的青睐，被提拔为自己的直接上司。又因为 E 赢得了平级同事的好感和支持，这位直接上司千方百计找他的麻烦，最终导致他离开了这家德资公司。目前他在另一家美资企业任职，自己认为满意度较高。从 E 的经历来看，他在德资企业的团队中的上下级沟通模式是一种自上而下、权威型的决策机制，一旦有人打破这样的模式，就会招来领导的不信任和排挤。然而，我们不能完全把 E 的经历归结于某个国家国别文化的特质，因为 E 同时也指出，这家德资企业进入中国的时间相当长，除了一些工作的流程、生产的技术，以及公司的架构，其他层面，特别是人际沟通方面几乎都已经本地化了。本地化的话题，我们将在后文重点讨论。

从彼此的称呼上面来看，美资企业比较随意，无论层级，直呼其名，而德资企业有比较严格的规定，称呼需要体现社会地位和层级，A 如此说：

> 在美国公司里面，你写邮件，写给其他任何同事，或者大老板、小老板都是很 casual（随意）、很简单，就是直呼其名……某某，某某某啊。当时我们公司的总裁，我曾经给他们写过信啊，我们的这个开头也就是 Dear Bob，或者 Bob。就是中国人来说，美国人来说一般都是直呼其名，很少用 dear。当需要配上一个敬词的时候才会用 dear；但是在德国公司，任何人之间都是 dear，尤其是对老板们都是 dear，

很少直呼其名。而且德国人喜欢加上 Mr、Dr.、Mrs 等，同事之间也是这样。

一名先后在瑞士和美国的医药公司担任过销售人员的 J 谈到欧洲企业（瑞士企业）同美国企业文化中层级的相对差异：

> 欧洲企业和美国企业有差异，美国企业的公司架构更扁平化，比如我现在所在的企业，全球一共只有 7 个级别，但是在欧洲企业里从最底层到最高层有 10 多级甚至 20 多级，所以欧洲企业内阶级（阶层）感更强。美国的扁平化体现在比如我们的微信群里最大的领导都在，你可以直接找到他和他交流；而欧洲企业领导对这些就没兴趣，你只能跟比你高一级的人进行直接的沟通交流，不能跨级别沟通和交流。欧洲企业比较忌讳这个，相对来说美国更加开放一些，可以跨级进行沟通交流，当然只是相对而言。

J 和 D，同属底层员工，对于欧（瑞士、德国）、美企业上下级的沟通情况对比大致相似，都认为欧洲企业的领导对于同下级沟通不太感兴趣，而美国企业的领导比较愿意也更频繁与下级沟通。

另一名受访者先后跨行业在美资企业和德资企业的人力资源部门工作（经理 G），当被问在之前的美资企业学到的最重要的是什么，她回答说第一是诚实——这是基本的行为准则，第二是平等和以人为本。体现在包括 CEO 在内，人人都坐在格子间里面办公，无论何人，人人都需要排队。而目前工作的德国企业则没有那么开放，存在一定的等级制度，比如不同级别的员工享受的差旅待遇不同，并且是以工作为本的。然而，比较跨行业的两个公司的层级差异的危险在于，由于带入行业特征差异这样的变量，很难将层级的明显表现完全归结于德国企业的本土国别文化特征。

另一位在中德合资企业工作的规划部门组长 K 接受访谈的时候，当问到中德层级观念的差异，K 认为表面上看起来德国人层级观念不严重，但实际上下属对于上级的指示会非常重视，会非常认真地去执行。而中国人表面上层级观念比较严重，上级可以用指挥的语气跟下级沟通，但是下级在执行的过程中没有那么尽力。

从以上访谈收集的例子中大概可以得出，中国的层级往往在沟通中体现出来，可能出于面子、人情和关系的考虑。而西方人的层级是工作的需要，出于比较实用的考虑，主要通过制度中层级的划分来实现。而西方企业中，欧美企业在沟通层级上的体现差异比较明显，具有美国文化的企业，上下级沟通较多、较为平等，而欧洲企业上下级沟通层级的体现较为明显。尽管中国员工在沟通上对于上级完全顺从，但在实际的执行中不如西方企业的员工认真和彻底地去执行决定。这可能跟做决策的过程相关，前者因为一味顺从，采取疏远的态度，在执行中也自然缺乏动力和决心；而西方企业中的平等讨论，决策由双方共同制定，更具有可行性，也使得员工有参与感，更有动力和决心去执行这样的决策。

2. 交际气氛及其他相关差异

交际气氛(communication climate)是工作环境中人们互动和社会交际的一种功能，[1] 理想的交际气候包括五个维度的内容：环境的支持、员工参与、信任、开放的沟通以及高目标。[2]

大部分受访者认为，总的来说，美资企业的沟通气氛比较自由、平等、直接而舒适。当被问及与同事交流的经历，先后在美资和德资企业实习的大学生 D 答道：

感觉他们都挺好，跟那些外籍的员工其他的话题(比德企)交流得好一些，就是交流得更深，经常下班之后一起吃晚饭。这样挺好，没

---

① O'hair D, Friedrich G W, Dixon L D. Strategic communication in business and the professions (8th edition)[M]. Boston, MA: Pearson, 2016.

② Redding C. Communication within the organization: an interpretive review of theory and research[M]. New York: Industrial Communication Council, 1972.

有什么可以多说的……也会跟他们有争执，但我觉得自己更有话语权，敢于跟他们去争执，他们会去听我的一些建议，以前在德企这些都是根本不可能的事。我感觉现在话语权比较高，能说的话也比较多，所以我觉得还是挺好的。

从在公司的穿着打扮上来看，对于所工作过的同一个行业中的某美企和某德企之间存在的差异，A深有体会：

> 在××（美企）来说，不一定必须穿白衬衫，可以里面是花衬衫、有颜色的衬衫啊，甚至花色的衬衫也都可以，领带也不一定是全部深颜色的，鲜艳的、花的也可以。而且在××（美企），每逢周五。这个大家是公认的casual Friday，可以穿便装。所谓的便装，也就是你可以穿一条非 dress pants，就是 khaki pants、卡其裤对吧……在某企（德企）不行的，一天到晚都是正装，都是白衬衫。这对我来说，我有点不太想遵从……但是被同事，被德国同事这个友好地提醒，说"this is not your say. This is ××（德企）"，这个意思吧。

穿着打扮属于非言语交际中比较重要的一个类别——外表，其往往具有印象管理的功能。[①] 从上述公司员工的穿着打扮的对比描述来看，A所工作过的德资企业期望员工给彼此的印象是，或者希望营造的企业文化氛围是较为严谨、正式、单一和专业化。而A所工作过的美企的氛围则显得更为随意、自由、多样化。这些细节上的非言语交际体现出来的企业文化特征反过来会影响人际间交流的风格、感受和效果，也就是沟通氛围。就好像同时也身为管理学学者的A自己解释：

> 这是服装方面，服装方面虽然不是 verbal communication（言语交

---

① Jandt F E. An introduction to intercultural communication: identities in a global community (8th ed.)[M]. Los Angeles, CA: Sage Publications, 2018.

际），但是也是一种 communication（交际）。They are making a
statement, they are saying something. They are communicating some
messages to you, the way they dress（他们在做陈述，他们在表达一些东
西，他们通过自己的穿着要传递一些信息给你）。

德资企业的人力资源部经理 G 讲述了自己在之前的美资企业参与的社
区志愿者活动，她说这项活动体现了公司对于社区的社会责任，大部分外
资企业有这样关于社会责任的活动。但是某公司(美企)非常稳定而尽责，
人们真的很"用心"地去做事，是一个人人参与的全年都进行的大型项目，
且认为这并不是为了宣传的目的。后来她把这样的志愿者项目也带到了某
德资企业，作为人力资源部门的经理，她组织了帮助大凉山偏远山区中学
的志愿者活动，已经进行了三年，第一年从组织公司内部的义卖开始，他
们把义卖所得捐赠给当地的中学，然后大家开始志愿支教，尽管路上需要
花上两天的时间，第三年她的德国老板也专程亲自到现场予以支持。

当笔者问这样做对于公司有什么益处时，她说之前的美资公司给大家
塑造的共同的价值观让他们哪怕在离开以后仍然互相保持着联系，他们的
友谊和连接一直在持续，她说那些被裁员的员工在离开以后成立了一个
500 人的微信群，经常互动，对于经济的不景气大家都很遗憾，但并没有
人抱怨或者说关于之前雇主的坏话。

在笔者之前的一项关于公司管理传播的研究里面，这家美资企业是我的
主要研究对象。它的公司文化具有较强的母国社会文化特征，并且较为强
势，而公司的员工尽管面临文化差异，需要适应，但几乎比较认同它的文
化，也发展出了既符合公司规定又比较能够被中国员工接受的冲突策略。[①]
全球化进程中，跨国公司一方面寻求本地化以满足自身发展的需要，另一
方面，也在有意无意中通过同化本地员工而达到影响本地文化的效果。通

① Deng Y, Xu K. Inland-Chinese employees negotiating differing conflict management
expectations with a US-based multinational corporation［J］. Management communication
quarterly, 2014, 28(4)：609-624.

过 G 的讲述，我们发现，一些较强势并且被员工认同的企业文化，不仅可以影响当地文化，甚至可以随着这些员工工作的转换被传播到别的公司，逐渐成为别的公司企业文化的一部分。事实上，在我和类似员工的交谈中发现，G 不是个例，大批在这个美资企业工作过的员工，在离开后也将该公司的一部分企业文化特征带到了别的工作场所，去影响另外的群体，自觉地成为此种文化的传播者。我想这是从文化认同到身份认同，最终实现以人为载体的文化传播的优秀案例。

G 认为目前的德资公司"讲究严谨，注重规则，德国人逻辑性很强"。公司具有非常明确的目标导向，工作永远是第一，超过其他任何的考虑。在这样的环境中，她更需要沟通的能力，比如向上级提议的时候，她需要准备更多的数据，准备得更充分。G 把她之前在美资公司的日子描述为在"真空"中，每件事情都是"粉红色"的，很值得回忆。尽管她想念那些日子，但她不后悔离开，去到另一家公司，因为"这样她才回到了现实世界，一个充满了激烈竞争和残酷的世界"，这样的工作对于她来说更加真实。因为两家公司是不同的行业，行业的差异是一个混淆变量，所以我们很难说是企业自身文化或者国别文化带来的差异，还是行业特征带来的差异。

一家被中国某企业收购的瑞典企业，比利时籍生产经理 I 认为，尽管被中国企业收购的瑞典企业力图保持其瑞典的组织架构和生产程序，交流氛围却很不相同，以下是我们(Q—代表采访人，即作者)的对话与翻译：

Q：Is your communication climate the same as in Europe? Here? (这里的交流氛围跟欧洲一样吗?)

I：No, no, no… . It's quite different. I must say here in China you are very respectful for the boss. I am not used to being called "boss". And everyone here said "Yes, boss". They are so humble and so respectful. And I told in the beginning, "you don't need to be too respectful to me. I am just another guy, you know. Yes, I am the boss, but you don't have to remind me every day two times." (不不不，非常不同。我必须说在中国

111

这儿，你们非常尊重老板。我不习惯被叫作"老板"，而这里每一个人都说，"是的，老板"，他们如此谦卑，如此尊敬。我一开始就告诉他们："你们不需要太尊敬我，我不过是一个人，对吧？是的，我是老板，但是你们不需要每天提醒我两次。"）

...

Q：Do you think being respectful is ... I mean ... does it interfere with the discussion process like in the meeting, if people are too respectful ...（你认为尊重人会……我是说……如果人们太尊敬你，这样会影响会议中的讨论吗?）

I：Yes! That interferes and the major thing is that there was not ... Now I have to be careful how to express it, but there could be much more individual opinion. What you called experience here is that people lack opinion or have problem of expressing opinion because they are ... I learned later that they are a little afraid of losing face.（会的！这会影响，主要是没有一个……现在我得小心如何表达，但是应该有更多个人的意见。你所说的我在这里的经历就是人们缺乏意见，或者不善于表达意见，因为他们……我后来知道了，他们是有点怕丢脸。）

Q：What if they are wrong, right? What if I am wrong?（如果他们错了怎么办？如果我错了怎么办?）

I：Yes, or what if I, by expressing opinion, hit somebody else's face, so that explains strongly ...（是的，或者，"如果我说出来伤害了别人的面子怎么办?"所以这个就足以解释了。）

I 认为中国员工看重层级，需要尊重上级，特别是需要给上级面子，这些考虑使得自由平等地讨论问题变得困难。因此交流氛围不同于欧洲的企业，尽管这家被中国企业收购的瑞典企业力图保持欧洲企业的文化，正如一位瑞典籍高层管理者 U 所说："For me, this is a European plant which happens to be in China.（对于我来说，这是一个恰好建在中国的欧洲厂家)",但是经过4年的磨合,他意识到中国人永远不会对上级说出直接而反对的话语,比如:"你完全是错误的",或者"我完全不同意",而这种现象在欧洲比较常见。中国员工认为这样会让上级丢面子,会冒犯上级,只有在私下、一对一的情况下,他们才会比较直接一些。

医药公司的销售代表J提到中西企业文化的差异,认为"名声""人情""关系"对于中国企业很重要:

> 单就中国和外国这个大方面来讲,最大的差异在于中国的企业更偏重名声和人情,无论是谈生意还是市场,有没有做成,谁对谁错都不重要,<u>重要的是我们双方关系好</u>,很多事情就能做成。外企相对来讲更注重做事的逻辑,整体而言,更加务实一些,讲究我们能给客户提供多少价值。所以客户能给我们多少;更多的时候做事情更专业,比如我们通过举办学术会议做事,不太通过送礼这种事情维护人情,来发展客户。

从以上讨论中我们不难发现,与西方企业文化比较,中国人在交际中,即使在工作交际中,表现出较强的面子、人情和关系的考虑,以此作为指导行为的准则;而西方企业则更直接、更单纯的考虑实际的成效和达成的目标。

3. 会议讨论的参与度

因为最初的一些访谈和对话让我们意识到,中国员工在一个多元文化的会议或者说西方式的会议中存在一定的沟通障碍,所以几乎所有的访谈对象被问到公司会议中的沟通情况。

我们发现,由于中国人的文化气质、英语语言障碍和级别观念等因素,使得他们在以头脑风暴为主的西方式会议中,显得比较被动,无法按照期望积极参与讨论。

A在这方面感受到强烈的冲击,A刚进入一家美国的汽车制造企业时,就发现与美国人开会时自己所处的劣势，一方面来自文化差异，一方面来自自己的语言障碍：

> ……中国的开会就是一家之谈，家长、领导干部往那儿一谈就没了，经常是一言堂，没有什么讨论研究的东西。在美国开会，当然大会上也是一言堂，但是一般开会都是商谈工作，讨论问题，讨论解决问题。各个部门，各个层次的人一起参加讨论，美国公司里面的 brainstorm 啊，就把这个我们第二外语的人全部镇住了。因为我们的教育背景，认为说话不要乱说，尤其是小孩，小孩就是低层次的人，seniority（资历）最低的人，少说话多听。所以我们就少说话。

由于 A 在进入管理领域之前是英语专业，并且在科研机构进行了一段时间的语言研究工作，A 接下来从语言障碍方面进行了较为详细而专业的阐述：

> 再说这个语言达不到你如何插嘴呀，how to take your turns, Identify when and where and how to take turns（如何接话，发现什么时候，在哪里插话）没有这个经验。在如此之众多的陌生人之间，各个部门、各个背景的人，说话、讨论，题目如此之繁（杂）、如此之错综复杂 how do you process formation in order to cut in appropriately and expand your topic and close topic when necessary（你如何处理信息从而可以恰当的插话，并且扩展你的话题，如何在必要的时候结束话题），这些语言沟通能力都没有的。所以在 brainstorming 里面就呆了，你就没有你说话的机会，没有你说话的这个 topic（话题）。当你就一个 topic 想全面了、想说了，语言、词汇也组织好了，准备说，人家已经过了九重天了，就来不及说了，也没你的份了。

以上 A 对于中国人参加美国人头脑风暴式会议中的表现，发表的反思性描述和分析非常到位，因为在其他人的访谈中，我们反复获得类似的信息。比如，在一家美资企业工作的 H 提到每次开会之前她都会焦虑，她说她需要想好了才能回答，而当她想好了，语言也组织好了，别人已经讨论另外的话题了。所以她总是显得比较沉默，给人的感觉是参与度不够。访谈之后，H 曾经有一次因为需要在会上发言而紧张不安，特意找到作者咨询她应该在会前做怎样的准备。可以看出，主要原因仍然来自语言的劣势、对于头脑风暴式会议目的不清楚，以及自身的思维和交流习惯。另一位在一家美资跨国公司工作了 5 年多，从管培生升到销售经理的 P 认为中西会议差异很大。相比较中国的会议，一般是领导说，员工听，跨国公司的会议比较像辩论赛，在辩论中保持客观、务实和直切主题。P 一开始不太接受这种形式，习惯了做乖乖学生，能够提出问题，但不能提出解决方案。后来有经理提醒他说这样的会议注重"clash of thoughts"（思想碰撞），需要一个博的过程，老板也希望自己的提议被挑战，经过大家的反复推敲才被执行。

当美资企业的中国西南片区商业发展总经理 C 被问及会议中的沟通情况时，先描述了这样的会议的情景，然后评价了中国员工的表现：

> 基本上是各讲各的话，就该你讲的时候，你就去讲，这个不太有那么大的限制。当然每个人反应会不一样，也都是在这个文化环境当中的，中国人还是偏向于拘谨。在开国际会议的时候，可能中国人也是比较没有声音的一群。

当被问及他觉得拘谨的原因是什么，C 回答道："那确实是文化的原因，不光是这个公司而已，只要在国际场合，作为群体，中国人都不太说话。"我们接下来进一步挖掘原因，现场对话录音转成文字如下：

Q：这跟语言有关吗？
A：有关，中国人的英语水平普遍没有达到畅所欲言的程度，可以表达，就比如说我们去（培训的时候），我也觉得我可以完全驾驭表达，但是你在自由讨论的时候，还是会跟不上，尤其是那个逻辑和思维，就是你始终在底层的思考是中文的，很难达到说底层思考也是英文，只有比较简单的日常常用的交流我可以不假思索，但你真正到那个深度的话开始（跟不上），至少我的英文水平还没达到全部思维都英文化，我觉得可能大多数人没有达到。那肯定就是劣势，你在某种讨论的环境下去找一个机会表达某个观点，所以你不会完全没有声音；但是对有些人来说，他可能就完全没有声音了，抢不过来，你这话被别人说了，这个经常会出现。

　　Q：所以你觉得这种开会的模式在咱们这儿就是说，不是国际的话，就是中国人之间开会，用中文的话就会好很多？就是说没有语言的障碍的话。

　　A：哪怕是中文，中国人的性格也不是那么爱说的，这个其实每个人都有体会，哪怕朋友之间如果不是一个大家特别有兴趣的八卦话题，也不一定有那么热烈。家里讨论个什么，可能也不见得每个人都在说。所以本身你这个文化就是一个内敛的，决定了在国际上真的没有声音，就现在很多国际场合中国的声音是被压住的，恐怕就有这个原因。

从 C 对于两个问题的回答来看，中国员工在会议中的"拘谨"和"没有声音"，一方面归咎于在语言和思维方面的劣势，另一方面也源于文化的差异。中国文化比较"不是那么爱说"和"内敛"。Edward T. Hall 把文化分为高语境文化和低语境文化，中国乃至一些东亚的国家都属于比较典型的高语境文化国家，也就是更倾向于依赖情景、关系、习俗和其他非言语的方式来进行交流，而不是依靠说的或者写的语言来交流。① 西方人则与之相反，主要依靠说的和写的语言来进行交流，因此在中国人看来，西方人

---

　　①　Hall E T. Beyond language[M]. Garden City：Anchor/Doubleday, 1967.

"喜欢说","讨论热烈",尽管有时候是"stupid ideas"（愚蠢的主意）（A）。

从另一些受访者的口中，可以了解到关于中国企业同其他国别文化的企业在开会方面的差异的描述和解读。比如先后在美国、以色列和中国工作过的 B 在接受访谈时的一段对话录音文字转写如下：

Q：嗯嗯，我记得你说过回国以后在某银行也干过，比较一下这两个银行是怎么样的？

B：完全不一样，差别太大了。从管理层、做事效率，乃至思想思维差别都非常非常大。国内的银行感觉是非常没有创造力的，而且等级很森严。在美国相对来说，他会有等级的概念，但是员工的积极性和领导和你之间的权力距离相对来说要小得多。在美国员工的主动性很强，思维更开阔，处理问题时更多的是从不同角度去思考问题。而且美国金融系统里面很多也是犹太人，员工会清楚地告诉老板他会怎么处理这个问题，他会给出自己的意见；中国就不是，拿一个最简单的问题来说，开会，在中国，员工在下面话会很少，甚至不交流。而在美国，员工就会不停地跟你探讨这个问题。

Q：那开会会有什么差异吗？

B：会有控制，但是等级并不是我们（在中国）理解的那个等级，在美国会有权威性，但是会（比中国）好很多很多，就是每个人都是自我主义。

Q：所以你在某银行(美国银行)开会的时候是可以参与进去讨论？

B：是的，这个是没问题的。

Q：就是你可以不用顾忌你的老板或者直接上司？

B：对对，你不用顾忌太多他的个人情绪，你只需要把一个问题的实质摆在他们面前就行了。但是中国的开会就感觉，事情（开会要解决的问题）本身不是最重要的，给那个开会者面子才是最重要的，这是很大的一个区别。在以色列的话，就更不一样，员工可以直接挑战你，就是说"老板你说得不对，你就把这个事情交给我们来干，我教你怎么做"。

　　Q：所以你觉得在中国给老板面子很重要吗？

　　B：对，面子很重要。

　　Q：老板不需要给下属面子吗？

　　B：其实我觉得从职场文化交际来说，在中国最最核心的一个词就是"面子"，这一点美国对比还好，但是中国和以色列比就是巨大的差异，在以色列没有面子这个概念……

　　B 的 MBA 教育背景、国外的留学经历，以及在美国、以色列和中国的工作经历，使得他可以通过使用管理学和跨文化交际学的概念和理论进行有效的对比分析和反思，有留学或者工作经历的人更容易适应外企文化的话题会在第二部分中详细讨论。

　　B 在访谈中提到了面子的概念，认为面子是中国文化的一个重要组成部分。而我们从国外外派到中国的员工嘴里也听到类似的言论，比如被中国某企业收购的瑞典企业，比利时籍员工 I 以及该企业的瑞典籍高管，都认为中国员工对于上级的尊重，以及不愿意伤害上级的脸面，导致不愿意在讨论中发表自己的看法和意见，更加不愿意反对上级。面子在社会科学研究中常常被作为中国文化乃至东亚文化中比较显著的现象，主要指人们愿意呈现在公众面前的形象，以及别人对于主体所认知的正面社会价值。①Ting-Toomey 在进行面子、文化和冲突的研究时发现每个人都有面子的考虑，其导向可以分成三种，即：自我面子导向、他人面子导向和共同面子导向。② 她认为来自集体主义文化的人在冲突中更倾向于他人面子导向，

---

　　① Goffmane. On face-work. an analysis of ritual elements in social interaction [M]// DERS. Interaction ritual. New York：Doubleday，1967：5-45.

　　② Ting-toomey S. Toward a theory of conflict and culture [M]//GUDYKUNST W, STEWART L, TING-TOOMEY S, Eds. Communication, culture, and organizational processes. Beverly Hills, CA：Sage, 1985：71-86.

而来自个人主义文化的人在冲突中倾向于自我面子导向。① 在共同面子导向上，来自两种文化的人则没有明显区别。中国员工的层级观念以及他人面子导向使得他们在有上级参加的讨论中显得沉默、顺从，在层级观念较平等和自我面子导向的西方人面前，则形成鲜明的对比，使得东西方文化的差异变得犀利、碰撞更加明显。

4. 外资企业的本土化

我们在访谈中发现，由于行业特征的差异、企业战略差异、外资企业在中国设立的公司的职能不同，以及设立时间的长短差异，外企在中国的本地化程度存在较大的差异。许多外资企业在中国，特别是成都、重庆等内陆地区，设立的分公司或者子公司以生产部门为主，其余的职能部门则为之服务，比如一些 IT 行业、医药公司、机动车零部件公司等，而面对中国地区的市场和销售部门也会设立在中国。

以下是一位先后在成都的瑞士和美国医药公司担任销售代表的 J 的访谈记录，她认为中西方文化差异在沟通中的体现是，西方人在沟通中比较直接，中国人则更讲究面子和礼仪，所以说话会绕圈子，不直接表述。她也指出她工作过的外资医药公司文化的本地化，以及并存的两种方式：

> 其实它们都是在中国设立的外企，这些公司的文化更遵循中国的文化，不太会直白地去展现文化的冲突。当意见有不一样的时候，它们会更多按照中国的文化，就是你是领导，我听你的，只是相对来说在跟外籍老板沟通和交流的时候，你可以陈述你的观点，可以说可能跟老板的意见有点不一样。我觉得应该怎么样，大家都是可以直接表达的。对于中国老板，可能你心里知道，但嘴上不能说出来，所以可能最后的结果会体现出这种差异。我对于两种老板都会认同他们的意

---

① Ting-toomey S. Intercultural conflicts: a face-negotiation theory [M]//KIM Y, GUDYKUNST W, Eds. Theories in intercultural communication. Newbury Park, CA: Sage, 1988: 213-235.

见，但是对外国老板我可以再提出意见，表达我的看法，让他知道我跟他是不一样的；在中国老板面前，心里不认同，嘴上则不能表露出来。

　　……

　　中国的跨国企业都有这样的问题，因为他们那边会设立一个总部，基本上外籍员工都在总部工作，一般是在"北上广深"，除了这些地方其他地方外籍员工很少……实际上只要不涉及全球业务，你的业务都是在中国，基本上你的处事方式都要中国化，因为你的客户是中国人，身边的同事也是中国人。

另一位在一家大型德国电子公司工作，负责接待我们的受访者 K 谈到公司的本地化情况，说：

　　虽然×××是德国外资公司，但其实在保留外资企业的一些文化的同时，它还是有一定程度的本地化。比如说成都公司成立之初，并不是拿着德国总部的生产管理文件照着翻译来管理的，而是根据成都公司的环境、员工需求和生产要求来调整修改创新。同时在建厂之初德国派来的技术专家和高层管理成员在成都公司搭建完成之后，两三年之后就已经撤离成都公司。现在的成都分公司中高层管理人员大部分是中国人。

在德资快递公司工作的 G 认为她所在的快递公司非常本地化，全部员工都是中国人，而德国籍 CEO 每年会来成都拜访 2~3 次。这估计跟行业有关，快递公司属于服务行业，需要适应当地的文化，才能更好地服务当地人，同时，国际物流又需要全球运输网络的支撑，跨国物流企业的优势就在此显现出来了。

　　从以上访谈收集的例子来看，跨国企业本地化的程度跟公司策略、所属行业，以及在当地设立的公司部门的职能有紧密的关系，本地化程度存在较大差异。但无论自上而下还是自下而上，本地化的进程都不可避免。

5. 合资企业文化

合资企业的文化常常呈现出混杂和并存的局面，由于中资方和外资方的分工不同，使得中外文化在职能部门中的分布不均衡，一般来说，如果合资企业倾向于采用外资方的领导和管理模式，则企业文化会偏向外资方文化。

在访谈中，某中英合资地产公司的人力资源部门总监 F 描述了中资方和英资方各自文化在她所在的合资企业中的演变和融合：

> ……在公司文化方面会截然不同，在我们这个项目公司中的体现就非常明显。在前期某公司（中资方）主导，就是 2015 年开业之前，整个公司文化就偏向于国企。然后 2015 年项目开始运营以后，由于是乙公司（英资方）主导，所以又会比较偏向于乙公司（英资方）的 culture。但是比较有意思的是，毕竟是一个合资公司，所以呢也不是完全的甲公司（中资方），也不是完全的乙公司（英资方），都有一些融合的部分。

当被问到这种文化融合的表现体现在什么方面的时候，她说：

> 比如说现在是在甲公司（英资方）的主导下，公司文化也是比较偏的英资的，日常运营和管理风格都是比较英式化。但是你会看到比如说写一些邮件的时候，因为会涉及乙公司（中资方）的一些领导，所以有时候也会用一些比较国企的书写方式，或者说同样的一件事情需要双方的认可的时候，可能会写一份英文报告、一份中文报告。中文报告用国企的方式写，英文报告英国的方式写……比如说在做事情和思考的层面上，如果说是纯甲公司（英资方）的，那可能我们会不假思索地用比较西方的方式做一些事情，但是因为毕竟有这么长时间，以及

我们现在也有一些乙公司(中资方)的管理层在这边工作，那有时候大家也要思考一下，比如说关系的处理呀，比如说我们做这些事情政府会怎么思考啊，就会有这些改变。

从上述 F 的举例可以看出，公司体现出两种文化并存的情况，员工需要在思维及文字间进行转化。F 也提到在开发期，会议往往使用英文进行，因为外籍人士比较多，而需要为中方不懂英文的管理人员提供英译汉的现场口译，而发展到现在，会议全部使用中文进行，凡是在公司的外籍员工都需要会中文。这个会议语言的变化表现了公司本地化的重要倾向。

一家中日合资的汽车制造企业的文化也采取了文化融合的方式进行管理，在工厂采购部工作的 H 提到公司的决策必须是中日双方都同意之后，才能成立。6 个部门有 12 位部长，每个部门都是一个中国部长、一个日本部长。一位受访的日本部长 L 讲"中日融合"是可以在网站上找到的企业文化之一，企业自上而下地贯彻这样的理念。

M 认为，这家中日合资公司里的日本文化氛围不是很强，因为是合资公司，而且公司的前身是某厂(中国国企)，员工都是某厂调来的，都是当地人。不过公司的管理体系是参照日本体系所设置的，但是一直在调整在完善。M 提到公司层次感(层级观念)不是特别强，不是像日本那样强，跨部门交流的时间比较多，直接越级和上级汇报工作是一件很常见的事件。M 认为日本外派的人员之间层级感很明显，她解释说因为日本人在他们国内有一套单独的评估标准，在日本国内评级比较低的人会对评级比较高的人毕恭毕敬，就像在他们本国一直敬礼说"是是是"的形象。

另一类合资企业在中资方和外资方之间分工明确，比如在访谈中我们了解到一家中德汽车制造企业，德方负责技术和财务，而中方主要负责人事和销售。当被问到平时公司里面交流的语言，一位受访的规划部组长 K 答道：中文、英文和德文。2018 年前，公司的官方语言是中文和德文。2018 年后，公司推行 2025 战略，提倡英语化，所以中文、德文、英文都用。

当被问到，两种文化如何并存，一方面，K 认为德国人严谨、务实、原则性强，而中国人灵活、大事化小、柔和处理。这两种工作文化的人在一起合作，容易产生文化冲突，但是因为德国人务实，所以在听了中国人的解释以后能够接受中国人的工作方式。K 认为两种文化具有互补性，可以避免犯错误。另一方面，K 认为人性是共通的，总体思维差异不大，大家的目标都是解决问题，追求业绩和效益，因此不排斥合作，会力争互利共赢，分工合作，各自发挥专长。

还有一类合资企业则体现出公司管理层对企业文化的期望及做法，同本地员工的理解和做法存在差异的情况。一家被中国企业收购但允许其独立运作的瑞典企业，我们分别对其外籍管理层和中国员工进行了访谈，发现了管理者的期待与员工实践之间的较大差距。

当瑞典籍总经理 U 被问及如何描述该企业的文化的时候说："It's set already, for me, it's a ××× plant. [对于我来说已经决定了，这就是一家某工厂(瑞典品牌工厂)]。"U 从一开始就从中国的购买公司那里获得了相当的自主权，除了所有权，这家瑞典品牌厂家几乎拥有所有的决策权和运营权，因此 U 想要把它建成真正的欧洲企业，也就是所有的企业架构、生产流程以及企业文化都欧洲化。U 特别强调企业文化应该体现开放(open)，员工可以直接同上级进行沟通。U 向我解释这个办公大楼的建筑风格属于现代欧式建筑，模拟一艘船，人们进入办公大楼就好像进入一艘船，象征着同企业一起乘风破浪。而大楼内部的装修给人感觉通透、宽敞的，使用的材料的材质和颜色非常像科幻影片中宇宙飞船的样子。U 认为这都有利于营造开放的交流氛围，因为大部分办公室都是透明的，而他自己的办公室也随时敞开着门，员工可以随时来找他讨论工作。

"For me, my office is open; everyone can see my door is opened, few time it's closed so you can see who is inside. I walk from the line every day. So ok, here I have to learn the language because most of the operators don't speak English. "(至于我，我的办公室是敞开的，每个人都可以看到我

的门是敞开的，偶尔会关上，你可以看到谁在里面。我每天从生产线走过，所以，我需要学习语言，因为操作的工人大部分不会说英文。）

尽管这位总经理的愿景是希望这家瑞典品牌的工厂完全继承它在欧洲的风格，这样当他离开中国，中国管理者接手的时候，他们可以继续延续瑞典品牌的文化，但是他也意识到文化差异是没有办法完全逾越的，当被问到是打算改变当地工人带来的文化，还是准备改变自己以适应当地的文化，U 说：

"It's (both) for sure ... I want Chinese be a little bit more ×××(the Swedish brand name) not European. I want to be the ××× because×××, like I said, ××× is Swedish ... On the other hand, it's still in China so we have to be open that this is not European countries. So we have sometimes to adapt to the Chinese to the benefits because I do believe that I'm here now 4 years in the plants, been here 2 years in China, things that I thinking is impossible in Europe is possible in China."［当然是双向……我想中国人可以更加像某公司〈瑞典品牌〉一点，我想要成为某公司，因为某公司，正如我所说，某公司是瑞典的……另一方面，我们仍然是在中国，所以我们必须开放心态，认识到这不是欧洲国家，所以我们有时候需要适应中国人，这是有益处的，因为我现在已经在中国四年了，待了两年我就发现在欧洲不可能的事情在中国是可能的。］

U 想要中国人更加开放和直接一些，同时他也意识到这是在中国，需要部分适应中国的文化，并且中国的效率比瑞典的效率高，许多事情可以做成，因此在一些方面适应当地文化是有益处的。

比利时籍生产经理 I 鼓励员工学习英语，不仅口头鼓励，还同人力资源部门沟通采取措施支持员工学习英语。他说：

I told the ×××China here, but china is the biggest crew in market, and if for your own future and your direct report, it's important to start to learn English even though your population counts more number than the European. The heart of × × × is in Europe. And there is also the technology comes from（t）here, and lots of knowledge ... So in order to improve your knowledge, you need to learn English as well.［我告诉中国这里的某公司(瑞典品牌)，中国的市场是最大的，如果你们为了自己的未来以及为了直接向上级报告，开始学习英语是重要的，虽然中国人口比欧洲多，某公司的核心在欧洲，技术也来自那里，还有许多知识……所以为了增加你的知识，你也需要学习英语。］

在被问到如何看待企业文化，打算照搬欧洲的企业文化，还是以别的方式借鉴，I谈道：

I think to copy Europe culture into China, this is not possible. And that was also not my personal idea of how to do or how to manage ... I rather start from the thinking that I will have to adapt because I am a foreigner. I have a lot of skills and have a lot knowledge how to do changes. But I am in China so I am a minority. And as you said so, I have to adapt, of course. And I think that's the key in the relationship. But, of course, the culture, ×××culture, how to do business, how to work in teams ... . we have very nice team set up ...（我认为把欧洲文化拷贝到中国，这是不可能的。并且那也不是我个人认为应该如何管理的方式……我宁可从这样的思维开始，因为我是外国人所以我需要适应。我有很多如何改变的技能，也有很多知识，但我现在在中国，所以我是少数，就像你所说，我需要适应。当然，我认为这是关系中的关键。但是，这种文化，×××的文化，如何做生意，如何在团队中工作……我们有很好的团队架构……）

　　I从实际情况以及人际关系的角度出发，认为照搬欧洲文化是不可能的，他个人也认为需要适应当地的文化，但从技术、组织架构和团队的角度，他认为瑞典的企业已经有一套很成熟的企业文化，因此，中国工厂几乎完全采用了瑞典工厂的团队模式和生产流程。I这样描述："So, basically, when I came over, I could fairly quickly recognize the process, I felt home coming here, coming to ×××. I said 'okay I see the process I recognize. [所以，基本上，当我来到这里的时候，我可以很快地认出整个流程，我感觉像回到了家，回到了某公司(瑞典品牌)，我说：'好，我看到了我认识的流程']。"

　　但从沟通氛围的角度来看，I认为中国工厂跟欧洲差别很大，特别在上下级关系以及工作讨论方面，如前文所说，他认为中国员工过分尊重上级意见，出于面子的考虑，不愿意轻易表达自己的意见，或许没有培养出独立思考的习惯。从外企外派管理人员的角度来看这种交流氛围，是不利于建立强大的团队的，因此他希望大家能够做出改变，更像欧洲或者×××公司文化：

　　　　So I said, yeah, but if we want to become a stronger team, cannot be that I am the one to do the thinking and you do the execution. So everybody has to start thinking in here. I really said that and I challenge them to do so and to speak up. To really tough … . to have the open dialogue. The European culture to … specifically, the ××× culture, is have a very open climate. You can just walk into the boss's office as an operator and tell him something. Whereas in here this is impossible from the culture. You just don't go as an operator directly to the highest level in your operational unit. This is quite strange if you would do here. I guess. (所以我说，是的，如果我们想要变成更强大的团队，就不可以只有我是唯一一个思考的人而你们只是执行，这里人人都需要开始思考。我真的这么说了，我挑战他们这样去做，去说出来，去坚强……开展开放的对话。欧洲的文

化，具体来讲某公司的文化是具有非常开放的氛围。你作为一个操作员，可以直接走进上级的办公室，告诉他一些事情。而在这里，从文化上来看是不可能的，作为操作员，你不会直接到你们车间最高一级领导那里，我猜想这样做是很奇怪的。）

从员工的角度，他们对于公司文化的认识以及实际操作情况，并不完全契合 U 和 I 的认识和期待，在相互信任方面，当被问及企业文化差异和变化的问题，一位先后在法国企业和这家瑞典文化的企业工作的中方技术经理 M，这样评价：

> M：嗯，变化感受不大。在甲公司（法资企业）时主要和法国人打交道，法国人比较傲慢。而在乙公司（瑞典品牌）主要是和瑞典和比利时人打交道，相比于法国人，他们更容易接触，没有太强的民族优越感。但和中国人交流时，还是会存在不信任。
>
> Q：这里的不信任是指的什么？
>
> M：这里的公司上层觉得自己在乙公司待了二三十年了，而你才 7 年。但是中国在专业技术上是强于瑞典的。
>
> Q：专业技术具体指的是什么？您说了某公司（中方收购公司）收购乙公司主要是因为其技术。
>
> A：在汽车概念和设计等方面，瑞典是要优于中国。但是在 ME（manufacture engineering 制造工程）方面，中国要更强一些。

M 提到企业的外国管理层对于中国员工存在"不信任"的情况，有意思的是，I 在访谈中谈到了信任的重要性，认为中国员工应该更加信任上级可以接纳提出的意见，愿意直面困难。

> Building up confidence, trust, trust is a good word, and, so at the beginning also when we had problems, when there were problems. I saw a

lot of hiding, hiding away the problem, try to cover up … My style is rather that, ok, this is what happened. We cannot change back because that's why we are sitting here … Then we start to analyze why did this happen and try to get the bigger understanding. (建立自信，信任、信任是一个好的词语，一开始，而且当我们出现问题的时候，当问题已经出现的时候，我看到很多隐藏，将问题隐藏起来，试图掩盖……我的风格是，好吧，这就是发生的事情，我们不能倒回去让它不发生了，这就是为什么我们要坐在这里……然后我们开始分析这事为什么发生，试图获得更全面的理解。)

从以上访谈内容，我们看到双方的视角。当两种以上文化背景的人在一起工作的时候，一开始往往很难达到认知的统一，甚至会因为文化差异带来的沟通习惯和处事方式的不同产生误会和偏见，从而影响到彼此信任的关系。因为权力距离、面子以及非间接性沟通的原因，中国员工在困难或是意外发生的时候往往采取掩盖和绕道的处理方式，而这与欧洲企业文化中的敞开、平等的交流模式形成了鲜明的对比。这部分解释了 M 提到的外国管理层人员对于中国员工"不信任"的原因，同时，I 也认为中国员工需要建立对领导的信任，因为他们不愿意将问题敞开呈现出来，一起寻求原因和解决方案。"信任是双向的，跟随者不会信任不信任他们的领袖，反之也成立。"至于谁的技术更先进，中方还是外方，M 和 I 显然有一些认知上的差异，这或许就是文化人类学家用来描述人类所共有的民族中心主义的观念，这种观念认为自己文化的方式较之别的文化更加优越和正确。

当 M 被问到是否能够直接同上司沟通自己的意见，他说：

> 如果有意见上的不同，我会直接提出来。因为走出工厂，我就相当于代替他。所以有不同意见，我会直接提出。我会说明意见的原因和计划去说服他。比如：关于今年过年放假，U（总经理）说在除夕之前提前三天放假，然后初三开始上班，开了几次会（这几次开会我都

不在），大家也没有提出反对意见。后来我知道了，和 U 反映了中国的实情，U 立即对放假安排做了调整。

Q：那你觉得这(大家没有提出反对意见)是谁的问题？

A：都有吧。中国人觉得只要是能接受的事情，就会迁就，不愿意表达说出来。在管理层，中国人还是占少数。另外，瑞典人相对于中国人，还是有一定的优越感。

M 在外企工作的经历使得他的沟通方式比较直接，并且他所在的职位使得他更能够直接同总经理对话。在 M 看来，在该公司，"比利时、瑞典、中国文化都在交融"。

负责海外事业部的中方经理兼工会主席 N 谈到企业文化的时候认为它是合资企业的文化，他说：

像合资公司呢，相对比较特殊一点，所以我这为多元化。这里面的人呢，来自五湖四海，各种文化背景都有，有私企过来的，有民企过来的，有外企过来的，也有国企过来的。同样的合资企业也有不同的组装厂在一起，所以说，在这个地方更多地像是一个大熔炉，思想碰撞蛮激烈的。

当问及公司比较主流而特别的文化的时候，N 答道：

这个公司的文化呢就是比较透明……最喜欢用一个词叫 transparency，就是公平公正公开透明，然后呢每个人都可以有声音，不管你是一线的员工还是公司的高层，都可以直接跟 CU 对话。

N 的回答体现了该公司在实际操作中比较融合的多元文化，但主流文化体现出欧洲企业文化的公开、透明，上下级可以进行比较直接、自由的交流。N 在访谈中还提到企业的工会的情况，指出：

　　（工会）既不偏袒员工，也不偏袒公司，但是要帮助员工去申诉，使其获得应该具备的一些权利和资源。同时，工会也会去站在公平公正的角度去维护公司的利益。这样，大家在一个平台上就会有一个正常公平对等的对话桥梁。

　　当被问及企业如何保证工会的公正性，N 答道，员工成立了员工代表大会，工会管理班子都是代表大会选出来的，不受行政体系的管理，独立运营，并且都是兼职。工会的管理成员里面有蓝领和白领，来自各个部门。一个工会的形式、组成、工作方式和功能往往体现了企业文化的重要方面。这样的工会，力图公正地代表员工和企业的利益，起到员工与管理层之间桥梁作用，而并未采取中国式企业工会的模式，或者最极端的对抗型工会形式（比如：美国汽车企业的工会），这体现了合资企业或者中瑞合资企业文化的特色。

四、小结

　　以下我们从两个研究的发现来总结本章的内容：

　　（1）从回顾霍夫斯泰德的企业文化洋葱模型以及企业文化类型来看，我们通过调查中美企业文化价值观而获得的激发性价值观差异，到通过访谈外资企业的中方员工而获得的实际的经验文化的差异，两个研究除了印证了前人研究的国家社会文化导致企业文化差异的观点外，我们还以比较中美企业文化为特例，得到如下结论：①中美企业之间大部分价值观的差异是由于社会环境（国别文化）的差异而引起，超过了行业全球环境要求差异的影响。也就是说，企业文化体现了本土价值观，但在更普适的价值观中有一些同构的迹象，这体现了全球化背景下企业的特点。②无论是从企业文化价值观还是从企业文化实践来看，无论从激发性企业文化还是从经验企业文化来看，中美企业文化都是存在明显差异的。体现了中国企业本土独特性的价值观类别有：发展、卓越、和谐、创新、务实、质量、服务国家、稳定、双赢。体现了美国企业本土独特性的价值观类别有：社区、顾客、赋能、伦理、正直、领导力、坦诚、尊重、安全、信任。而展现了两国企业趋同性的价值观类别有：全球公民、学习、人民、股民。这说明即使是在全球化的今天，中美文化尽管有趋同的一些特质，但仍存在着较大的差异，本地文化与外企文化的碰撞既可以带来机遇，也可以带来挑战。

（2）大部分受访者感受到带有外资企业本土文化特点的企业文化同自身民族文化较大的差异，体现在沟通的方方面面。受访者提到的比较明显的差异存在于层级分化、沟通氛围，以及会议文化等方面。从层级分化来看，中西方差异较大，研究印证了长期在跨文化管理研究领域占主导地位的霍夫斯泰德的价值观维度研究（1980—2010）的结果，也就是中国文化属于权力距离较高的文化，而大部分欧洲国家及英语国家的文化中权力距离较低，这也体现在母文化为这些国家的企业文化上。比如，从称呼方面直呼其名体现出一种身份平等的文化。在我们研究的母文化为西方文化的外资企业中，美德差异比较明显，从权力距离来看，德企文化高于美企和其他西方文化，从多名受访者的描述中可以得出这样的结论，德资企业层级分化界限分明，下级很少越级汇报，体现在沟通中层级也比较明显，个别德国上级显得强势，下级几乎不能表达反对的意见。尽管这样，有的德企采取了制度性的措施来维护意见的表达，比如一票否决制等。而美国企业层级观念在沟通中表现不明显，并且大部分美资企业的文化鼓励下级挑战上级。本书的研究印证了 GlOBE 项目关于美德在权力距离价值观维度上差异的发现，但霍夫斯泰德的研究在权力距离维度上关于美德差异的发现，以及 GLOBE 项目在文化实践层面上的相关发现并未得到支持。

（3）从沟通氛围来看，美资企业呈现出明显的平等、开放、自由表达的氛围，而德企表现出较为刻板的、缜密而规范化的交流模式。在霍夫斯泰德的文化价值维度研究中，德国文化价值观的不确定性规避得分高于美国文化，在 GLOBE 项目中，德国文化价值观的不确定性规避也高于美国文化。因此，本书的研究同时印证了两个前人研究(霍夫斯泰德和GLOBE)关于美德在不确定性规避维度上差异的发现，但 GLOBE 项目的文化实践层面的相关发现并没有得到本书的支持。

(4)西方的会议以头脑风暴式的交流为主，强调思想的交锋、思维的碰撞，平等而自由地表达各自的意见，上级希望下级挑战自己的想法，从而最终做出最有利于部门或者公司利益的决定。这点仍然在美资企业中表现最为明显，其他西方企业的文化，比如访谈中被收购的瑞典企业的文化也倾向于此。而习惯了中国式会议中领导"一言堂"的中国员工则需要持续适应的沟通方式。这与中国企业较高的不确定性规避和权力距离都有关系，这也印证了前人的研究。日资企业倾向于规则导向，强调平稳、勤奋工作，希望员工忠诚于公司，稳定而少变动。会议中也强调程序和条理，上下级沟通彼此尊重。这点印证了霍夫斯泰德的研究关于中日文化价值观在不确定性规避上的差异的发现，即：日本大大高于中国得分，因此，与GLOBE 项目的关于中日文化无论是价值观层面还是实践层面的差异的发现都不一致，在 GLOBE 的发现中，中国文化在不确定性规避上的得分均高于日本。

(5)合资企业文化或者被收购的原外资企业的文化具有独特之处。我们发现，不同的此类企业采取了不同的文化策略，有的采用两种文化并存但不太融合的方式，如管理和技术采用外资方的企业文化和架构，而销售和采购几乎全部本地化。有的使用制度化的分工来使得两种文化融合，比如公司所有的部门都安排一位中方和一位外方领导来管理。还有的采用一些非正式的、不成文的方式体现中外文化的并存和融合。比如，有的邮件需要使用中英文发送给相关的人员，对于中方管理人员和西方管理人员的称呼有所区别，前者使用姓加职位名称，而后者则直呼其名。开会中从最初使用英语，为中方管理人员配备翻译到现在全部使用中文，而所有招聘的外籍人员都需要会说流利的中文。还有的外方管理层强调培养外资方的管理架构、沟通方式和团队合作模式，但在中方员工的实际操作中体现出多元化、外资方企业文化与中国文化融合的趋势。本地化也体现在外资独资企业中，本地化的程度随着公司的行业、在中国设立的职能部门、设立分/子公司的时间长短、公司的发展目标和文化策略不同而存在较大差异。

　　值得一提的是，本章的两个研究采用的方法是跟以往的西方中心的客位视角的方法不同的，中美企业价值观对比研究采用主-客位结合的量化研究，而基于外企员工的访谈研究则是主位视角的质性研究。我们寻求涵盖一种更具动态的方法来理解企业文化，以更好地处理本书中固有的悖论，这些悖论使研究者常常在选择比较研究中客位研究方法，还是选择本土化研究中更深层次的主位研究方法之间挣扎。我们认为阴-阳的答案不是非此即彼，而是兼而有之。如果我们采用两极分化的方法，将限制我们的发现。① 相反，如果我们采用阴-阳方法，我们会发现两者"相辅相成，相互依赖……并在不同的时间点达到共赢"②。而访谈法研究的主位视角给我们提供了员工体验到的外企文化以及文化差异，被霍夫斯泰德称为感知的文化，通过与前人的客位视角的研究的发现进行比较，有一定的差异，部分结果被支持。这说明企业文化在自上而下进行传播的过程中，特别是在外企的特殊情况中，一些实践和操作被改变，或者被员工赋予了不同的解读，反过来也会产生自下而上的影响，从而双向塑造外企的文化。我们相信这两种方法和视角能带给跨文化管理学领域较为新颖的发现和启示。

① Fang T. Yin Yang: A new perspective on culture[J]. Management and organization review, 2012, 8(1): 25-50.

② Fang T. From "onion" to "ocean": Paradox and change in national cultures[J]. International studies of management & organization, 2005-2006, 35(4): 71-90.

第七章　跨文化冲突与冲突管理

在上一章中我们了解了中美企业价值观的差异，以及在外企的中方员工切身感受到的文化差异，两个研究仍然停留在把文化当作静止不变的主体而相互比较的方法，而在本章中，我们将从文化接触和互动的方面来从跨文化交际的角度研究工作场所中本地员工同外国企业文化，或者直接同外国员工之间的接触及互动。在本章中我们将进一步讨论外企中的跨文化冲突，探讨由于文化差异引起的冲突并且是如何解决、管理的。首先我们回顾了跨文化冲突和冲突管理的相关的研究，并选出了与本书相关的理论和方法。基于对成都的外企员工的访谈，以及成渝两地员工的问卷调查，本章试图回答两个总体研究中的问题：

　　　研究问题二：跨国公司内的沟通冲突或分歧一般是怎样发生的？
　　　研究问题三：冲突管理的过程和结果如何？

一、相关研究现状

对组织冲突的广泛研究始于 20 世纪 60 年代，吸引了行为学家、社会学家和管理学家的目光。冲突逐渐成为组织学与管理学的重要研究内容。一般来说，组织内冲突的主要研究点在于冲突的原因，冲突的过程和冲突的管理模式等。

对于跨文化冲突的界定，当下存在多样的说法。如李彦亮认为跨文化冲突是指不同文化、亚文化之间相互对立、相互排斥、相互矛盾、相互否定的状态。① Ting Toomey 与 Oetzel 基于面子关注和权力距离的研究认为跨文化冲突是指来自两个或更多的不同文化背景的交际者们在互动时由于价值观、规范、面子取向、目标、稀缺资源、过程和/或结果的不相容性所呈现的一种能被感知的争持状态。② 赵云龙将企业中跨文化冲突从发生区间、原因、表现形式进行分析，并将其定义为"在国际化企业的经营过程，不同传统、不同背景的文化之间相互对立、相互排斥的动态过程"③。并认为该类文化冲突源于文化差异，并具有客观性、双效性、复杂性和可控性。田晖基与美国跨文化学者 Michael 和 Herbert 以及中国学者黄彦邦所作研究，结合冲突与文化冲突的定义，将跨文化冲突界定为"不同形态的文化或者文化要素交融的过程中，由文化差异所引起的以剧烈对抗形式表现出来的文化摩擦和交互式行为过程"④。Turner 认为，在特定文化背景和价值体系下，互动者会对某种态度、行为或反应产生期望，当这种期望由于文化差异，并没有得到来自不同文化群体的人的满足时，就会产生冲突。因此根据以上见解，他将跨文化冲突定义为特指在价值和信仰层面，能够导致人与人之间产生矛盾的文化偏差。⑤

从以上跨文化冲突界定文献回顾中可以看出，跨文化冲突研究中普遍探讨的是交际者可能因文化背景不同在个人价值观问题、人际问题和争议性问题存在差异进而导致在互动中呈现对立或排斥状态。在其中，跨文化冲突出现的前提是参与者需要置于一定的交际环境中，需要有信息交换或者互动行为的过程，其表现形式则是在此过程中所发生的对立、对抗、摩擦，在此过程中研究者最注重的文化差异这个诱因对人际间交互的影响，

① 李彦亮. 跨文化冲突与跨文化管理[J]. 科学社会主义, 2006 (2): 70-73.

② Tingt, Stella O, John G, Yeej K. Self-construal types and conflict management styles [J]. Communication reports, 2001, 14(2): 87-104.

③ 赵云龙. 基于冲突——适应——合作的中国企业国际化跨文化管理研究[D]. 天津: 天津大学, 2012.

④ 田晖. 中外合资企业跨文化冲突与绩效关系研究[D]. 长沙: 中南大学, 2010.

⑤ Turner J H. A theory of social interaction[M]. California: Stanford University Press, 1988.

因此文化差异是学者们在跨文化冲突研究中最核心的关注点之一。但有一些学者并未对文化差异抱有较中立的见解，通常会持有片面的负面评价，重点放在其破坏性，认为文化差异将会带来一系列问题，造成冲突，并带来恶性效应。本书则持较为中立的态度，认为冲突可以是挑战和危险，也可以是改进和创新的机会。

我们接下来详细地从引起冲突的因素、冲突的类型、过程、效应以及管理模式来更深入回顾这个领域的重要研究和理论。

(一)引起冲突的因素

目前对于引起冲突的原因已经有了大量的研究，但是学者之间并没有统一的说法。Wall 和 Callister 认为冲突的原因可以从三个方面进行概括，分别是个人特征因素、人际间因素和争议性问题。其中，个人特征因素主要包括性格、价值观、目标、压力、愤怒、对自由的渴望等，人际因素主要包括行为、心理架构、之前的互动经验等。争议问题主要包括争议的复杂程度、多还是少、模糊还是清晰、规模大小等。① Korsgaard 等将冲突原因称为要素输入，认为冲突的原因包含四个维度，分别是个体差异、个体状态、任务架构、社会情境。② 组织行为学家 Robinson 认为冲突有三个来源：沟通、结构和个人因素。

（1）沟通因素：包括信息传递的准确性，信息交流的充分度，以及沟通环境的影响等。

（2）结构因素：包括分配给团体成员的任务专业化程度、管辖范围的清晰度、员工之间目标的一致性，领导风格等。③

（3）个人因素：主要指个人的性格以及价值观的不一致。

---

① Wall J, Callister R. Conflict and its management[J]. Journal of management, 1995, 21, 515-558.

② Korsgaard M A et al. A multilevel view of intragroup conflict [J]. Journal of management, 2008, 34(6)：1222-1252.

③ Deutsch. Sixty years of conflict[J]. The international journal of conflict management, 1990(1)：237-263.

社会学家 Deutsch 认为组织冲突发生的原因有：(1)控制资源的需要；(2)组织之间的情感关系；(3)价值观的差异；(4)宗教信仰的分歧；(5)组织之间的特殊关系。①

(二)冲突的类型

冲突作为一个广泛的概念，从不同的角度来看有不同的内涵，研究者对冲突的划分当然也不尽相同。Deutsch 从宏观冲突上将冲突划分为了 5 个层面：第一，个体冲突，这种冲突发生在个人身上，主要表现为角色冲突，即一个人无法同时胜任多重角色期望时所形成的心理压力或者是某一个角色，他人和个体自己的期望不一致造成的心理压力。第二是人际冲突，即人与人在相互作用的过程中产生的矛盾和冲突。第三是群际冲突，即群体与群体之间的冲突。第四是组织冲突，是由于共同工作的人之间实际中感觉到的需求、价值观和利益的对立而导致的不和谐状态。第五是国家或民族之间的冲突。GueZkow 和 Gyr 认为组织冲突有两种类型：情感冲突和实质性的冲突。情感冲突是指涉及人际关系的冲突，实质性冲突是指涉及群体任务的冲突。② Coser 提出了目标导向冲突和情绪冲突两种冲突设想，其中目标导向冲突是指个人追求目标过程中产生的冲突，情绪冲突是一种人际互动中产生的挫折。③ Jehn 定义了三种类型团队冲突：关系冲突、任务和过程冲突。关系冲突是团队成员在与任务无关的个人问题上的分歧和不相容。反映了个体的社会关系、流言蜚语、衣着偏好、政治观点和爱好。任务冲突是指团队成员对当前任务想法或看法的不一致，侧重于任务应该怎么做。过程冲突是指团队成员对任务应该如何分配以及每个人应该

①　Deutsch. Sixty years of conflict[J]. The international journal of conflict management, 1990, (1): 237-263.

②　Guetzkow H, Gyr J. An analysis of conflict in decision-making groups[J]. Human relations, 1954, 7: 367-381.

③　Coser K. The functions of social conflict[M]. Glencoe, IL: Free Press, 1956.

对什么负责的不同意见，侧重于谁来做什么任务。①

Pinkley②的多维度研究揭示了冲突的三种维度：维度一是关系冲突与任务冲突。关系冲突主要基于人际关系问题，任务冲突主要基于非关系问题，涉及除处理关系问题以外的具体问题。维度二是智力冲突与情感冲突。智力冲突主要涉及思想层面的冲突。情感冲突主要涉及嫉妒、仇恨、愤怒、沮丧等情感。维度三主要涉及妥协与胜利，妥协在于争论者把责任归咎于双方以寻求妥协的解决办法，胜利主要在于争论一方把责任归于另一方以寻求损失的补偿。竞争与合作的理论提出了冲突可以分为竞争冲突与合作冲突。一般来说，合作冲突对团队有利，可以提高团队整体的绩效和创新能力。而竞争冲突大多对团体具有破坏性，它增强了团队成员之间的敌对性，不利于组织的发展。本书主要涉及组织内发生的人际冲突，试图揭示跨国公司内因部分或者全部由文化差异导致的任务和关系层面的不和、分歧或者对抗。

(三) 冲突的过程

虽然学者对冲突的过程想法大多不一致，但是都同意冲突并非个别独立的事件，有其起因、过程和影响，其整个发生的过程是动态的。行为学家 Pondy 最早在其关于组织冲突的经典文献里提出了冲突的五阶段模型，将冲突的过程划分为潜在冲突、感知冲突、感觉冲突、显性冲突和冲突结果，并建立了组织冲突的理论雏形。③ Robbins 依据 Pondy 的过程模式，发展成冲突过程的五阶段：潜在对立、认知与个性化、行为意向、行为和结果。Thomas 从组织结构的观点，将冲突历程分为四阶段：挫折期、概念化

---

① Jehn K. A multi-method examination of the benefits and detriments of intergroup conflict[J]. Administrative science quarterly, 1995 (40): 256-282.

② Pinkley R L. Dimensions of conflict frame: disputant interpretations of conflict[J]. Journal of applied psychology, 1990, 75(2): 117-126.

③ Pondy L R. Organizational conflict: Concepts and models[J]. Administrative science quarterly, 1967, 12(2): 296-315.

期、行为期、结果期。① 由于本书的主要内容和目标不涉及冲突的过程，此处的回顾比较简略。

(四)冲突的效应

对于许多人来说，"冲突"这个词本身就有强烈的否定含义，经常与矛盾、斗争、对抗联系在一起，因此有一些学者对冲突的潜在负面效应进行了研究。Seiler 指出冲突会使团队成员将精力浪费在误解，相互对抗或关系的协调上，而不是专注于工作任务的完成和组织目标实现。② Deutsch 指出冲突会破坏组织成员的友好关系和相互理解，带来敌意和压力。③ Lewin 等学者提出冲突会导致不和谐的人际关系，从而增大员工的压力，降低员工的工作满意度和忠诚度，降低员工的工作积极性和责任感，导致员工消极怠工，出现更多的旷工事件和高离职率，并导致工作效率不断下降。④ Van De Vliert 认为冲突会使当事人产生不满情绪，从而采取敌对的、不合作的姿态，甚至出现暴力、抗议和胁迫等极端行为。⑤ Pelled 认为冲突使团队成员之间的信任、交往和合作减少，并使团队缺乏凝聚力，从而给团队带来不利影响。⑥

但是也有一部分的研究证明了冲突的积极效应。例如，一些研究表

① Thomas K W. Conflict and conflict management: reflections and update[J]. Journal of organizational behavior, 1992, 13(3): 265-274.

② Seiler J A. Diagnosing interdepartmental conflict[J]. Harvard business review, 1963 (41): 121-32.

③ Deutsch. Conflicts: productive and destructive[J]. Journal of social issues, 1969 (25): 7-41.

④ Lewin D. Dispute resolution in the nonunion firm: a theoretical and empirical analysis[J]. Journal of conflict resolution, 1987(31): 465-502.

⑤ Vandevliert E, Kabanoff B. Towardtheory-basedmeasuresofconflictmanagement[J]. Academy of management journal, 1990, 33(1): 199-209.

⑥ Pelled L H. Demographic diversity, conflict, and work group outcomes: an intervening process theory[J]. Organizational science, 1996(7): 615-631.

明，认知冲突可以提高许多决策的质量。① 主要原因在于其他人对自己的想法的仔细评估以及批评可以鼓励更深入地思考，使决策所依据的逻辑结构得到加强。② 类似地，对想法不一致的讨论可能会强化决策者理解彼此想法的动机使反对的双方对手头的问题采取更加开放的态度。研究表明，成功的组织往往习惯公开讨论争论的焦点，相较于不太成功的组织，这是它们的一大特点。这种坦率的观点交换增加了灵活性，也使得这些组织表现更加优异。③

(五) 冲突的管理模式

现代管理学研究常常探讨建设性冲突管理在冲突中的积极作用，这是跨国公司的生存之道。这些研究侧重探讨策略性的动机和情景化的影响，Blake 和 Mouton 是最先提出冲突管理策略的五类别模型的学者，五类别模型建立在他们提出的考虑自我和考虑他人的双维度管理模型，包括：整合型、顺服型、强迫型、规避型和妥协型。④ 其中整合型(integrating)来自对自己和对对方的较多考虑，其目标是让双方彼此协调合作，分析和评价原因，探讨最佳解决方案。顺服型(accommodating)与对自己较少的考虑和对对方较多的考虑相关，涉及聚焦共同点而抹去差异，从而成就对方的意见。强迫型(forcing)代表对自己较多的考虑以及对对方较少的考虑，体现在将自己的观点强加于别人而完全不顾及别人的竞争性做法。规避型(avoiding)反映出对自己和对方都较少的考虑，特点是从冲突情形中撤退，

① Cosier R A. The effects of three potential aids for making strategic decisions on prediction accuracy[J]. Organizational behavior and human performance, 1978, 22(2): 295-306; Tjosvold D. Implications of controversy research for management [J]. Journal of management, 1985(11): 19-35.

② Schwenk C R. The cognitive perspective on strategic decision making[J]. Journal of management studies, 1988, 25(1): 41-55.

③ Williams K, O'Reilly C. Demography and diversity in organizations: a review of 40 years of research[J]. Research in organizational behavior, 1988(20): 77-140.

④

拒绝讨论冲突或者故意岔开冲突的倾向。妥协型(compromising)涉及对自己和对方中等的考虑,倾向于寻求中间路线,各自退让一步的解决方法。Putnam 和 Wilson 在他们发展冲突解决策略量表的过程中,进一步把冲突管理类型归类为:解决冲突导向型(整合、妥协)、非对抗型(规避、顺服)以及控制型。①

另外,Rahim 发现五个因素会影响组织冲突中冲突策略的选择,它们是:性格、权力依据、组织文化、参照角色以及性别。② 因此,跨国企业内的冲突解决模式也会受以上因素的影响,笔者认为其中组织文化、冲突双方的权力依据或来源会在当事人选择冲突策略时起较为重要的作用,当然,个体的性格、性别以及参照的角色也是需要考虑的变量。而在本书中,我们主要考虑组织文化,以及双方地位差异所导致的权力距离的影响。

(六)跨文化冲突的管理

文化会对公司的管理和个体的具体行为与态度产生十分重要的作用。首先,这体现在拥有不同文化背景的人参与对公司组织管理模式的认同度和执行程度;其次,个体之间存在异质文化的差异会影响组织管理模式的形成和推行;再次,国民文化背景,也就是公司中大体员工文化背景也会作用于企业所在政治、经济环境,进而影响企业管理模式。③

在跨文化互动的过程中,交际者可能将自己文化的价值标准和行为准则作为衡量他者行为和态度的尺度,难免会导致争执和冲突。④ 不同民族

---

① Putnam L L, Wilson C E. Communicative strategies in organizational conflicts: reliability and validity of a measurement scale[J]. Annals of the international communication association, 1982, 6(1): 629-652.
② Rahim M A. Managing conflict in organizations (3rd ed.)[M]. Westport, CT: Quorum Books, 2001.
③ 陈娟. 企业跨文化冲突管理[D]. 武汉:武汉理工大学, 2008.
④ 郭晓川. 文化认同视域下的跨文化交际研究[D]. 上海:上海外国语大学, 2012.

和国家的人对同一价值观问题抱有不同的看法和观念，这进一步影响了人们的工作和生活行为与态度。① 同理，跨文化企业的人员置于跨文化环境之中，因此组织的管理模式与风格不可避免地会受到多元文化因素的影响；另外，个体相互之间所存在文化差异也会诱发冲突进而促使管理方式和手段也不断进行调整和提升。若不妥善处理企业中所存在跨文化冲突，不采用恰当合适的管理方式，则将会阻碍企业内部组织功能的发挥以及正常的运营秩序，也可能影响公司海内外的多元文化战略的执行和推广，进而导致跨国经营企业和公司管理的失败。②

众多的文献发现规避型冲突管理策略在集体主义文化中更加普遍，这些文化通常因为其自身的科层制和结构方式，而更加制度化。③④ 关于跨文化冲突管理的研究的一个共同发现是集体主义者比起个人主义者更不愿意在冲突中发生对抗(confrontational)。对于中西冲突管理模式差异的比较研究通常把差异归结为以下因素，即权力、面子和关系。⑤ 当冲突双方来自不同的文化，情况会更加复杂，因为双方会带来不同的期望和交流实践。Tajfel 和 Turner 认为，同质文化的冲突管理模式可能不适用于跨文化的冲突，因为圈内圈外有别。⑥ 也就是说，跨国团队的成员对待跟自己相同文化的成员的方式可能会有别于对待外国成员。比较文化差异的理论只

① Kluckhohn F, Strodtbeck F. Variations in value orientations[M]. Evanston, IL: Row, Peterson, 1961: 41-43.

② 解淑青. 跨国公司的跨文化冲突与策略研究[J]. 经济理论与经济管理, 2008(10): 77-80.

③ Kozan K. Culture and conflict management: a theoretical framework[J]. International journal of conflict management, 1997, 8(4): 338-360.

④ Ting-Toomey S, Gao G, Trubisky P, Yang Z, Kim H S, Liu S, Nishida T. Culture, face maintenance, and styles of handling interpersonal conflict: a study of five cultures[J]. International journal of conflict management, 1991(2): 275-296.

⑤ Chen G M, Ryan K, Chen C. The determinants of conflict management among Chinese and Americans[J]. Intercultural communication studies, 1999(8): 163-175.

⑥ Tajfel H, Turner J C. The social identity theory of inter-group behavior[M]// Worchels, Austin L W. Psychology of intergroup relations. Chicago, IL: Nelson-Hall, 1986: 7-24.

在当人们对待同国人与外国人一致的情况下才能适用。①

对于中国文化中的冲突情况，众多的文献发现中国人因着害怕影响关系会特别谨慎地规避任何冲突。② 这个特质往往被归结为儒家思想里的和谐价值观的影响③，和谐的地位是如此的核心以至于其他的文化目标都必须从属于它。④ 当对方具有比自己更高的社会地位的时候，中国人会更加努力地去避免冲突。⑤ Chen、Ryan 和 Chen 指出中国文化中六个影响冲突管理的因素是面子、关系、年龄、权力、信用和冲突严重程度。⑥ 这些中国文化中的冲突管理模式和特点与母公司/总公司在西方的跨国公司所提倡的冲突模式必然发生碰撞。处于其中的中国员工发展出了一定的应对方式，既能够适应公司的企业文化，也能够在实践中实现，Deng 和 Xu 发现这些方式包括：会后讨论、转换语码、用数据和事实说话以及向上级求助等。⑦

跨文化冲突管理不同于企业冲突管理，前者的理论研究生成时间晚于

---

① Jehn K, Weldon E. Conflict management in US-Chinese joint ventures[J]. Retrieved December 17, 2003, from http：//cbi. gsia. cmu. edu/papers/cbi _ workingpaper-1995-10. html.

② Friedman, R., Chi, S. C. & Liu, L. A. An expectancy model of Chinese and American Differences in conflict-avoiding[J]. Journal of International Business Studies, 2006, 37(1)：76-91.

③ Leung, K., Koch, P. T. & Lu, L. A dualistic model of harmony and its implications for conflict management in Asia[J]. Asia Pacific Journal of Management, 2002, 19(2-3)：201-220.

④ Chen, M. & Pan, W. Understanding the process of doing business in China, Taiwan and Hong Kong：A guide for international executives[M]. Lewiston, NY：Edwin Mellen, 1993.

⑤ Johnston, L. M., & Gao, H. Resolving conflict in the Chinese and U. S. realms[J]. China Media Report Overseas, 2009, 5(4)：22-36.

⑥ Chen, G. M., Ryan, K., & Chen, C. The determinants of conflict management among Chinese and Americans[J]. Intercultural Communication Studies, 1999(8)：163-175.

⑦ Deng, Y. & Xu, K. Chinese empoyees negotiating differing conflict management expectations in a US-based multinational corporation subsidiary in Southwest China [J]. Management Communication Quarterly, 2014, 28(4)：609-624.

后者，但是前者更为细化的讨论，关于异质文化因素在公司文化管理中的作用和影响的理论研究。跨文化冲突管理是跨文化管理下的一项分支，是管理学科在跨文化背景下的具体运用。跨文化管理是全球化时代背景下跨文化经营所带来的产物，着眼于探索在跨文化环境中互动者之间如何实现有效沟通，如何化解文化差异带来的冲突并如何进行有效的管理。① 跨文化管理注重研究多元文化整合的过程，通常涉及跨文化冲突、跨文化适应以及跨文化合作三个阶段，聚焦文化互动整个过程；而跨文化冲突管理研究旨在探究跨文化组织成员诱发冲突和矛盾的原因、冲突形成机制并提出有益的解决和沟通模型和方案，能够提高跨国公司的人员的沟通能力和组织管理水平，同时减少因文化差异隔阂带来的冲突损失。国内外不少学者在跨文化管理研究领域作出了有益的探索，为后继跨文化管理问题，如在不同文化交互碰撞的过程中采取何种冲突管理策略，怎样在跨国企业中达到多元文化的最大效益化整合，如何实现企业内部组织的利益最大值等相关问题提供了有价值的意见和建议。

就细化之下的跨文化冲突管理理论研究方面而言，也有相当多的探索性研究。如 Morris 所提出的跨文化组织管理理论，他认为不同文化存在差异，在认识文化差异的基础之上，如何实现文化的协同程度最大化是跨文化冲突管理措施有效性的重要保障，因此在其研究中，他论述了衡量管理策略有效性的 11 种文化融合一体化指标。② Buller 等人根据跨国公司中的冲突诱因，建构解决跨文化冲突的一体化策略模式，根据不同的冲突诱因和环境，个体和组织可以相应地采取回避、合作说教、协商、适应以及强迫等策略。③ 加拿大跨文化学者 Alder 认为，解决跨文化冲突的管理方案应

---

① 陈娟. 企业跨文化冲突管理[D]. 武汉：武汉理工大学，2008.

② Morris M W, Williams K Y, Leung K. Conflict management style: accounting for cross-national differences[J]. Journal of international business studies, 1998, 29(4): 729-747.

③ Buller P F, John J K, Kenneth S A. Resolving cross-cultural ethical conflict: an empirical test of a decision tree model in an educational setting[J]. Teaching business ethics, 1999, 3(1): 37-56.

聚焦于文化差异，在其著作中详细描述了文化对组织的影响并提出了文化协调合作理论来处理多元文化冲突，她归纳出在企业中出现文化冲突时候可以采取的三种管理策略，即凌驾、折中与融合这三类冲突管理策略。①

减少冲突频率和冲突强度是跨文化冲突管理研究的实践性目的之一，以上学者的理论和研究为如何在企业管理中实现来自不同文化的个体以及群体之间良性互动，降低因文化差异带来的沟通障碍与认知隔阂提供了一些具有建设性的意见；另一方面从上文的学者所作的研究也可以看出认识文化差异是解决跨文化冲突的前提，正确认识文化差异，不仅是跨文化研究的核心，同时也是企业中的跨文化冲突管理理论研究中重要关注点之一，如何分析冲突背后的文化因子的影响机制，并怎么样合理地采取相应的措施，如调研考察、寻找中立点进行妥协等，则是跨文化冲突管理研究意义所在。

回顾学界关于跨文化冲突管理的研究和提出的重要理论，我们认为在跨国公司或者多元文化并存的企业内部存在的如下问题值得关注：第一，文化价值观和文化实践的差异会带来组织内的人际冲突，被称为跨文化冲突，可能是任务型也可能是关系型冲突。任务型冲突在充分讨论之后，会对于生产和运作的改进带来益处，而关系型冲突往往具有杀伤力，带来负面情绪，从而降低员工的工作满意度，从而导致合作的困难和沟通效率的降低。第二，文化差异导致个体处理冲突的方式有差异，通常认为因为礼貌和面子的考虑，东方人比较喜欢采用逃避、忍让的非直面冲突的策略；而西方人比较倾向于直接沟通，因此喜欢采用强势的直面冲突的策略。然而，在多元文化并存的企业内部，个人可能不会首选自己熟悉的本民族文化的冲突策略，而倾向于根据情景、关系和紧急程度来决定所使用的冲突策略。在跨国企业中，西方的外派员工可能会偏离习惯的直面冲突的策略，转而使用更有效的其他策略；东道国本地员工可能受到本国权力距

---

① Alder N J. International dimensions of organizational behavior[M]. Boston, MA: PWS-Kent Publishing Company, 1986.

离、情景和关系的影响而高于企业文化的影响。因此，选择的冲突策略因人因事而异。

以下是从两个渠道针对外企内部的冲突管理的调研：一个是基于对成都的外企员工的访谈，另一个则是基于成渝两地外企员工的问卷调查。

二、基于访谈的冲突和冲突管理分析

对成都外企员工的访谈研究将回答如下问题：本地员工同外国员工如何解决冲突或分歧？这里仍沿用在第六章中我们已经采用过的访谈法的基本概念、访谈步骤、访谈对象的选择及数据分析等方法。接下来，我们直接进入与研究相关的访谈数据，并对相关案例进行分析。

(一) 访谈的编码分析与冲突界定

组织沟通时常涉及不同意见、观点和立场，甚至情绪与碰撞，但因大家最终为同一个公司发展的目标，在同一套公司的价值文化体系中来解决，所以大多可以得到一定程度的管理，哪怕不能取得一致，也可以避免矛盾升级。只是冲突处理的方式因人而异，因组织环境而异，也因冲突双方的文化背景而异。在我们访谈的所有记录中，经过编码、统计分析发现：

有约25%的受访者会把"一切听从领导"作为一个选择或者主要的选择，有约25%的受访人会把"保留自己的意见，会后收集事实和数据，再试图去说服对方"作为一个选择或者主要的选择，有约25%的受访者会把"当场和对方沟通，提出异议，要么说服对方，要么共同商议找到最佳方案"作为一个选择或者主要的选择。另外，也有少数人表示会"私下解决"，或者"会议开始之前就和对方沟通好，争取用非正式的方式解决"，或者因人因事而异地去解决，没有形成固定的模式。

考虑到我们的研究论题，在访谈中刻意询问受访者在冲突管理方面的态度、方式、对文化差异的认识和公司的相关规定等，并且对于所有的受访者我们都要求提供一个最近或者印象较深的冲突管理的案例。从受访者的叙述中，我们试图去提炼受访者在以上所询问的方面的信息，并且将其在案例中的表现跟他们自己声称的原则、方式、态度等进行比对，试图找出现实与理想的差距。值得提出是，当被问到是否曾经在公司跟人发生冲突（conflict），27.8%的受访者回答是否定的，而当被问及是否曾经在公司跟人发生分歧（disagreement），则只有 8.6% 的受访者回答没有。根据 Hocker 和 Wilmot 对于冲突的定义："冲突是至少两个以上的互相依赖的当事人认识到彼此间存在不契合的目标，有限的资源，以及对方对于自己达到目标的拦阻，从而发生的明示的争斗（expressed struggle）。"①西方人对于冲突（conflict）的理解大多为明示的分歧（expressed disagreement），而在中国文化里面，"冲突"则带有言语或者身体攻击的含义，并且一般来说是负面的，也就是升级的 conflict。因此，在访谈中，比较起分歧，较少的中国人会认为自己在公司里跟别人发生过冲突。大部分西方学者认为冲突是中性的，对于组织来说是必要的，但必须用建设性的方式来解决。中国人对于冲突的负面看法，多取自儒家的和谐思想，尽管最初"和谐"指的是百鸟合鸣的场景，以及集体主义价值观中的群体目标高于个人目标的思想。因此，许多学者认为东亚人，因受儒家思想和集体主义价值观的影响，喜欢避免冲突，或者采用"顺从"的冲突管理方式，特别是在跟上级的意见分歧当中。而西方人喜欢正面直接地处理冲突，比如，采用竞争和合作的方式，不喜欢回避冲突或者间接沟通。

（二）访谈记录与分析

在成都的外资企业或者具有明显外资方文化氛围的合资企业里发生的主要冲突是如何被管理和沟通的呢？一些受访者提到自己企业内部冲突的强度和频率是较高的。而另一些则认为比较正常，甚至比较和谐，自己跟别人一般不会发生冲突。在具有明显瑞典文化的企业工作的海外事业部经

① Hocker J L, Wilmot W W. Interpersonal conflict[M]. Dubuque, IA: William C. Brown, 1991.

理兼工会主席 N 提到几年前有些成都的中国同事和外国同事在会议上争吵，甚至把电脑砸了，但 N 认为这是"很正常的"，"最开始都是个磨合过程"。N 对于公司鼓励无论层级，互相挑战的文化的解释如下：

> 就是人与人之间，同事与同事之间我们要 aim higher（追求更高目标），即便有不同的声音不同的观点，你也不会因为他的嗓门大、级别高就保持沉默。我可以提出我的反对意见，然后我们达成……达不成一致意见那我们就再继续交流，再做更多的深入探讨，做更多的准备，争取达成共识。如果还达不成共识，最终有明确的几个方向呢，这个时候你可以升级，可以层层升级。并不会说，因为种种原因他就把你压下去了，搞一言堂，没有这种事。

在聊到与上司之间的分歧，如何处理的时候，以下是笔者（Q）和 N 的对话录音转笔录：

> Q：那比如说你跟你上级，比说你跟你的老板有一些不同意见或冲突时，你一般会用什么方式？
>
> N：我会当面告诉他。
>
> Q：那当开会的时候呢？
>
> N：那看这个会议受众是多少人，紧急程度如何。如果会议上要做决议，我知道老板的决定是错的，那我肯定要说出来的，我不能让错误的决定坚持下去。
>
> Q：所以你会在会议上说出来。
>
> N：我会立即说，但如果说会议不需要做决议，当老板的意见和我相左的时候，若他坚持他是对的。为了不影响整个会议进程，我会保留我的意见，但我会传递信号告诉他，我和你的意见不一样，我认为这样做比较好。如果他说，"啊，你不行，这样，这样，怎么地"。我会说："那么好"，我们下来再沟通，然后我会去找他交流。如果还

不能说服他，我会提供足够的证据来分析告诉他，他是错的，我是对的。如果他最后要搞一言堂，那很简单，我告诉你了，对不对？原则上不允许越级汇报，但是我给上级汇报的同时抄送给他。

N 在遇到与上级有分歧的时候，特别是在做决定的会议中的表现，不同于传统的中国式顺从、间接表达或者回避风格。N 在会议上采用了直接表明观点的冲突管理方式，当遇到上级坚持的情况，他会在会后再与上级沟通自己的想法，并且进一步提供证据来支撑自己的观点。当双方彼此都仍然不能说服对方的时候，N 会越级汇报并且抄送给这位上级，就此结束冲突的管理。而这种风格跟这个企业所提倡的开放、透明的企业文化是一致的，因此 N 反传统的冲突管理方式在这个企业反而是正常的。

N 的同事，先后在法国企业和这家瑞典文化的企业工作的技术经理 M 则在公开场合挑战对方上持有不同的意见，在经历了一些比较大的冲突及解决过程之后，他认为如果自己再遇到之前的情况，"应该不会在那么公开的场合下提出来，现在的我也会列出一些潜在风险，去说服不同的人，虽然可能比较浪费时间精力，（但）公开处理这件事情，只会两败俱伤"。M 回忆了 2011 年的中国工厂与瑞典总部的一场就是否使用最新款机器人的争执，自己及中方同事在规避风险的前提下反对引进新款机器人，而提议使用老款机器人，而瑞典总部则倾向于引进新款的机器人，导致亚太区经理同中国区经理都来到了成都工厂，讨论如何解决这样的分歧，虽然最终结果是 M 及中国同事的意见被采纳，但 M 认为这影响了一些高层对自己的看法，从而可能影响升职加薪等。M 又说："但是我觉得如果连自己的观点都不能表达了，那这里也不值得我留恋。"M 在这家企业工作的时间越久，越能够看到公司文化中提倡的平等、开放、直接的冲突管理方式的优势和弊端，从而在现实工作中总结和发展起一套试图平衡公司文化和自身利益的冲突解决理念和方式。

在美资企业工作的销售部经理 C，在谈到与下属的讨论时认为这是一个"互相修正的过程"，不能是"一言堂"：

意见要审核，那我有时候会去审核，或者他拿不稳会来找我，那这个中间就是有一个观点是交锋的，有时候也不见得我说的就是对的。或者我提出一个什么（观点），因为我并没有去过嘛，我只能判断，但是他去过现场啊，或者他有些什么感觉，他会有一些想法。要么我说服他，要么他说服我，就是在这一过程当中互相修正，所以不能一言堂。

他认为年轻一代的中国员工相较于年龄大一点员工，更愿意坚持自己的意见，提出质疑，进一步分析讨论，不是上级说什么就是什么：

现在这个新一代的倾向于要坚持一下，更像是说，我是这么看的，是这么想的；若跟你说的不一样，那得去分析，为什么我觉得不对，或者不是那样。在这过程当中可能我说的某些（事情），又会引发他观察到的或者看到的某些其他信息，这其实就是互相修正了。

C进一步解释这样做的价值：

其实就是教学相长，我告诉他的其实是个分析过程，因为我没去过，只能从这些东西来判断，根据我的经验来判断，那么我可能有一些解释，我可能有一些判断的逻辑，这个逻辑在他去过的人眼中，他觉得是不是对的，是不是"make sense"，是不是跟大家观察到的、了解到的相符合。相符合的话，他可能逐渐就会接受我这个……但是如果我的判断跟他观察的不一样，那我可能要想一想，或者他某些想法我觉得也是对的也是有道理的，那可能我也要想想为什么会这样，这就是一个互相（修正）的途径。

"互相修正"是C在谈到和下属讨论的时候不断重复出现的短语，说明这样的讨论是平等开放，互相尊重，目的是力争找到最佳的方案，并且使用自己的经验和判断帮助对方在业务中成长，同时，自己也在不断修正中成长。因此，冲突管理策略偏向于合作、共同进步。C的态度和做法与传统的中国式冲突管理也是有明显差异的，比较符合他所在公司"平等开放"的氛围。在谈到大家有分歧，经过讨论仍然无法形成决议的时候如何解决，C认为"也是比较直接地、开放地去谈，其实到最后就是有人拍板嘛，拍板的人来承担，就是有高一级别的人来拍板，那就承担责任嘛"。

在中德合资企业工作了8年的K在谈到公司里的决策制度时他告诉我整个公司至上而下推行"一票否决"的制度，任何的决议必须小组全票通过才能执行，任何人都有一票否决的权利，而否决的人必须提供充分的理由，这样其他人可以进行讨论、改进，争取完善每一个方案和决议。当被问道会议中彼此有分歧时如何处理，他认为总体来讲在反对的时候不会太尖锐，一般通过提出问题和解决方案的方式来提出反对意见。公司的人力资源部门会给大家进行管理沟通的培训，一般不介意冲突，认为冲突是好事情。从这点上来看，公司里面对于各种意见的尊重和重视，力图找到最佳方案的做法在一票否决的会议政策中表达出来，并且由于公司给大家提供的管理沟通的培训，使得公司员工对于冲突管理的态度和方式比较成熟，有利于分歧和问题的解决，而不至于升级。

K认为自己经历了企业文化适应的三个阶段，当被问到在第一阶段以及第二阶段遇到的最大的挑战或困难是什么的时候，K讲起了一件自己刚入职不久的事情。当时德方的经理提出一个增加工作效率的方案，被自己直接拒绝了，虽然后来提出了一个更好的解决方案并被接受，但是现在回想起来当时处理的方式欠妥。他认为如果自己现在再遇到这样的情况，会先安排单独跟德方经理会谈，提出几款方案，争取会前就沟通好，用非正式的沟通方式来解决冲突，这样更容易获得对方的认可。在沟通中会用尊重、平等、友好的态度，一起讨论，为着共同的目标努力，避免在会议中出现尴尬的场面，K认为德国人也是爱面子的，起码是很在乎和维护自己的专业形象。领导一般的沟通方式是使用各种问题(反问、询问、质问)来高效判断对方的提议。现在的自己一般会把沟通工作做在会议之前，一般不会直接反驳领导。从 C 和 M 的讲述中，我们发现对于这两家企业，更成熟的沟通方式是会前沟通，而不是在会上直接反驳领导，这与 Deng 和 Xu 以及本书的发现一致，即，虽然被研究的外国企业提倡的冲突管理方式为开放、直接以及鼓励挑战老板，但被研究的中国员工在真实的工作环境中会使用诸如线下谈，会前做工作等策略来处理分歧。

先后在成都的瑞士和美国医药公司担任销售工作的 J 讲述了自己处理与上级的意见分歧时的沟通方式：

> 其实他们都是在中国设立的外企，这些公司的文化更遵循中国的文化，不太会直白地去展现文化的冲突，当意见有不一样的时候，我们会更多按照中国的文化，就是你是领导，我听你的，只是相对来说在跟外籍的老板沟通和交流的时候，你可以陈述你的观点，可以说我可能跟你的意见有点不一样，我觉得应该怎么样，大家都是可以直接表达的，对于中国的老板，可能你心里知道，但嘴上不能说出来，所以可能最后的结果会体现出这种差异。我对于两种老板都会认同他们的意见，但是对外国老板我可以提出意见，表达我的看法，让他知道我跟他是不一样的；而在中国的老板面前，心里不认同，嘴上也不能表露出来。

J 根据对方文化背景的异同来决定自己的沟通策略是顺应一些在中国设立的外企，中外两种文化并存的需要。因为沟通文化的不同，在选择如何应对分歧的时候需要根据对方的文化模式来进行调整，尽管 J 没有海外留学或者工作的经验，但是因为先后在两家外资企业工作，积累了一定的沟通经验，可以使用比较顺应文化的冲突管理策略。在谈到与同事之间发生分歧或者冲突的时候如何应对，J 认为，"员工之间的分歧只要不涉及义务，可私下解决，如果有工作上的纷争，没有明确规定的还是私下解决，不必拿到台面上来解决"。在被问及原因的时候，J 认为公司在冲突管理方面的文化是"大事化小，小事化了"。她提到具体的方式一般是：

> 该让步的让步，然后在一起吃吃饭，喝喝酒就好了……这也是文
> 化的不同。这种争执和矛盾有时候不像公安执法那样，一定要有个定
> 论，一定要争个对错，一定要说我错了。不是这样的，发生了矛盾大
> 家一起出去吃一顿，大家退一步，一起喝酒，喝得高兴了，事情就过
> 去了，没有谁对谁错，没有谁能说谁更好。不像国外的那样，我一定
> 要把事情说清楚，谁对了，谁错了，因为中国是人情社会，不是国外
> 的那种做事讲逻辑，在这边人情比事情的正确性更重要。

J描绘的"吃吃饭，喝喝酒"是典型的中国式冲突解决方式，也是社会上以
及职场人士惯用的方式，是中国人重"人情"胜过重"事情的正确性"的表
现。J对这一现象的解读比较准确地反映了中西在冲突管理方式上的差异。

在德企和美企先后进行过短期(3个月以上)实习的大学生D在观察老
板对待其他员工时发现他"很凶"，或许是因为自己的实习生地位，老板没
有这样对待过自己，以下是关于跟老板处理分歧和冲突的访谈对话：

> Q：那他这么严格，那会不会跟员工产生一些冲突？
>
> D：那没有人能反抗他嘛，那没办法，说得难听一点就是他说的
> 话才算话，没有人敢反驳，就没有人会有意见，就只能在下面吐槽，
> 不可能当面有冲突。
>
> Q：就是说，你观察到的是没有任何一个人跟他有冲突，不论是
> 正面的还是背后的，大家都不敢？
>
> D：对啊。
>
> Q：那我感觉你们私下其实是有议论的，你觉得如何去解决这种
> 问题？假如说老板说错了呢，也不会有人去提建议吗？
>
> D：嗯……反正我没有经历过这种情况，我觉得应该不会吧，就
> 是他说话就算。

Q：据您观察其他人也没有提建议？

D：差不多。

Q：那么，他发布任务之后，你们去执行，但（老板设想的）其实跟你们本身执行的方式和思路是不一样的，你们如何解决呢？

D：那只能尽量满足他的想法，我没有办法去解决这个问题，老板说的话就算。

从冲突管理策略的角度来看，D 的老板使用的是典型的竞争型/控制型策略，而他的员工使用的是典型的顺从型策略。[①] 这种上下级的沟通模式显然是长期形成的，而上下级的沟通模式也会影响同事间的沟通模式。D 认为现在实习的美资企业气氛更加自由和轻松一些："我觉得是跟老板的交流会变多，我们现在跟老板差不多每周会有一次联系，他也会跟你了解情况，老板也会比较关心你以及公司的情况。"以下是 D 谈到跟同事发生分歧的访谈对话：

Q：在表达自己想法的过程中会有和美国员工思维上的不同吗？

D：会有，也会跟他们有争执，但我觉得自己更有话语权，敢于跟他们去争执，他们会去听我的一些建议，以前在德企这些都是根本不可能的事。我感觉现在话语权比较高，能说的话也比较多，所以我觉得还是挺好的。

……

D：大家都有自己的看法，不会有不礼貌的言行，有时会比较严重，但分歧过后大家都还是很平静，大家都能各执己见。

Q：那最后怎么才达成一个统一的解决方案的呢？

D：肯定就是双方妥协呀，不可能完全听对方的呀，大家都会去听取对方的想法。

---

① Thomas K W, Kilmann R. Mountain view[M]. CA：CPP, Inc, 1974, 2000.

……

D：这种分歧更多发生在自己跟同事之间而不是与老板之间，老板的命令还是要服从，这是职场的生存之道。因为和老板之间交流习惯的改变，所以跟同事之间（发生分歧）就会去尝试表达自己的想法。这是相互影响的，跟老板之间没有那么严重的等级观念会使得我跟同事会有信心去提出一些自己的想法。

Q：那等于你去跟同事 argue（争论）有一部分情况下是因为你跟老板的沟通是比较轻松，也可以表达自己的想法？

D：对对，但其实还是挺矛盾的，很难控制听话和表达想法的平衡，但实际上可以说是更轻松。

在这家 D 实习的美资企业，因为上下级沟通模式更加平等、自由，使得 D 与同事之间的讨论和争论更加开放而自由，一般就事论事，在冲突管理的策略选择方面倾向于双方妥协，互相听取对方的想法。最终，作为一名新入职场的实习生，D 说出了与上级处理意见分歧的难度，也就是达到顾及上下级关系和勇于表达自己的想法之间的平衡。

与在职场打拼多年的 C、J 和 M 相比，D 还有很长的路要走，而 C、J 和 M 已经在各自多年与外企的上级和同事相处的过程中摸索出既适合公司文化又合乎自身利益的冲突管理的方式。骨子里的文化性，其实很难改变，尽管公司不断鼓励和培训员工往开放、平等、自由表达见解的方向努力改变，员工也说服自己这是更好的方式，甚至从实际操作中去改变和修正自己的行为，实实在在地展现出企业的文化价值观，但因为根深蒂固的自身核心中国文化价值观与之相差甚远，内心终究会挣扎，产生不和谐的情感。认知失调理论[①]认为当人认知体系彼此矛盾，包括价值信仰体系彼此冲突，人会产生不适感和压力，从而自动调整认知体系，以使得相互矛盾的价值观或者信仰彼此达到协调一致，从而克服不适感和压力。而在现

---

① Festinger L. A theory of cognitive dissonance[M]. Stanford University Press, 1957.

实生活中，人们常常会被某种认知引发的行为与自身的某种认知或者价值观产生的冲突而困扰。从长期来看，一种调整的方式是调整行为，使之与某种认知或者价值观一致，而抛弃另一种认知或者价值观。另一种，则是调整彼此矛盾的认知或者价值观以达到二者一致。这个调整的过程可以表现为中国员工在适应外资企业文化的过程中，认知体系间或者价值观间的碰撞以及磨合，最终通过调整而尽量达到协调一致。这也可以用来解释为什么 C、J 和 M 经过长时间与公司文化的磨合，可以发展出一套独特的冲突管理方式，既能够符合公司提倡的平等、直接而开放的沟通文化，又能够满足中国人骨子里面避免正面、直接的冲突，维持关系和谐的需要。

(三) 基于访谈研究的发现

（1）在组织内的沟通里时常涉及不同意见、观点和立场，甚至情绪与碰撞，但因大家最终为同一个公司发展的目标，在同一套公司的价值文化体系中来解决，所以大多可以得到一定程度的管理，哪怕不能取得一致，也以避免矛盾升级。

（2）对冲突处理的方式，因人而异，因组织环境而异，也因冲突双方的文化背景而异。在我们访谈的所有记录中，经过编码、统计分析发现：约有 25% 的受访者会把"一切听从领导"作为一个选择或者主要的选择；约有 25% 的受访者会把"保留自己的意见，会后收集事实和数据，再试图去说服对方"作为一个选择或者主要的选择；约有 25% 的受访者会把"当场和对方沟通，提出异议，要么说服对方，要么共同商议找到最佳方案"作为一个选择或者主要的选择；另外，也有少数人表示会"私下解决"，或者"会议开始之前就和对方沟通好，争取用非正式的方式解决"，或者因人因事而异地去解决，定的模式。

（3）考虑到我们的研究论题，在访谈中刻意询问受访者在冲突管理方面的态度、方式、对文化差异的认识和公司的相关规定等，并且对于所有的受访者我们都要求提供一个最近或者印象较深的冲突管理的案例。从受访者的叙述中，我们试图去提炼受访者在以上所询问的方面的信息，并且将其在案例中的表现跟他们自己声称的原则、方式、态度等进行比对，试图找出现实与理想的差距。值得提出是，当被问到是否曾经在公司跟人发生冲突（conflict）时，27.8%的受访者回答是否定的；而当被问到是否曾经在公司跟人发生分歧（disagreement）时，则只有8.6%的受访者回答没有。根据Hocker和Wilmot对于冲突的定义，"冲突是至少两个以上的互相依赖的当事人认识到彼此间存在不契合的目标，有限的资源，以及对方对于自己达到目标的拦阻，从而发生的明示的争斗（expressed struggle）"。① 西方人对于冲突（conflict）的理解大多为明示的分歧（expressed disagreement），而在中国文化里面，"冲突"则带有言语或者身体攻击的含义，并且一般来说是负面的，也就是升级的conflict。因此，在访谈中，比较起分歧，较少的中国人会认为自己在公司里跟别人发生过冲突。大部分西方学者认为冲突是中性的，对于组织来说是必要的，但必须用建设性的方式来解决。中国人对于冲突的负面看法，多取自儒家的和谐思想，尽管最初"和谐"指的是百鸟合鸣的场景，以及集体主义价值观中的群体目标高于个人目标的思想。因此，许多学者认为东亚人，因受儒家思想和集体主义价值观的影响，喜欢避免冲突，或者采用"顺从"的冲突管理方式，特别是在跟上级的意见分歧当中。而西方人喜欢正面直接地处理冲突，比如，采用竞争和合作的方式，不喜欢回避冲突或者间接沟通。

（4）从冲突管理的策略方面，我们发现大部分受访者在公司里都经历过冲突，有更多的人经历过与别人发生分歧的情况。当外资公司文化比较占上风，并且在现实中施行平等、自由、开放的沟通氛围时，员工的冲突管理策略会倾向于开放、直接、不怕挑战上级。而当外资公司文化倾向于本地化，或者比较弱势的情况下，员工可能会选择顺从上级的冲突管理策略。还有一些员工选择因人而异的策略，与中国籍或者外籍老板讨论时会

---

① Hocker J L, Wilmot W W. Interpersonal conflict[M]. Dubuque, IA: William C. Brown, 1991.

使用不同的策略，前者顺从，后者在顺从中发表自己的看法。比较成熟的冲突管理策略是平衡之道，即事前沟通，或者会后沟通，从而避免当众挑战上级或者他人的尴尬场面，但又部分顺应了公司要求员工开放、自由的提出自己见解的文化。我们也发现，公司上下级的冲突管理，乃至总体沟通模式会影响到同事与平级间的沟通模式。因此，公司的沟通氛围和冲突管理模式在很大程度上是上行下效，自上而下的传递。而公司实际的组织文化既包含了公司常规和高层管理者的主张，又被员工的实际日常的操作和沟通模式所改变，同时也受到外界环境的影响。

为了探索从文化差异出发，经历冲突发生、冲突管理，到员工对企业社会文化适应的途径，以及一些相关变量间的关系，我们设计了成渝两地部分外企员工的问卷调查。另外，问卷调查的发现有助于验证访谈研究的发现，形成彼此补充的混合方法设计。

三、关于期望违背与冲突的问卷调查

(一) 相关文献回顾

从人际沟通的角度，Burgoon 等人提出了期望违背理论。[①]　他们认为，人际交流过程中，双方都会对于对方的行为、举止、话语、态度、情绪有一定的预期，这个预期可能来自对对方一贯行为的推测，或者对于通常情况下，此类交际所应该遵循的社会文化的规范，或者交流着自身的经历、教育背景、家庭成长环境等的预测。当对方违背自己的这一预期，则交流的一方或双方会觉察到自己的期望被违背，从而产生快速的评判，并调整自己的回应方式。在跨文化交际中，我们可以预测，因为社会文化规范的差异，各自对于同样交际语境中对方的行为、举止、话语、态度、情绪的

---

① 　Burgoonjk, Waltherjb, Baeslerej. Interpretations, evaluations, and consequences of interpersonal touch[J]. Human communication research, 1992, 19(2): 237-263.

期待不同，期望违背会经常发生，这也就是为什么跨文化的交际常常导致一些难以预测的结果，即使在交际事件达到目标后，双方也常常感觉到"有什么地方出了问题"，甚至有"很奇怪"的感受。

为了从以往研究成果中获得理论和假设的依据，并且为了了解员工对于企业文化的适应，尤其是关于中方员工对于跨国和外资企业内部的文化适应，及冲突管理研究的发展趋势和现状，我们将分别讨论文化距离、期望违背、冲突及冲突管理的概念和相关理论，并且提出相应的假设与问题，以针对问卷调查获得的数据进行定量分析。最后我们将对所有的假设和问题进行总结，并且以模型图的形式展示出相关变量间的关系。

1. 文化距离

（1）文化距离的定义。来自不同国别的个体在进行跨地域沟通交流时，针对某一特定的事件可能持有不同的观点和态度，这可能促使双方采取差异化的行为或者措施，背后作用机制较为复杂，影响因素也是多种多样的。但有所共识的是文化因素对跨文化交际有着相当显著的影响作用。Hall 在其《无声的语言》一书中也表达了文化即交际的观点。[1] 而在管理学界中，文化也一直是备受关注的考量因素之一，有不少研究者致力于探究国际公司在跨国经营管理所面临的由于文化差异带来的问题。

关于文化的阐述和定义，由于其极为丰富的内涵及其延伸领域，不同学者对该概念也持有差异化的见解。Kluckhohn 和 Kroeber 将文化视为在某一特定时期之中群体内大部分所共有或认同的思想和行为，从其表现形式来看，文化可以分为外显和内隐文化。[2] 外显文化是群体特有的社会行为，具体体现为语言表达方式、社交礼仪、宗教风俗、行为规范、生活习惯等，依借某些固定载体来呈现；内隐文化则是群体中沉浸在固定模式化之下思维模式及其所附属的价值取向，通常是在人认识世界，判断和评价行

---

① Hall ET. The silent language[M]. New York：Doubleday，1959.

② Kroeber AL, Kluckhohn C. Culture：a critical review of concepts and definitions[M]. Kraus Reprint Co，1952.

为和事件的衡量标准，引领人行为和动机。Hofstede 将文化简述为一种群体间相互区别的群集性心理程序，内部集中体现出的同质化的心理定式，既拥有群体间的同性，又有带有别于其他群体的个性，对人们的行为、动机以及价值观有着支配作用。① 对文化研究具有突出性贡献的全球领导力和企业行为效力研究 GLOBE 基于之前的学者的观点，结合来自 60 多个国家 17000 位中层管理人员的数据，从 9 个文化维度研究和评估了不同国家的文化。在该项研究中，文化被视为是集体层面的参数，是集体内共同的动机、价值观、信仰、身份以及对重要事件的解释。② 文化一方面具有群集性，有别其他群体的差异性，而另一方面，也有层次性、稳定性，能够主宰人们的价值观、动机及行为。③ 虽然对于文化的含义存在各种多样的声音，但在文化的特质上存在共识，即群体内的同质性和群体间的差异性。

在跨国公司结构体系之中，员工组织系统通常是多元文化的结构体系。多元文化差异带来的企业文化整合和冲突是影响公司经营管理成败的重要因素，在跨国公司内部，员工因文化差异在沟通中产生文化摩擦和冲突的情况也并不少见。④ 随着全球化进程的发展，各个领域的学者除有将文化概念化的努力以外，也有尝试基于其间的差异将各类文化进行分类归纳，再进行一系列的测量研究。在跨文化管理研究领域之中，目前应用比

① Hofstede G. Cross-cultural management：empirical studies, national cultures in four dimensions：a research-based theory of cultural differences among nations[J]. International studies of management & organization, 1983, 13(1-2)：46-74；Hofstede G, Bond M H. Hofstede's culture dimensions：an independent validation using Rokeach's value survey[J]. Journal of cross-cultural psychology, 1984, 15(4)：417-433.

② House R, Javidan M, Dorfman P. Project globe：an introduction[J]. Applied psychology, 2001(50)：489-505；House R, Javidan M. Understanding cultures and implicit leadership theories across the globe：an introduction to project globe[J]. Journal of world business, 2002, 37(1)：3-10.

③ 李春浩. 国际人才对技术创新的影响——基于文化视角的研究[D]. 北京：对外经贸大学, 2019.

④ 严全莹. 跨国并购企业文化冲突研究[D]. 广州：广东外语外贸大学, 2018.

较广泛的文化分维理论是 Hofstede 提出的文化维度理论。他的研究不仅将文化概念化，而且将文化差异特质进行分类和量化。具体来说，在收集并分析了来自 40 个国家和地区的 11.6 万名 IBM 员工的文化价值之后，Hofstede 所带领的团队总结出来了描述不同国家之间的文化价值观维度，包括权力距离、不确定性规避、个人主义与集体主义、男性化与女性化、长期与短期取向以及自我放纵与约束。人们可以通过一个国家在该六项维度上的指标值来界定分析来自该国国民的文化价值取向。① 另有 Schwartz 根据需求导向所提出的十大文化价值理论，其中包含权力、成就、享乐主义、刺激、自我指向、普遍主义、仁爱、遵循传统、一致性、以及安全。② 除此之外，由 House 等人发起的 GLOBE 项目中，通过问卷调查了多个国家的社会文化、组织文化以及有效领导行为，在不确定性规避、权力距离、公共集体主义、群体集体主义、性别平等主义、决断性、未来导向、绩效导向、人本导向这九个维度进行测量，并对文化体系分为文化现实与文化价值观两方面进行讨论。③ 在过去的三四十年间，文化维度的研究成果已经积累了相当多的成果，除以上提到的，也另有其他学者的文化分维理论，这里不再做过多的叙述。这些文化分维理论支撑了学者们探究文化差异因素对跨国公司管理影响的量化研究。

跨文化管理学和国际商务领域的学者常使用"文化距离"来代表跨国企

① Hofstede G. Culture's consequences: international differences in work-related values [M]. Beverly Hills, CA: Sage, 1980; Hofstede G. Culture's consequences: comparing values, behaviors, institutions and organizations across nations [M]. Thousand Oaks, CA: Sage, 2001.

② Schwartz S H. A theory of cultural values and some implications for work [J]. Applied psychology, 1999: 48; Schwartz S H, Melech G, Lehmann A, Burgess S, Harris M, Owens V. Extending the cross-cultural validity of the theory of basic human values with a different method of measurement[J]. Journal of cross-cultural psychology, 2001, 32(5): 519-542.

③ House R, Javidan M, Dorfman P. Project globe: an introduction [J]. Applied psychology, 2001(50); House R, Javidan M. Understanding cultures and implicit leadership theories across the globe: an introduction to project globe[J]. Journal of world business, 2002, 37(1): 3-10.

业的母国与东道国之间的国家文化差异，把它作为常量来进行分析。距离
测量方法可以更简单标准化地衡量国家文化之间的文化差异，由于学者们
关注文化的重点不同，对文化差异的界定也有不同的看法，因而对文化距
离的界定上也难以完全达到意见一致。"文化距离"首次是由 Luostarinen 所
提出，他在其公司跨国经营的研究中，主张"文化距离"是知识要素总和，
投资国与被投资国之会创造知识需求，但双方存在阻碍知识流动的文化因
素，这也进一步导致其他流动也受到阻碍，这些要素的总和，称为"文化
距离"。① 文化差异与文化距离不同，前者衡量的是国家各自的不同文化特
征，后者是指国家文化差异程度，具体来说则是国别间的文化特征差异的
程度。② Kogut 和 Singh③ 在他们研究国家文化对公司在海外经营模式抉择
的文章中主张"文化距离"是在母公司与子公司所代表的两个国家在价值观
念以及共享规范上相异程度，也可以说是指国家层次文化之间的相异程
度。付竹借鉴霍氏文化差异理论，将"文化距离"定义为母国与接收投资的
东道国之间，能够对投资企业的行为与规范、战略导向、组织架构、制度
建立等方面产生影响的文化核心要素，即价值观上的差异程度。④ 也另有
将文化距离当作心理距离的主张，如 Lee⑤ 和 Swift⑥ 认为文化距离是一种
社会文化认知差异距离，在母公司与子公司之间的"文化距离"和"心理距

---

①　付竹. 文化距离、进入模式与绩效——基于中国跨国企业 FDI 的实证研究
[D]. 成都：西南财经大学，2010.

②　Shenkar O. Cultural distance revisited: towards a more rigorous conceptualization and
measurement of cultural differences [J]. Journal of international business studies，2001，32
(3)：519-535；张世琪. 文化距离、顾客感知与服务绩效的关系研究：以饭店外籍顾客
为视角 [D]. 杭州：浙江大学，2012.

③　Kogut B, Singh H. The effect of national culture on the choice of entry mode [J].
Journal of international business studies, 1998, 19(3)：411-432.

④　付竹. 文化距离、进入模式与绩效——基于中国跨国企业 FDI 的实证研究
[D]. 成都：西南财经大学，2010.

⑤　Lee D J. The effect of cultural distance on the relational exchange between exporters
and importers [J]. Journal of global marketing, 1998, 11(4)：7-22.

⑥　Swift J S. Cultural closeness as a facet of cultural affinity: a contribution to the theory
of psychic distance [J]. International marketing review, 1999, 16(3)：182-201.

离"实质上是一致的，即"母国与东道国之间由于语言、商业惯例、法律和政治系统以及营销设施的不同而导致的国际市场投资者的社会文化认知的差异距离"。

鉴于上述原因，我们打算在问卷调查研究中用文化距离来代表文化差异的程度，因为文化距离可以测量，并且可以根据现有公式进行计算，而文化差异是偏质化的概念，无法引入统计学分析。

（2）文化距离的测量。Hofstede 的文化六维度被视为测量跨国距离最广泛使用的基础。有学者指出，Hofstede 的文化维度为大多数国家提供了一套文化指标，同时，对母国和东道国之间信息流的强调使其得以概念化。① 然而 Hofstede 的文化维度也受到一些批评。学者指出，Hofstede 的文化维度将所有的国别差异缩减为几个文化维度，然而国与国之间一系列其他维度的差异却未能被考虑。② Hofstede 的假设是文化维度并不会随着时间而改变，然而，Shenkar 指出文化距离会随时间快速的变化。③ Hofstede 的文化维度来源于对 IBM 公司的调查数据，有学者认为 Hofstede 假设 IBM 公司的经理代表某特定国的总人口，因此在研究中会假设某个群体的单个成员具有总体人口的平均特征，从而产生生态谬误。此外，因为调查对象是 IBM 公司的员工，因而组织内部员工所感知到的文化距离可能小于两国间的实际文化距离。④ 除了对 Hofstede 文化维度本身缺陷的批评，学者在分析了

---

① Berry H, Guillén, Mauro F, Zhou N. An institutional approach to cross-national distance[J]. Journal of international business studies, 2010, 41(9): 1460-1480; Barkema H G, Bell J H J, Pennings J M. Foreign entry, cultural barriers, and learning[J]. Strategic management journal, 1996, 17(2): 151-166.

② Ghemawat P. Distance still matters: the hard reality of global expansion [J]. Harvard business review, 2001, 79(8): 137-147.

③ Shenkar O. Cultural distance revisited: towards a more rigorous conceptualization and measurement of cultural differences[J]. Journal of international business studies, 2001, 32(3): 519-535.

④ Lu L. The relationship between cultural distance and performance in international joint ventures: a critique and ideas for future research [J]. International journal of management, 2006, 23(3): 436-445.

一些关于文化维度对子公司绩效表现和外国模式选择的影响的实证研究后发现，这些研究结果存在相互矛盾的地方。① 基于此，学者对 Hofstede 文化维度的方法进行了改进，由此提出了其他几种测量跨国距离的方法。其中一种方法是在 20 世纪 90 年代出现的 GLOBE，即全球领导力和组织行为有效性研究。如上所述，GLOBE 将文化差异划分为 9 种维度，因此，GLOBE 在 Hofstede 文化维度的基础上进行了拓展，所涵盖的内容更全面、更新，但是它在衡量国别差异中也只考虑了有限的文化维度距离而忽略了其他种类的距离维度。正如 Berry 所指出，"若想了解除文化以外的其他方面的距离，就需要将那些会影响国家、公司和个人的其他种类距离纳入考虑范围"②。同时，GLOBE 是基于 Hofstede 文化维度而形成的，也面临着生态谬误、时间不变等问题。在考虑引入其他维度距离来测量国别差异的问题上，Ghemawat 引入了文化、行政、经济和地理维度，形成了多维度距离。③ Berry 认为尽管 Ghemawat 的研究拓展了研究角度，但并未涉及经济、人口、政治等各方面的联系，同时 Ghemawat 并未给出衡量四项距离维度的方法。总的来说，在商业分析、管理研究等问题中，考虑除文化以外的多维度距离对其的作用十分有必要，但文化距离作为衡量国别文化差异的手段，同样受到重视。

目前，大多数学者采用 Kogut 和 Singh 的指数来作为衡量国与国之间文化距离的方法。K-S 指数将 Hofstede 文化距离作为两国之间文化维度的绝

---

① Padmanabhan P, Cho K R. Ownership strategy for a foreign affiliate: an empirical investigation of Japanese firms[J]. Management international review, 1996, 36(1): 45-65; Brouthers K, Brouthers L. Explaining the national cultural distance paradox[J]. Journal of international business studies, 2001, 32 (1): 177-189; Glaister K W, Buckley P J. Performance relationships in UK international alliances[J]. Management international review, 1999, 39(2): 123-139.

② Berry H, Guillén, Mauro F, Zhou N. An institutional approach to cross-national distance[J]. Journal of international business studies, 2010, 41(9): 1460-1480.

③ Ghemawat P. Distance still matters: the hard reality of global expansion[J]. Harvard business review, 2001, 79(8): 137-147.

对差值总和进行运算。① Kogut 和 Singh 对文化如何影响外资企业进入美国的模式展开了研究，他们认为，因文化因素引起的管理中的冲突、成本以及不确定的风险会促使外资企业选择其他进入模式，如成立合资企业，来减少以上问题。笔者提出两个假设：①当外资企业所在国与东道国文化距离越大时，投资者越可能选择成立合资企业或者全资成立绿地企业而非收购；②在组织实践中，若投资者文化中不确定性规避越高，投资者越可能选择成立合资企业或者全资成立绿地企业而非收购。在对假设进行验证时，笔者基于 Hofstede 的文化维度创建了 K-S 指数来计算文化距离：

$$CD_j = \sum_{i=1}^{4} \frac{(I_{ij} - I_{iu})^2 / V_i}{4}$$

式中，ij 代表 j 国第 i 个文化维度上的得分，V_i 是第 i 个文化维度得分的方差，u 表示美国，CD_j 指 j 国和美国之间的文化差异。为了使公式能够广泛运用，Beugelsdijk 等人②在之前的基础上对公式进行了解读，V_i 的计算是确保求和前每个维度上计算出距离可以通约。公式中的数字 4 是指指数计算通常限制于 Hofstede 的文化四个维度，不包括长期导向和自我放纵维度。Kogut 和 Singh 也指出，尽管定标的方法根据指数方差进行了加权，但理论上任何由此产生的测量误差不能与其他自变量相关联，并且应该减少统计关系的意义。③ 通过分析 228 家企业，笔者得出当文化距离越大时，投资者越可能选择成立合资企业，当投资者文化中不确定性规避越高，投资者越可能选择成立合资企业而非全资成立绿地企业。笔者的研究证明了外资进入模式受到文化因素的影响，以及 Hofstede 文化维度测量的有用性。

尽管文化距离被广泛地视作衡量国与国文化价值差异的手段，但一些

---

① Hofstede G. Culture's consequences[M]. Sage Publications, 1980.

② Beugelsdijk S, Maseland R, Onrust M, Van H, André, Slangen A. Cultural distance in international business andmanagement: from mean-based to variance-basedmeasures[J]. International journal of human resource management, 2015, 26(2): 165-191.

③ Kogut B, Singh H. The effect of national culture on the choice of entry mode[J]. Journal of international business studies, 1998, 19(3): 411-432.

学者通过回顾文献和实证等方法发现文化距离度量中存在问题。Shenkar[①]指出了文化距离的测量本身存在的一些问题。首先，提出了概念上的问题，文化距离的对称性意味着母国和东道国文化具有同等的作用，也就是说在外资直接投资的背景下，A 国的公司到 B 国与 B 国的公司到 A 国去投资面对的文化距离一样。然而事实证明，母国文化能对跨国企业产生影响，而东道国文化则营造国家环境。

其次，文化距离由 Hofstede 的文化维度而提出，其不可避免地需要处理文化维度所面临的时间不变的问题。Shenkar 认为文化会随时间而变化，文化距离也会随着外资企业在东道国运作时间增加而逐渐减小。

再次，文化距离在方法上也存在问题，文化距离实际是测量国家文化距离而非公司文化距离，因而公司的文化差异常常被忽略。

最后，文化距离测量的提出在某种程度上放大了 Hofstede 文化维度中存在的两个重要问题，是文化距离只考虑 4 个维度，对于 Hofstede 之后提出的维度并没有进行更新。Shenkar 强调"儒家思想"（Hofstede 的长期导向维度）是研究东亚国家的关键，若文化距离中少了这一项会对研究造成挑战。在之后的研究中，学者们已经将 4 项维度扩展到 n 项维度，并且对公式进行了改写：

$$CD_j = \frac{\sum_{i=1}^{n} (I_{ij} - I_{ih})^2 / v_i}{n}$$

另一个是文化距离的测量赋予每个维度等效价值。然而 Hofstede[②] 认为一些文化隔阂并不如其他隔阂这么严重，不确定性规避的差异是国际合作中最大的问题，所以 Shenkar 认为文化距离这种聚合度量方式会导致误差。Beugelsdijk 等人指出国家内部的文化差异应该被考虑。他们引入了 3

①　Shenkar O. Cultural distance revisited: towards a more rigorous conceptualization and measurement of cultural differences[J]. Journal of international business studies, 2001, 32(3): 519-535.

②　Hofstede, G. European management journal, 1989, 7(4): 390-397.

个自变量分别是基于均值的文化距离(K-S 指数)、受东道国文化变量制约的 K-S 指数以及基于方差的文化距离变量,来研究 1983—2008 年美国子公司在 40 多个东道国的销售额。在分析了三种文化距离度量的效果后,Beugelsdijk 等人指出在考虑国家内部文化差异后,K-S 指数的解释力度会明显下降,且基于方差的文化距离度量在解释美国的海外销售额时比 K-S 指数更具有说服力,因此 Beugelsdijk 等人建议使用基于方差的文化距离度量来衡量国际管理中的问题。[①]

虽然文化距离测量方式存在问题,且学者提出了改进的方法,但文化距离测量方式目前仍广泛地运用在外资进入模式、子公司绩效、国际化进程等国际管理的研究中。

(3)文化距离与跨国企业管理。对于跨国企业而言,在另一国设立分公司需要考虑人力、交通、当地环境、法规等一系列因素,而因文化差异带来的问题无疑增加了跨国企业运营管理的成本和风险。特别是对于国际人力资源管理来说,文化距离是增加海外运营困难的主要原因之一。当跨国企业由来自不同文化背景的员工组成时,文化差异会增加人力资源管理企业的难度。若不能正确处理文化差异的问题,跨国企业可能会面临工作效率降低,人才流失甚至产生实际的损失。[②] 对于跨国企业在异文化运作问题的研究大多聚焦于文化差异,尤其是国与国之间距离的影响。文化距离(即 K-S 指数)在国际商务和管理中被广泛关注,研究者广泛地使用文化距离来研究跨国企业的表现、策略等一系列问题。Cho 和 Padmanabhan 认为几乎所有涉及文化距离因素的国际商务研究都基于 Hofstede 的文化维度

---

① Beugelsdijk S, Maseland R, Onrust M, Van H, André, Slangen A. Cultural distance in international business andmanagement:from mean-based to variance-basedmeasures[J]. International journal of human resource management, 2015, 26(2): 165-191.

② Dowling P J, Welch D E, Schuler R S. International human resource management: managing people in a multinational context (3rd ed.)[M]. Cincinnati, OH: South-Western College Publishing, 1999.

开展，控制文化距离变量就需要采用 Hofstede 六项维度中的一项或几项。①
Tse 等人②对外国公司进入中国市场的策略二维度——进入的模式和联盟的
构成进行了分析。笔者对在中国运营的 2998 家外国公司进行了从 1979 年
至 1993 年的历时研究，涉及的公司涵盖美企、欧企、日企等。本书基于
Hofstede"文化维度会影响公司管理"调查了权利距离和不确定性规避两个
维度对于进入模式和联盟的构成的影响，结果发现权利距离对于外企进入
中国市场的模式具有明显的积极影响。Bluszcz 和 Quan 基于 Hofstede 和
GLOBE 模型，对中德文化进行比较，进一步了解文化差异和相似，对中国
并购德国中小企业失败的原因展开分析。③ 在进行了文化维度和 GLOBE 分
析后，笔者发现中国与德国在自信取向、群体集体主义、性别平等和不确
定性规避方面差异明显，因此提出在中国向德国发起并购时，需要特别考
虑这几个文化维度，并对文化差异进行融合从而降低并购失败的风险。

　　上文提到，由于 Hofstede 的文化维度作为衡量文化差异的方法存在的
局限，越来越多的研究者开始使用文化距离来衡量文化差异。Luo④ 对子
公司和母公司的联系展开了研究。通过资源承诺、信息流、当地响应和控
制灵活度四个维度，笔者对长三角和珠三角地区的 196 家外资企业展开了
调查，收集了母公司与子公司关系感知的数据、子公司绩效、环境和其他
最可控变量。同时控制了文化距离的变量、子公司的能力、投资规模、运
营时间和所有权类型等几个变量来验证假设。值得一提的是，尽管 Luo 的
研究目的是测量资源承诺、信息流等四个独立变量对子公司绩效表现的交

　　① 　Cho K R, Padmanabhan P. Revisiting the role of cultural distance in MNC's foreign
ownership mode choice: the moderating effect of experience attributes [J]. International
business review, 2005, 14(3): 307-324.

　　② 　Tse D K, Pan Y, Au K Y. How MNCs choose entry modes and form alliances: the
China experience[J]. Journal of international business studies, 1997, 28(4): 779-805.

　　③ 　Bluszcz M A, Quan S. Cultural comparison between China and Germany based on
Hofstede and Globe[J]. International journal of marketing, financial services & management
research, 2016, 5 (10): 58-68.

　　④ 　Luo Y. Market-seeking MNEs in an emerging market: how parent-subsidiary links
shape overseas success[J]. Journal of international business studies, 2003(34): 290-309.

互作用，但是通过使用文化距离变量来控制母国和东道国文化差异后，笔者发现新兴市场中"市场寻找型"的公司当从母公司获得更多的资源会有更好的绩效表现。同时，笔者还发现较高的信息流和资源承诺可以抵消文化距离的负面作用。这一结果呼应了 Luo 等人[①]的发现——文化变量与其他几个变量的交互作用很显著，绩效表现受到文化距离和其他控制变量的影响。文化距离与其他变量的交互作用被证明是显著的，基于这个思路，Cho 和 Padmanabhan 调查了企业经验水平在文化距离和外国所有制模式选择关系之间的调节作用。[②] Cho 和 Padmanabhan 直接使用了 Padmanabhan 和 Cho 的日本外国直接投资数据库，该数据库包含 1969 年到 1991 年间 45 个国家 402 个日本制造业公司的 1519 项制造业外国直接投资，引入了文化距离和经验变量之间的三个交互作用变量作为预测变量来表示经验变量补偿文化距离在外国所有制选择中的约束作用。[③] 三个交互作用分别是文化距离/一般国际业务经验；文化距离/特定东道国经验和文化距离/决策特定经验。在使用 LOGIST 评估 logit 回归模型参数后，结果发现较高的经验水平，尤其是决策特定经验，可以减轻由于文化距离较高而造成的不确定性和成本的潜在影响，而且决策特定经验调节文化距离是企业外国所有制模式选择的重要决定因素，而非"绝对文化距离"。Cho 和 Padmanabhan 指出，这种调节文化距离的方法有力地证明了文化距离与日本外国制造业完全所有制呈正相关。Cho 和 Padmanabhan 的研究证明了文化距离与其他变量的交互效应会影响外国企业在东道国的投资模式，王逸文[④]在研究文化

① Luo Y. Antecedents and consequences of personal attachment in cross-cultural cooperative ventures[J]. Administrative science quarterly, 2001(46): 177-201.

② Cho K R, Padmanabhan P. Revisiting the role of cultural distance in MNC's foreign ownership mode choice: the moderating effect of experience attributes [J]. International business review, 2005, 14(3): 307-324.

③ Padmanabhan P, Cho K R. Ownership strategy for a foreign affiliate: an empirical investigation of Japanese firms[J]. Management international review, 1996, 36(1): 45-65.

④ 王逸文. An empirical analysis on influence of cultural distance on China's OFDI location choice[D]. 南京: 南京大学, 2016.

距离对中国对外直接投资的选择等一系列问题后，提出了文化距离与对外直接投资并非呈线性关系，即文化距离的二次项与对外直接投资呈显著正相关，而文化距离与对外直接投资呈负相关。同时，王逸文进一步探究了文化距离对对外直接投资选择的影响，她将文化维度细分，发现权利距离对对外直接投资呈显著正相关影响，而长期取向对对外投资呈负相关影响。

综上所述，文化距离影响外国公司在东道国的运作的整个过程，贯穿在投资位置的选择、所有权程度、进入市场的模式、实践的转移还有子公司和跨国企业的绩效表现。① 可见，文化距离已经成为企业国际管理中不可缺少的因素，因此，鉴于学界使用文化距离的研究较多，为了便于比较，在我们的研究中，我们将文化差异程度用文化距离来代表，尽管正如以上所述，这有很多弊端，但因为我们可以结合访谈研究的结果，可以对于这些弊端进行部分修正。接下来，我们关注的另一个重要变量是交际中的期望违背。

2. 交流期望违背

（1）关于期望的社会学概念。"期望"一词，由于对其含义常常有一个直观理解，所以它仍是一个原始的、未得到定义的术语。总的来说，期望通常指较为持久的预期行为模式，可以归为一般社会性的，也可以是针对个人的。在任何特定文化环境中，人们在传递信息时都会遵循某些文化表达模式和认知图式。② 预期可以划分为规范性预期和预测性预期，追溯其原因，这是由预期构成要素所决定的分类。③ 一是适合整个交际群体或亚

---

① Beugelsdijk S, Kostova T, Kunst V E, Spadafora E, Van E M. Cultural distance and firm internationalization: a meta-analytical review and theoretical implications[J]. Journal of management, 2018, 44(1): 89-130.

② Burgoon J K, Joseph B W. Nonverbal expectancies and the evaluative consequences of violations[J]. Human communication research, 1990, 17(2): 232-265.

③ Staines G L, Libby P L. Men and women in role relationships[M]//Ashmore R D, Del Boca F K, Eds. The social psychology of female-male relations. New York Academic Press, 1986: 211-258.

群体的规范性社会行为模式，二是与他人交际模式相关的，个体独有交流知识经验。当个体信息缺失或有待定义时，期望则倾向基于以上第一种因素——规范性因素，从而实现模式化。① 因此个体会按照所处文化环境中的定式对他人行为产生相应的期望，这类文化定式会具体表现在人们的交际过程之中。② 而交际期望又可表示为对特定个体预期性交际行为的认知，这种由社会规范所塑造的认知是对同时代角色、关系和语境的判断、认同的表现。值得注意的是，个体在交际中不仅对他者分别带有这两类预期，而且常会将规范性与预测性预期效应叠加最终产生对交际方的期望。

大部分对于期望的定义是价值中立的，而关于期望违背的评价却很少是中性的。偏离或出乎意外的行为都通常视为带有负面效应，可能会影响自我的认同、呈现以及角色塑造，进而破坏群体中认知的稳定性。③ 但也有一些期望违背的行为能带来积极效应。例如在 1993 年 Eagly 和 Chaiken 的研究结果表明预期以外的劝说性信息比预期内信息更有说服力。④ 同样在市场营销方面的研究也表明，一定程度上违反消费者预期，而不是一味地迎合预期，则有助于提高消费者满意度。另外，在非语言性的信息传播的实证研究也验证了某些非预期的非言语行为可以带来积极效价。⑤ 因此，交际中所出现的期望违背行为并不会只有负面效应，也可能存在积极的促进作用，有利于打破一些模式化的沟通行为，反而降低双方的信息不确

① Hamilton D L, Sherman S J, Ruvolo C M. Stereotype-based expectancies: effects on information processing and social behavior[J]. The journal of social issues, 1990, 46(2): 35-60.

② Ekman P, Friesen W V. The repertoire of nonverbal behavior: categories, origins, usage, and coding[J]. Semiotica, 2009, 1(1): 49-98.

③ Backman C W. Identity, self-presentation, and the resolution of moral dilemmas: toward a social psychological theory of moral behavior[M]//Schlenkerl, Ed. The self and social life. New York: McGraw-Hill, 1985: 261-289.

④ Eagly A H, Chaiken S. The psychology of attitudes[M]. Fort Worth, TX: Harcourt Brace Jovanovich College Publishers, 1993.

⑤ Burgoon J K, Hale J L. Nonverbal expectancy violations theory: model elaboration and application to immediacy behaviors[J]. Communication monographs, 1988, 55, 58-79.

定，增强人际关系中的亲密度。

期望理论以及期望违背理论在管理学、社会学、心理学、传播学以及教育学等各个领域都有所建树。早在 20 世纪 60 年代，著名心理学家 Vroom 提出的期望理论与期望效价公式，从管理心理学的角度揭示了目标设置与个人需求差异的正向关系。在该理论中，Vroom 将期望进行量化分析，提出了期望值这一概念，具体定义为人们根据个人的经验，判断自己达到某种目标或满足需要的可能性的主观概率。[①] 在此基础上，Oliver[②] 发展出期望确认理论，认为当感知效应超过预期时，产生正向的不一致性，个体就会有较高的满意度；反之，感知效应低于个体预期时，产生负向的不一致性，个体满意度相应降低。该理论提出之后主要运用于研究营销领域中的消费者购买前期与后期的期望与商品服务满意度的关系，其中期望则被解释为个体建立在以往的买卖经验，或他人的转述，或营销人员提供之信息与承诺事项的基础上，对产品或服务将会发生之情况的预测。与此同时，在教育心理学领域，学者们基于认同控制理论将期望差异定义为：结合某一角色本固有的社会外界所感知的反应性评价与其相关自我概念标准，某一社会个体对他人未来行为结果或成就所产生的认知差异。这种认知表现在教育学领域具体为教育期望，指父母对子女或儿童青少年对自身未来学业成就（如最高受教育水平）的期待。[③] 在组织行为学领域，谢晓非与朱冬青等人也提出了期望差异效应，他们不仅对期望差异进行了概念化，将期望差异分为内涵与外延两个层面进行阐述，同时也阐述其可能存在心理表征、认知根源，并分析了强化期望差异的两个因素：心理噪音和

---

① Vroom H V. Work and motivations [M]. San Francisco：Jossey-Bass Publisher, 1964.

② Oliver R L. A cognitive model of the antecedents and consequences of satisfaction decisions[J]. Journal of marketing research, 1980, 17(4)：460-469.

③ 郭筱琳，何苏日那，秦欢，刘春晖，罗良. 亲子间教育期望差异对小学生情感幸福感的影响：学业成绩和学业自我效能感的中介作用[J]. 心理发展与教育, 2019, 35(4)：467-477.

群体角色。①

跨文化交际研究学者 Burgoon 结合不确定性理论和期望理论，在 1978 年的文章中通过研究群体间的非言语交际行为，进一步提出了交际期望违背理论，解释了非言语行为对信息传播的影响，由于互动双方具有较高的不确定性，个体通常会依照自身特定文化环境中固有的行为范式以及经验背景提前预设对方行为举止以及事件的发展走向，进而减少不确定性，提升亲密程度。② 期望违背理论则主要关注在信息交流中个体对他人行为预期以及与人们在出现相悖预期后的行为效应。Burgoon 提出，在传播者之间，人们对他人的非语言行为抱有期待，交谈距离如果发生期望以外的变化会造成生理唤起，经常还会产生模糊的意义。该理论的适用范围后来从最初的非言语交流传播进一步扩展到言语传播领域。③ 随着交际期望违背理论的不断发展和扩展，学者们逐渐将其置于研究文化互动适应关系之中。

（2）期望违背的界定。结合前文所述，各个学科领域都对期望差异有所研究，不论是期望差异（expectation diversity，expectation discrepancy，expectation）还是期望违背理论（expectancy violation theory），都是着重研究社会个体对某一事件或对象提前产生的预设标准与实际事件本身或行为者的结果之间存在的差距效应。从跨文化交际视角出发，本书的研究问题涉及跨国公司环境中来自不同文化背景的员工之间冲突管理以及跨文化适应的情况，主要分析公司员工如何调节和管理由文化因素所造成的冲突。跨国企业的母国文化同东道国文化直接的文化差异导致交际期望违背在所难免，只是这种期望违背是否会引发冲突，怎样引发冲突，又是否会影响员

---

①

② Burgoon J K. A communication model of personal space violations: explication and an initial test[J]. Human communication research, 1978(4): 129-142.

③ Burgoon J K. Nonverbal violations of expectations[M]//Wiemann J M, Harrison R P, Eds. Nonverbal interaction. Beverly Hills, CA: Sage, 1983: 77-111; Burgoon J K, Buller D B, Hale J L, Deturck M A. Relational messages associated with nonverbal behaviors[J]. Human communication research, 1984, 10(3): 351-378.

工对于企业的社会文化适应，怎样影响，我们仍然需要研究。而根据上一节所提出的员工的心理期望是冲突诱发因素之一的观点，以及对于上述各学者提出有关期望差异的理论的分析，我们认为 Burgoon 的交际期望违背理论适用于本章的研究。

Burgoon 的期望违背理论扎根于人际传播学领域中 Berger 与 Calabrese 的不确定性减少理论（Uncertainty Reduction Theory）。Berger 的不确定性减少理论预测和解释了两个陌生人首次见面如何通过言语和非言语信息的交流减少关系中的不确定性。人们相互认识的过程，以及他们之间的喜欢程度，都可以通过不确定性减少理论来分析这些交往现象。① Burgoon 接受了 Berger 的观点，从最初的空间关系学的角度出发，关注人们对个体行为的预期及这些预期被违背时的反应。期望违背理论认为在信息互换的交际过程中，交流的信息量可能会违背对方的预期，而预期者的感知会由双方的关系来划分是否具有正面效应。在其中，Burgoon 重点强调期望的社会规范性基础，认为在一个特定的社会群体中，许多沟通行为遵循群体成员通常固有的规则模式，这种社会规范存在的假设对期望的概念化至关重要，她具体将期望定义为社会规范与交际者本身的已知特质（即偏离规范模式）的结合。② 该理论不仅已经成为研究非语言传播对行为影响的主要理论，而且后期也融入人际交流适应理论。

在该理论中，期望也分为两个不同的维度进行分析，第一性是指期望能体现行为模式的常规性，即核心倾向性。在既定的文化环境中，期望指代该文化中的最典型的情态交际行为。期望第二性则主要是反映个体行为是否能达到期望者得体、尽意以及喜欢的程度，通常也是指理想化的行为标准而不是实际中交际实践。期望违背理论也支持上文所提的期望的预测性与规范性组成要素，但是主张期望是两者的有机结合体，而不是单一形

---

① Bergerc R, Calabrese R J. Some explorations in initial interaction and beyond: toward a developmental theory of interpersonal communication[J]. Human communication research, 1975, 1(2): 99-112.

②

成。在其中，预测性交流期望又由三种因素组成，即交流者因素、关系因素以及环境因素，这些因素综合构成基本沟通互动图式，无文化差别地体现在所有的人际交往过程之中。交际者因素包含交际者个人所有的个人特质，例如性格、外表、语言风格以及口音等，这些都会影响互动前对沟通的期望。双方之间的地位平等度、相似度、亲密与熟悉程度等这些人际关系特性都统称为关系因素，具体来说，该类因素会导致交际者产生预期性的交际方式。而交际中周边的环境变量以及对沟通性质定义则为环境因素，例如沟通场合被定义为正式的、公开的还是私密的、私人的，这会预先排斥或者预设某些交际沟通行为。①

Burgoon 的理论中的期望违背被"归类为超出预期范围，明显与预期完全不符的行动"。除此之外，Burgoon 还提出了违背效价，特指客观地违背期望的行为的评价，而不是对信息传递者作出评价。当出现偏移预期的行为时，我们会对信息传播者的行为进行赋予正面或者负面的评价，这类赋意过程不同于她所提出的传播者奖励效价。传播者奖励效价是指对某人或传播者做出背离期望行为的评价，是综合互动前对交流者的了解和观察信息以及互动中交流者的行为表现的评估。期望违背理论的研究假设主要有以下三个：第一，交际者的期望驱使双方的互动行为(人们在与他人的互动中总是带着期望)。第二，交际者对他者行为的期望属于后天习得(人们不仅从文化中学习期望，还从文化中的个体那里学习期望)。第三，交际者获得回报的价值会影响对背离期望的行为的评价(当人们离开或背离期望时，这种背离是否被接受取决于它对他人的回报)。

在 1990 年，为挖掘背离预期的信息传播行为的沟通效价，Burgoon 承接之前她所提出的期望违背理论，对 622 名参与者进行了非言语行为期望违背实证研究，进而初步构建出期望违背量表。除量表的开发这一贡献外，该实证研究具体验证了哪些行为能够带来积极沟通效应，发现了双方

<hr />

① Gudykunst W B. Theorizing about intercultural communication[M]. London：SAGE Publications Inc，2015.

对接触、交流者的空间距离和姿势这三类非言语行为的确存在不同的期望和衡量标准，同时揭示了期望在人际沟通中的本质属性，是交互者的社会规范和特质的综合表现，并在如何获得树立良好印象如通过穿着、姿势、外表等获得预期的交流效应方面做出了有益的指引。① 在此之后，Burgoon的期望违背理论也多次得到运用研究人际沟通领域的研究之中，例如孙慧以期望违背理论为理论基础，进一步探索医务人员与患者之间的如何形成、达到或违背期望，并分析了交际双方的期望差异以及期望最后是如何影响交际效价的作用机制，即个人外表、社会经济地位、人格、性别、以及交际方式都会影响医患对双方之间首次沟通期望的形成，并总结出首次沟通中的违背期望的行为是导致无效沟通的重要直接原因之一。② 舒扬、吴蕊、高旭东等人结合晕轮效应讨论了海归创业者期望违背与创业环境满意度之间的关系，海归创业者所拥有的"海归"身份在吸纳融资时不能带来理想化的资金，更甚的是遭遇障碍或拒绝。这类自我角色身份认知和评价与实际人际沟通所带来的差异会降低海归者对创业融资环境的满意度，同时期望违背的消极情绪背后存在的晕轮效应还会进一步扩张影响创业其他环境的满意度评价，如创业文化环境、创业设施环境、政策扶持环境的满意度。这为海归创业者对政府不满的原因提供了一种新的解释，同时为政府与公司如何回引海外留学者提供了新思路。③ 曹福军、贾岳与王静超等人根据期望违背理论讨论了新闻传播领域中大众与主流媒体之间关联度问题，分析了为何目前当下主流媒体相对于新媒体不能很好迎合人群关注需要，不能得到高支持与关注率的原因。由于传播的手段和途径不断便利，大众获取信息的速度不断提升、随之对信息的需求也呈多样化趋势。传统的主流媒体本因向公众传递高端、权威的内容而占领主流人群，但是为了

---

①　Burgoon J K, Joseph B W. Nonverbal expectancies and the evaluative consequences of violations[J]. Human communication research, 1990, 17(2): 232-265.

②　孙惠. 期望违背理论下言语交际有效性的研究[D]. 石家庄：燕山大学, 2016.

③　王舒扬, 吴蕊, 高旭东. 融资期望违背后的晕轮效应——基于海归创业者的创业环境满意度研究[J]. 科学学研究, 2018, 36(3): 484-492.

保证自身信息权威性，加之体制僵化不愿轻易转型内容结构和传播迎合大众多样化信息的需要。反观新媒体在信息权威方面存在瑕疵，但能够及时迅速抓住观众的眼球、结合时事热点推送信息满足受众者对信息需求。受众者对传统主流媒体传播的信息内容和形式的期望同实际存在分歧，进而大众逐步降低对其关注度。① 郑伟基运用期望违背理论分析了课堂中学生沟通预期需求，学生期望老师在学习方式转变的课堂上呈现出积极的沟通态度和姿势以表示肯定。他并为如何实现教学课堂的师生良性互动以及在教师如何通过非言语行为来转变和激励学生学习方式提出一些有益的意见，如保持合适的空间距离、微笑、点头、眼神交流等行为。②

期望违背理论的提出与发展揭示了交流期望的本质和交际双方初步印象的构建过程，个人特质如吸引力、性别、以及地位高低都会影响交际者双方之间对沟通距离、姿势以及接触方式的沟通效价的判定。同时说明了由于信息接收者的个人特质与社会因素对预期性和非预期性沟通行为有差异化的沟通效价，交际者对背离期望的行为的奖励效价也会不同进而体现于其互动过程之中，这对后续研究者阐释解读违背期望的交际行为以及非言语信息提出了建设性建议。

综上所述，提出以下研究假设：

假设一：交际双方的文化差异程度与交际中的期望违背成正相关：文化差异越大，交际中的期望违背越多。

3. 期望违背与冲突

在交际过程中，交际双方通常对互动交际者以及事件抱有各种各样的期

① 曹福军，贾岳，王静超. 基于"期望违背理论"浅析传统主流媒体面临的问题 [J]. 采写编，2013，14(3)：22-23.

② 郑伟基. 学习方式转变：基于期望违背理论的分析[J]. 文教资料，2009(15)：231-233.

望，期望的内容也不尽相同，期望差异是产生风险沟通障碍的一个重要因素。谢晓非和朱冬青认为"期望差异"是指处于同一情境中的一方对另一方的期望与另一方自我期望之间的差异，是人际冲突的来源之一。[①] 在跨文化互动传播信息环节之中，拥有不同文化背景的个体之间会因多种因素最终导致冲突的发生，其中预期性行为未得到实现是冲突的重要起因之一。

　　目前已经不少学者探索期望与冲突之间的关系，挖掘期望是如何在沟通互动中作用于冲突的形成与发展的过程。Fan Fen Huang[②] 在社会交换和社会共享认知理论视角下研究在以任务冲突与共享领导为双中介效应情况下，探索背离期望行为对公司员工团队创造力的影响机制，发现任务冲突在心理期望违背与共享领导之间发挥着中介作用，分别对心理期望违背和团队创造力有着正相关与负相关关系，而共享领导在任务冲突与团队创造力中有中介作用，分别会对心理期望违背与团队创造力产生正向和负向影响。王丽娜、潘杰和胡欣然[③]等人从期望效价理论的角度出发，分析当下患者实际得到医疗服务与预期效价之中的医疗服务所存在效价差异，认为病人在得到医疗效应发挥之前对自己所支付成本存在个体期望，这往往是由其本身就医经验、健康知识、对医生以及医院的认知评价等因素所构成的，而实际效应通常由医院的医疗设备、环境与服务、医生的态度、技术与手段以及药品成效等决定的。这进一步指明了医患冲突的本质是医院和医生提供的医疗服务给患者带来的实际效用低于患者期望效用的最低点。期望与冲突的研究不在少数，而大多数局限于期望差异如何引发冲突的作用机制，侧重点在于冲突的发生前期阶段的诱因研究，但在冲突之时交际者如何调整期望违背效价，个体的期望具体是怎样影响冲突的程度等研究却不多。

---

　　① 谢晓非，朱冬青. 危机情境中的期望差异效应[J]. 应用心理学，2011 (1)：20-25.

　　② Fan F H. 心理契约违背对团队创造力的影响研究[D]. 上海：上海交通大学，2018.

　　③ 王丽娜，潘杰，胡欣然. 医患冲突中的期望效用论[J]. 中国社会保障，2013，20(3)：76-77.

当下国内外学者所做的冲突研究集中于选取拥有同质文化或相似文化背景的研究者，用交际期望违背理论为理论视角研究跨文化冲突的文献为数不多。在跨文化交际中，参与互动的交际者个体通常在冲突发生之前由于基于对具体语境的经验知识以及特定的文化认知模式，通常对对方的沟通行为和模式持有心理期望。但在实际情况中，不是所有的期望都能够得到完美的迎合，交际对方的互动行为可能存在部分期望差异，也可能出现严重背离期望的情况。根据期望违背理论观点，当对方的行为或言语出现并不完全符合或者完全有悖个体所期望的内容，个体就容易倾向对该行为给予更多的关注，并且执行评估操作。如果行为不益于维护个体以及双方利益或未来目标，则期望效价呈现负向，良性的交流互动被视为受损害状态；反之，互动行为有利于个体自身利益以及双方共同需求，期望违背效价就会被评估为正价，该行为则是促进双方交流交际的行为。因此，再追溯跨文化交际者之间期望违背现象背后的形成机制，文化差异是造成期望差异的重要因素之一，也就是对于文化语境中常规的期望的打破。

在跨国公司既复杂又时刻充满变数的人际关系体系之中，引发冲突的诱因多种多样。如前文所述，文化因子作为构成个体对沟通互动行为的期望的来源，是期望违背直接形成因素之一。来自不同的文化背景的交际者对交际模式和行为抱有本文化固有的预期设想，文化差异越大，期望违背行为出现的可能性也可能越大。

所以相比同质文化企业中的冲突诱因，跨国企业员工之间的文化差异则是显著而特殊根本成因之一。如贺金①在霍夫斯塔德文化维度视角下对一家中美合资公司的员工所作的冲突管理实证研究表明多元文化的存在会导致文化差异，难以协调融合的文化价值观念将会影响跨国企业的管理与经营。谢冬梅②文化冲突理论框架证实了文化差异与管理冲突的因果关系，

① 贺金. 基于中美文化差异的 H 公司跨文化冲突管理研究[D]. 哈尔滨：哈尔滨工业大学，2019.

② 谢冬梅. 中德跨文化管理决策冲突化解的沟通实验研究[D]. 成都：西南交通大学，2013.

并提出及时的沟通频率和有效的沟通互动策略有助于降低冲突强度。

而随着对冲突的研究不断推进，对于冲突的界定和评估标准存在多样化，例如 Jehn① 将冲突的类型、性质、程度进行定义分类，同时也从群体内部的认知角度界定冲突并开发了评估团队冲突的量表。② 此外，主要研究跨文化冲突的中国学者田晖③依照国际合资企业冲突的外在表现的剧烈程度、产生领域、文化层次以及对企业影响好坏的标准将跨文化交际互动中的冲突分为四类：显性冲突与隐性冲突、外部型冲突与内部型冲突、国家文化冲突与企业文化冲突以及功能性(认知)冲突与非功能型(情绪)冲突。

综上所述，交际期望违背和冲突两者都不一定是负面的，前者可能被赋予正效价，而任务型冲突可能激发创造力，也就是说二者不一定会给公司的运作、员工的相处产生负面的效果和影响。但前者也可能被赋予负效价，而关系型冲突也很难带来正面的影响。我们相信，大部分情况下，人们会负面评价交际期望违背，从而导致关系或者任务型冲突。本文将选取冲突发生的频率与强度作为研究冲突程度的两个变量，并且，结合以上文化差异、期望违背与冲突形成机制的相关研究，提出以下研究假设：

假设二：交际中的期望违背程度与冲突的程度(频率和强度)呈正相关。

假设三：文化差异可以预测冲突(频率和强度)。

4. 跨国企业内多元文化的冲突管理

在跨国企业中，多元化的员工结构不可避免地会给公司经营和管理增

① Jehn K. A multi-method examination of the benefits and detriments of intergroup conflict[J]. Administrative science quarterly, 1995 (40): 256-82.

② Jehn K. A qualitative analysis of conflict types and dimensions in organizational groups [J]. Administrative science quarterly, 1997(42): 530-57.

③ 田晖. 中外合资企业跨文化冲突与绩效关系研究[M]. 北京：经济科学出版社, 2012.

加难度和复杂性，不同于同质文化的公司管理模式。上文提到，衡量冲突需要考虑到组织内群体间的差异性。差异性会导致不同的需求和目标，成为冲突的诱因或者在某种程度上加剧冲突。Liu 和 Chen[①] 认为文化背景的差异是导致组织冲突的原因之一，他们认为东西方文化会影响人们的冲突管理策略。比如东方员工更愿意采取非对抗性的策略，因为儒家思想赞扬谦虚与和谐；相反，对抗性策略被西方员工普遍接纳，因为自信和诚实被认为是美好的品德。然而，东方文化之间也存在差异，Kim 等人对中国、日本和韩国员工如何解决自己与上司的矛盾进行调查后得出，韩国人更倾向首先采用妥协的冲突策略，因为韩国的企业强调上下级相互依赖的关系。[②] 可见，跨文化差异，无论大小，会引发不同的冲突管理策略，因此特定的冲突管理策略并不能普遍适用于各种文化环境中。

因文化差异而引起冲突管理策略不同的观点引发了学者的进一步思考。Putnam 和 Wilson 提出冲突管理风格会根据情况的不同发生变化，有时候并不按照文化相关的冲突管理策略作出反应，因此需要对冲突管理策略理论进行环境变化考量。[③] 长时间来，文化特定的冲突管理策略被广泛运用的前提是人们认为冲突者对所有的冲突都会采取相同特征反应。比如 Ting-Toomey[④] 认为个人主义-集体主义和高-低语境两个文化维度决定了东方人和西方人在冲突管理中会有不同的偏好，具体而言，西方人更多地通过直接的语言符号表现出主导的冲突管理风格，东方人则使用间接的语言代码来回避冲突。Putnam 和 Wilson 的观点发出了不一样的声音，打破了

---

① Liu S, Chen G M. Collaboration over avoidance: conflict management strategies in state-owned enterprises in China[J]. Chinese conflict management and resolution, 2002, 163-182.

② Kim T Y, Wang C, Kondo M, Kim T H. Conflict management styles: the differences among the Chinese, Japanese, and Koreans[J]. International journal of conflict management, 2007, 18, 23-41.

③

④ Ting-Toomey S. Communicating across cultures [M]. New York: The Guildford Press, 1999.

以往文化限制冲突管理策略的观点，提出了管理策略随冲突环境变化的想法。一些学者吸收了 Putnam 和 Wilson 的观点，Drake ①发现在跨文化环境中谈判时，美国和中国台湾的人员并不一定根据各自的文化维度来制定谈判风格和策略，她发现在工作环境中文化的作用被情景因素和性格因素所削弱。Chan 和 Goto② 发现冲突中一方所使用的冲突管理策略受到身份认同的影响。他们调查了香港人的冲突解决策略后发现，香港人只会对香港上司采用预期的冲突管理策略，对中国内地和外国上司采用其他方式。基于此，在跨国企业的环境中，冲突管理策略并不一定按照文化规则来反应，会依据情况的变化而发生变化。

通常，在以同质的民族文化为主导的环境里，组织文化反映出民族文化，表现为共同的价值观和行为规范等，且组织文化和民族文化相关。③ Laurent 认为组织会从较大的文化环境中选取一组适合其自身历史和行为方式的文化作为组织文化，而组织文化会强化组织创始人和主要领导人的风格。他指出在跨国企业的跨文化环境中，来自母公司的外派管理者基于他们根深蒂固的文化价值观，可能会发展出极端的态度。④ 学者们认为，就跨国企业而言，子公司与母公司之间的同质化十分重要。子公司需要试图去复制母公司的工作特点和操作程序，让母公司的员工进行外派工作，甚至，通过让东道国员工到母公司参观学习来了解组织是如何在母公司所在

①　Drake L E. Negotiation styles in intercultural communication[J]. The international journal of conflict management, 1995, 6(1): 72-90.

②　Chan D, Goto S G. Conflict resolution in the culturally diverse workplace: some data from Hong Kong employees[J]. Applied psychology: an international review, 2003, 52(3): 441-460.

③　Fombrun C J. Corporate culture, environment, and strategy[J]. Human resource management, 1983, 22(1-2): 139-152; Hofstede G. The interaction between national and organizational value systems[J]. Journal of management studies, 1985, 22(4): 347-357; Laurent A. The cross-cultural puzzle of international human resource management[J]. Human resource management, 1986, 25(1): 91-102.

④　Putnam L L, Wilson C E. Communicative strategies in organizational conflicts: reliability and validity of a measurement scale[J]. Annals of the international communication association, 1982, 6(1): 629-652.

地文化背景下运行的。① 研究也证实，某些类型的公司将组织文化作为控制子公司的一种机制，基于这种文化控制，母公司试图将自己的民族文化特征输出到其国外的业务中。② Selmer & De Leon③ 将这种行为称为"二级控制机制"，这种机制让子公司的员工也能遵守公司规则，从而节省了传统的母公司与子公司之间报告、监督和评价方式，即一级控制机制。Jaeger④ 强调为了让文化控制发挥作用，母公司需要加强与子公司的联系，建立一个维护母公司组织文化的海外岗位。因此，子公司的管理者通常是来自母公司的长期外派员工，一方面他们对组织相关规则和价值观可以起到规范的作用，另一方面，他们与母公司共享一套文化价值体系。Jaeger认为外国子公司的内部文化将与总部的文化别无二致。虽然外国子公司的内部文化具有强烈的总部民族文化的特点，但当外国子公司的文化与东道国文化相遇时，东道国员工秉持的价值和规范会与公司文化产生碰撞。如果当这种外来组织文化无法与东道国文化相融合时，子公司的组织文化可能会使东道国的员工受到影响。当这种影响无法调和或者影响到一方的利益时，冲突就会产生。表现在沟通方面，由于文化背景不同，东道国员工和外派人员之间无法共享一些价值观和规则，他们就会对对方的语言和行为产生误解，进而引发冲突。

东道国和外派人员之间的关系型冲突表现为对人际交往产生挫败感和负面情绪，忽视对方的工作，造成关系性冲突。Jassawalla 等人认为外派员

① Brittain J, Freeman J. Organizational proliferation and density dependent selection [M]// Kimberly J R, Miles R, Eds. The organizational life cycle. San Francisco: Jossey-Bass, 1980.

② Kale Sh, Barnes J W. Understanding the domain of cross-national buyer-seller interactions[J]. Journal of international business studies, 1992, 23(1): 101- 132.

③ Selmer J, De Leon C. Parent cultural control through organizational acculturation: HCN employees learning new work values in foreign business subsidiaries [J]. Journal of organizational behavior, 1996, 17(S1): 557-572.

④ Jaeger A M. The transfer of organizational culture overseas: an approach to control in the multinational corporation[J]. Journal of international business studies, 1983, 14(2): 91-114.

工容易与东道国员工产生关系型冲突的原因是东道国员工认为外派员工是剥削者或者总部的监工，这种抵触甚至敌对的情绪会影响他们之间的合作。他们之间的任务型冲突表现为工作过程中一方无法理解另一方的文化，在决策或者合作中产生了误会；又或者在就工作任务沟通时，因文化引起的不同想法碰撞会引起冲突。① 可见，外派员工代表的组织文化与东道国员工代表的当地文化会对关系型冲突和任务型冲突产生影响。

Darawong 和 Igel② 对泰国的外资企业中泰国员工与亚洲外派员工和西方外派员工就新产品研发中涉及的关系型和任务型冲突进行调查，他们发现跨文化交际可以有效减少关系型冲突，原因是双方在交换信息的过程中能够建立积极的关系，了解彼此的文化，减少摩擦和矛盾。相反，频繁地交际反而会增加任务型冲突，由于信息量过载，造成混乱。但任务型冲突有助于双方提出创造性地解决方案，获得更大的效益。值得一提的是，Darawong 和 Igel 在研究中引入了外派员工的原文化作为调节跨文化交际与关系型和任务型冲突的变量。结果显示，原文化可以缓解跨文化交流对关系型冲突的影响。来自东方的外派员工与泰国员工的交流频率要明显高于他们与西方外派员工的交流。频繁的交流有助于有效地增进相互了解，减轻压力形成良好的关系。Darawong 和 Igel 引入外派员工的原文化意味着他们都与自己母国的文化和行为规范联系在一起，说明组织文化对东道国员工的影响不一定是负面的。

外派员工的原文化可以通过多种文化维度来衡量，Brew 和 Cairns③ 在吸收了 Drake 的观点后，对外派员工的原文化做了单一维度的测量。他们

① Jassawalla A, Truglia C, Garvey J. Cross-cultural conflict and expatriate manager adjustment[J]. Management decision, 2004, 42(7): 837-849.

② Darawong C, Igel B. Managing interpersonal conflict between expatriates and Thai managers though intercultural communication: the moderating effect of expatriates'culture of origin[J]. International journal of innovation management, 2017, 21(4): 1-20.

③ Brew F P, Cairns D R. Do culture or situational constraints determine choice of direct or indirect styles in intercultural workplace conflicts? [J]. International journal of intercultural relations, 2004, 28(5): 331-352.

设定了影响跨国企业的冲突沟通方式三个普遍情景因素：①时间紧迫性；②另一方的民族身份；③对方的地位。他们对位于新加坡和泰国的5个跨国企业中的102名(49名澳大利亚外派员工和53名东道国员工)员工进行调查。结果发现，就时间紧迫性而言，为了按时完成任务，东道国的员工和外派员工(包括上下级)都采用回避的方式来处理时间冲突，上下级甚至还相互接管对方的工作。就另一方的民族身份来说，澳大利亚的外派人员在与东道国员工交往中改变了自己文化特定的冲突管理策略。相反，泰国和新加坡的员工并没有依据对方不同的文化身份来改变他们的冲突处理风格。考虑到对方的地位，东道国的员工更容易受到权利距离的影响。因为在泰国和新加坡这样的高权利距离的社会中，更高的地位意味着得到更多的服从和尊重。Brew和Cairns的研究说明冲突管理策略并不一定与民族身份有关，但会随着情景的变化而发生变化，权力距离对于冲突策略管理的采取是一个值得关注的重点。

大量的研究证明，对于跨国企业而言，其组织文化会与东道国文化存在差异，而代表组织文化的外派员工和代表东道国文化的东道国员工会因差异而爆发关系型和任务型的冲突。然而就跨国企业子公司的员工采取何种冲突管理策略，冲突的情景是需要考虑的因素。

在冲突发生之后，交际双方采取何种行为应对、管理冲突，调整自身期望效价也是本书关注的重点之一。采取不同的冲突管理模式对沟通双方后续的人际关系以及未来的互动会产生不同的影响。在跨国公司中，恰当合适的冲突管理策略有助于员工之间正确处理和降低冲突对人际关系的负面影响。①

一些国内外学者通过研究跨文化环境中的冲突管理方式，肯定了正确的冲突管理模式的有效性。Tjosvold的研究结果显示中国人肯定冲突的价值，愿意使用冲突管理去解决问题、高效决策，在冲突中获益。② 例如在

---

① 张晓蕾. 人格特质与职场冲突管理策略的关系：冲突程度的调节作用[D]. 北京：北京理工大学, 2015.

② Tjosvold D. Conflict management for justice, innovation, and strategic advantage in organizational relationships[J]. Journal of applied social psychology, 2010, 40(3)：636-65.

关系交换理论和组织行为学、政治学、传播学等领域的相关文献的基础上，Schul 和 Dant 通过分析 March 和 Simon 所提出的四种冲突解决选择提出了两种冲突管理策略，并进行了相应的实证评估。[①] 其结果表明，信息增强冲突管理策略有益于促进交际者的信息互换，更好地维护双方互动关系进而降低冲突频率以及冲突所带来的负面影响。Blake 和 Mouton 最早将冲突策略归纳总结为强迫、安抚、妥协、回避以及合作解决这五类。基于此，Thomas 后期结合 Deutsch 的竞争-合作理论与 Rahim 所发展出的双关性冲突管理维度发展出了五因素冲突模型，都被中国学者广泛地运用于多项具体的案例分析之中。[②]

　　不少学者对于冲突管理模式的相关理论已经进行了较为详细的回顾，本章基于以上多种冲突管理模型，可以归纳为三种冲突管理模式。一种是回避模式，对冲突采取不处理手段，设法暂时性避让冲突，或者一味地迁就对方，以求和平。总之，不正面解决冲突双方的意见分歧或者关系问题，以避免使冲突显性化。另一种是冲突解决导向型模式，即采取相应的措施解决冲突或者努力寻求解决方案，以及正面处理人际互动关系中出现的负面情况。第三种也称为控制型，即一方或者双方企图采用强势的态度和方式迫使对方认同自己的主张或者态度。有研究表明，回避冲突管理模式是企业职员应对冲突的常用的模式，尽可能地避免与潜在冲突者进行接

　　① Schul D P L. Conflict resolution processes in contractual channels of distribution[J]. Journal of marketing, 1992, 56(1): 38-54.

　　② Blake R R, Mouton J S. The managerial grid: key orientations for achieving production through people[M]. Houston, TX: Gulf Publishing Company, 1964; BLAKE R R, MOUTON J S. The managerial grid III[M]. Houston, TX: Gulf Publishing Company, 1985; KILMANN R H, THOMAS K W. Interpersonal conflict-handling behavior as reflections of Jungian personality dimensions [J]. Psychological reports, 1975, 37 (1): 971-80; KILMANN, R H, THOMAS KW. Developing a forced-choice measure of conflict-handling behavior: the "mode" instrument[J]. Educational &Psychological measurement, 1977, 37 (2): 309-325.

触有利于减少冲突的频率。① 这种回避模式充分体现了个体对自我和他人关心的程度，并能有效地降低冲突发生的频率。然而，采取冲突解决导向型模式，正面地去处理冲突，从而进行有效冲突管理，能够减少群体思维现象，增加深思熟虑的判断，丰富可供选择的多种解决方案，进而也能够促进跨文化交际互动者的适应程度。② 成渝两地外企员工是否会更倾向于基于本国文化、企业文化或者情景来决定冲突模式，我们缺乏足够的推论证据，前人的研究发现也并不统一。有的偏向于认为中国乃至东亚员工倾向于非直接的和非对抗的含蓄的方式来解决冲突，有的偏向使用企业文化规定的冲突管理方式来解决冲突，也有的认为冲突解决的策略选择跟语境、关系、权力差异、事件本身的大小和紧急程度等都有关系。在之前的访谈研究的编码分析中，我们发现有约25%的受访者会把"一切听从领导"作为一个选择或者主要的选择，有约25%受访人会把"保留自己的意见，会后收集事实和数据，再试图去说服对方"作为一个选择或者主要的选择，有约25%的受访人会把"当场和对方沟通，提出异议，要么说服对方，要么共同商议找到最佳方案"作为一个选择或者主要的选择。另外，也有少数人表示会"私下解决"，或者"会议开始之前就和对方沟通好，争取用非正式的方式解决"，或者因人因事而异地去解决，没有形成固定的模式。这些发现与前人的研究有重合也有矛盾，为了验证访谈编码研究的结果，并与前人的研究进行更好的对照，我们决定使用问卷调查，并提出以下问题：

问题一：成渝两地外企员工更倾向于使用哪种(些)冲突管理模式？

(1)冲突管理模式是否会因为冲突的类型(与上级或者平级的冲突)而有所不同？

(2)冲突管理模式是否会因为有无海外工作/学习经历而有所不同？

---

① Kolb D, Bartunek J M. Hidden conflict in organizations[J]. Management strategies journal, 2016(31).

② 魏霞玲. 中资企业的跨文化冲突预警模型研究及应用[D]. 昆明：云南财经大学, 2019.

(二)问卷调查方法

基于研究文献的综述和对本书提出的假设，以及访谈研究中发现和确认的一些变量，我们希望进一步通过问卷调查了解文化距离、交际期望违背(communication expectancy violation)和冲突这3个变量之间的关系。因为研究对象所处的语境(context)是企业文化具有他国特色的外企，那么我们根据本书前面得出的结论，推断处于川渝两地西方企业的企业文化与员工自身具有的本土文化有较显著差异。而研究文化和交际的关系的学者已经证明，文化差异必然导致沟通风格的差异，于是交际期望违背就会产生；而这种期望违背往往是在无意识的日常工作中产生的，因为只有当人们按照自己文化固有的方式去"不设防"的沟通，才会期待对方按照自己成长的文化的沟通模式与自己进行沟通。然而当对方是成长于另外一个文化环境中的人，就很有可能违背期待方的沟通模式期望，这时候 Judee Burgoon[①]认为两种情况可能发生，一种是正向的违背，一种是负向的违背，正负向取决于期待方在期望违背发生后的感受。而在强调工作高效，以目标为导向的企业公司环境中，往往产生的沟通期望违背是负向的，也就是说让期待方产生负面的情绪。这时候，冲突便很容易发生。一旦冲突发生，双方必然需要采取策略来应对，哪怕是逃避或者忽略也是一种策略，冲突将会得到管理。以上，就是我们设计调查问卷的基本思路和原理(模型图和问卷见附录八)。接下来将从量表、研究对象以及统计学三个方面来详细介绍量化研究的方法。

1. 量表

在定量研究的量表设计中，根据文献回顾及搜寻，我们主要采用 Burgoon、Putnam 等学者已经发展出来的现有量表，而在找不到合适的测

---

① Burgoon J K. Interpersonal expectations, expectancy violations, and emotional communication[J]. Journal of language and social psychology. 1993, 12(1-2): 30-48.

量工具的时候，我们才使用自己设计的量表。主要原因是，现有的测量工具都经过严谨的发展与研究，通常也经过一定的效度分析，可以作为量化部分研究的基础。同时借由本书我们可以从假设验证的过程加强相关量表分数的信效度实证证据。相关变量选择如下：

（1）文化距离。尽管文化距离的测量曾受到一些学者的挑战，但它仍然被许多学者在研究中用文化距离来代表文化差异，我们暂且沿用这一做法。问卷中涉及文化距离的问题是："如果以上您的回答是针对某个具体同事，您这位同事的国籍是_____"，这个问题用于测量具体与回答者发生冲突的另一方的国籍，从而可以计算中国同该国的文化距离，用于代表冲突双方的文化差异。

（2）交际期望违背。对于交流期望违背这个变量，我们采用了交流期望违背理论提出者 Judee Burgoon 和 Walther 设计并采用的 EVT 测量工具。[①] 这个测量工具共包括十个问题，测量期望违背程度和交流评价如表 7-1 所示：

表 7-1   **EVT 量表**

Construct	Variable	Item/Questions	Source
Expectedness	expec1*	My partner behaved differently than I anticipated.	Burgoon & Walther (1990)
	expec2	My partner behaved how you would expect most task partners to behave.	
	expec3	My partner engaged in normal conversational behavior.	
	expec4*	My partner's behavior was unusual.	
	expec5	I did not find anything strange about my partner's behavior.	

---

① Burgoon J K, Walther J B. Nonverbal expectancies and the evaluative consequences of violations[J]. Human communication research, 1990, 17(2): 232-265.

续表

Construct	Variable	Item/Questions	Source
Evaluation	eval1*	My partner interacted in a way most people would find enjoyable.	Burgoon & Walther (1990)
	eval2	My partner had a very unpleasant manner of communicating.	
	eval3*	My partner's way of interacting was undesirable.	
	eval4	My partner interacted with me in a way I liked.	
	eval5	My partner's behavior was appropriate.	

我们的问卷中涉及交流期望违背量表的问题是：

以下是对您的同事的描述，您可以回想一个具体的同事(最好是外籍)，请圈出最能代表您对每一种描述赞同度的选项，回答者的答案由1(完全不同意)到7(完全同意)。举例来说："我的同事的行为与我所预期的存在差异。"参与者圈选一个答案去代表他的赞同程度。

(3)冲突。由于这个变量是个别性极高的变量，我们未采用其他的量表题目，我们设计的题目测量了冲突的三个维度，第一个维度关于冲突发生的频率，如下：

您会与(这位)同事产生分歧或者发生冲突吗？＿＿＿＿＿＿
1. 从不；B. 偶尔；C. 有时；D. 时常；E. 总是

第二个维度是冲突的强度，用深度、广度或者持续时间长度来提示被调查者，如下：

从1到10，请圈出一个最能反映您与(这位)同事的分歧/冲突的强度(即：影响的深度和广度，或者持续的时间长度)的选项：

12345678910

第三个维度是冲突管理的模式，我们采用了 Putnam 和 Wilson① 设计的组织内冲突管理量表，这个量表共有三十个问题，涵盖了他们提出的四个方面的策略，即：合作（collaboration）、妥协（compromising）、控制（controlling），以及非对抗（non-confrontation），其中合作、妥协以及控制结合起来可成为对抗（confrontation）的策略。因为每个方面都有 5~6 道题测量同一个策略，而非对抗策略则有 13 道题进行测量，读起来非常重复，加上对于问卷长度的考虑，我们最终每个方面的问题进行了删减，最后我们使用的测量工具包括 15 道题。因为题目比较多，详细情况请见附录问卷。

笔者指导的英语专业的研究生对于以上量表进行了英译中的翻译，笔者亲自检查和修改，经过与翻译者若干次的商讨，定稿。最后的问卷经过编辑，打乱了一些题目的顺序。在将问卷大量投放给目标人群进行填写之前，我们邀请了近十名在职人员对问卷进行回答，特别是提出反馈意见，包括语言使用、问题理解、排版、逻辑等。在提出反馈的基础上，我们对问卷进行了进一步的修订，最终定稿，最后使用的问卷见附录六。

2. 研究对象

问卷的最终定稿被录入问卷星网络问卷调查工具，生成的链接被作者和项目组成员广泛传播，采取自愿原则，邀请调查者在问卷星上填写问卷上交。参与调查的"外企"员工来自成渝两地的部分"外企"，包括总公司或者母公司在国外的分支或者子公司，以及一些公司文化能够体现"外企文化"的合资企业。我们之所以将合资企业纳入调查的范畴，是因为随着"正宗外企"的本地化，沟通文化逐渐趋于本土化。而我们在访谈中了解到的

---

① Putnam L, Wilson C. Communication strategies in organizational conflict: reliability and validity of a measurement[M]//BURGOON M. Communication yearbook. Beverly Hills: Sage, 1982.

合资企业的企业文化却具有较强的外资方的企业文化特点，通常合资企业会采用外资方的管理理念以及生产技术，而在市场和采购等层面则保留本土的特色，涉及沟通的文化和实践则比较复杂，呈现交融的状态。因此，我们认为进入合资企业的中国员工仍然需要面临适应外资方带来的较为不同的企业文化的问题，与进入母公司或者总公司在国外的公司的中国员工一样面临相似的处境，可以一起纳入考虑。

我们在 3～4 周时间内通过问卷星有效回收了 283 份问卷，经过简单的筛查我们决定去掉回答问卷时间短于 3 分钟的问卷，以及答案明显重复或者明显自相矛盾的问卷，最后我们得到 216 份比较具有说服力的问卷。经过简单统计，我们发现这 216 名回答问卷的员工来源几乎平均分布于成渝两地。其母公司或者总公司所属国，或者合资企业外资方所属国和地区包括：中国、美国、日本、韩国、德国、加拿大、丹麦、新加坡、意大利、马来西亚、中国香港、中国台湾、英国、西班牙、菲律宾、瑞典、奥地利、芬兰、墨西哥、爱尔兰、新西兰、荷兰。表 7-2 是这 216 份问卷人口学等特性的描述性统计分析结果：

表 7-2　　　　　　　　　　人口学特征等描述性统计结果

	百分比			
性别	男：40		女：60	
年龄（岁）	20～24：6	25～29：24	30～39：48	40～49：19	50 以上：3
学历	大专：12	大学：63	硕士：23	博士：1	其他：1
级别	初级：62	中级：31	高级：4	未填：3	
部门	技术类：22	市场类：13	行政类：22	管理类：40	未填：3
有无留学或者海外工作经历	有：24		无：76	

3. 数据分析

我们使用了从问卷星导出 SPSS 文档和 Excel 文档的方式，将数据以两种文本格式导出，使用 SPSS v26.0 软件（IBM Corporation，Armonk，NY）[①] 来分析数据，针对所收集到的问卷资料，首先使用了描述性统计对研究对象的特性进行了解，统计结果呈现于表 7-2。由于本书所采用的测量工具皆经过针对原测量工具的翻译及修改过程，或是我们自己设计发展的，原测量工具的信效度资料可为我们参考的依据，我们也需要重新针对本书的研究对象建立信效度证据。本书的重点在于探讨文化距离、沟通期望违背（expectancy violation）和冲突几个变量之间的关系，可以作为建立效度的一部分。所以我们先针对各个测量工具进行效度和内部一致性的量表分析，再借由验证研究相关假设的过程更进一步探讨各测量工具的效度证据。

本书主要分析使用了相关性分析和多元回归方程分析，在进行分析后把结果导出到 Excel 软件中，方便大家一起讨论，随时查看，并且在书稿的结果分析部分引用相关的结果表格。对于引用的结果表格，我们进行了解读，说明该假设是否被接受或者拒绝，并且讨论假设被接受或者拒绝的可能原因及解释。对于统计学分析的结果、假设的讨论，以及问题的回答，我们在下一节中进行详细报告。

由于测量期望违背这个变量的工具跟原测量工具不全然相同，而测量冲突这个变量的问题是我们自己设计的，有必要列举出在统计分析中针对相关变项的计算与处理。

问卷的第三部分为测量冲突管理策略的量表，涵盖四个方面的策略：合作策略，其分数为第一、第六和第十一题的平均值；妥协策略，其第四、第九和第十三题的平均值；控制策略则，其第三、第十和第十四题的平均值，这三个策略所包括所有题目的平均值组成了对抗策略的分数。非

---

① IBM Corp. Released 2018. IBM SPSS Statistics for Windows，Version 26.0. Armonk，NY：IBM Corp.

对抗策略,其分数则为第二、第五、第七、第八、第十二及第十五题的平均值。问卷的第四部分则为测量交际期望违背的量表,总共包括十个问题,其中第二、第三、第四、第五、第九、第十题需反向计分,期望违背量表的分数为第一,第三(反向计分)、第五(反向计分)、第七、及第九题(反向计分)的平均值;评估量表的分数为第二(反向计分)、第四(反向计分)、第六、第八、及第十题的平均数。我们将期望违背与评估量表所有十个题目反应的平均值整合为单一分数。在下一节,本文将首先呈现各个测量工具的内部一致性分析结果。

(三) 问卷调查结果

根据问卷调查(见附录八)所获取的数据,以下我们将先讨论交际期望违背和冲突管理策略量表的效度证据及其内部一致性。量表的效度可以从内容、反应过程、内在结构(建构效度)、与其他变量的关系,以及使用结果来累积实证证据。[①] 效度验证并不是本书的主要目的,而与内容相关的效度证据、量表的内在结构及使用结果将是本文着重探讨的。本书主要的效度分析将使用相关的人口变项来探讨研究变量与这些其他变项的关系,由此建立效度证据。交流期望违背量表包含期望违背和交流评价两个部分,而冲突管理模式包含三种形式:冲突解决导向(由合作,妥协这两个分量表组合而成)、控制、非对抗(由顺从和规避两个分量表组成)。由于文化差异是根据参与者所回答与之产生分歧的同事的国籍,直接使用前述概念公式来计算的,在此我们不探讨文化差异的信效度,而是在相关的假设检验部分进行讨论。之后,我们再按照假设和问题的顺序,逐一解释统计分析得出的变量间的关系结果,并且就结果进行讨论。

交流期望违背是奠基于 Burgoon 的理论,检视这个量表的题目,可看到两个分量表的内容与量表的测量标的是相符合的,相关文章显现此量表

---

① Standards for Educational and Psychological Testing [M]. American Psychological Association, & National Council on Measurement in Education, 2014.

在内容、反应过程与测量后果的相关效度上有充足的理论基础。修改后的
交流期望违背量表包含期望违背及评估两部分，基于相关的文献回顾，我
们预期性别和有无海外工作或学习经历不会造成交际期望违背上的差异，
所以我们在三个交流期望违背的分数(期望违背、评估以及期望违背)分别
针对性别和有无海外工作或学习经验进行了独立样本 t 检验，比较男性与
女性，以及有海外经验及无海外经验在交流期望违背的分数上是否有所不
同(见表 7-3)。

表 7-3　　　　　性别与海外经验在期望违背平均数上的差异

交流期望违背	性别		有无海外工作或学习经验	
	男（$n=87$）	女（$n=129$）	有（$n=52$）	无（$n=164$）
期望违背	3.20(0.2)	3.04(0.80)	3.15(0.84)	3.09(0.75)
评估	2.94(0.82)	2.82(0.90)	2.90(0.92)	2.86(0.85)
结合期望违背与评估	3.08(0.73)	2.93(0.82)	3.03(0.85)	2.98(0.77)

　　如所预期的一样，交流期望违背量表与性别和有无海外经验并无显著
关系，在与其他外在变量的关系上提供了效度上的支持。如表 7-4 所示，
交际期望违背量表包含两个部分——期望违背与评估量尺，由于有 6 个题
项需反向计分，内部一致性的分析也必须以反方向计分的题项进行分析。
整个交流沟通期望违背量表的内部一致性相当高，达 0.91，可进一步探讨
是否有些题目重复性过高，像附录九中的第 6 题与第 8 题。整体而言，不
论是整个交际期望违背量表或是两个分量表，其内部一致性都相当不错，
显示这个量表各个题目的内容同质性很高。

　　冲突管理策略是由 Putnam 和 Wilson(1982)发展出来测量企业内沟通
选择的量表，他们在文章中用 Q-Sort、因素分析及变异数分析假设验证仔
细提供了与量表的内容、建构，以及预测效度上充足的证据。我们在针对
回答问题一的分析时也会对修改后的预测效度做相关的讨论。

表 7-4　　　　　　　　　交际期望违背量表的内部一致性

题项	平均	题项与总分相关	期望违背 α=0.81	题项与总分相关
1	4.40	0.41	1	0.42
2(R)	2.88	0.70	3(R)	0.61
3(R)	2.93	0.69	5(R)	0.64
4(R)	3.08	0.66	7	0.67
5(R)	2.61	0.69	9(R)	0.63
6	2.84	0.79	评估 α=0.87	题项与总分相关
7	2.75	0.75	2(R)	0.65
8	2.75	0.82	4(R)	0.68
9(R)	2.85	0.70	6	0.75
10(R)	2.81	0.65	8	0.80
Cronbach's α	0.91	10(R)	0.62	

　　在表 7-5 中对抗和非对抗量表的内部一致性都在 0.7 以上，也是属于可接受的范围。对抗量表的题数较多，所有题项与总分的相关都在 0.3 以上，显示此量表的题项内容一致性不错。然而，虽然非对抗量表的内部一致性也在 0.7 以上，第 12 题与总分的相关偏低，只有 0.11，显示这个题目内容与其他题目的差异性可能较大，从这题的平均值来看，这个题目的平均是 6 个题目中最高的，而标准差是所有题目中最小的，显示所有参与者在这个题目上的回答相当接近，比较少变异性，因此对了解受试者的非对抗冲突管理模式贡献也比较有限，在未来的分析中可以考虑不纳入这个题项来作为非对抗量表的一部分。由于本书的焦点不在于建立测量工具的信效度，我们仍以原量表的题项作为分析基准，这个题目仍然是与总分成正相关的，所以我们仍将此题目视为非对抗冲突管理的一部分。在对抗冲突管理的三个分量表的内部一致性分析显示，三个分量表的内部一致性都在 0.6 左右，在只有三个题目的情况下，所有的题项与总分的相关都在 0.3 以上，这样的内部一致性大小仍算在可接受的范围之内。

表 7-5　　　　　　　　**冲突管理策略量表的内部一致性**

对抗量尺	平均值	题项与总分的相关	合作量尺 α＝0.62	题项与总分的相关
1	4.59	0.50	1	0.36
3	4.73	0.55	6	0.51
4	4.68	0.39	11	0.42
6	4.50	0.56	妥协量表 α＝0.60	题项与总分的相关
9	4.67	0.38	4	0.36
10	4.56	0.47	9	0.46
11	5.10	0.52	13	0.41
13	4.58	0.35	控制量表 α＝0.69	题项与总分的相关
14	4.23	0.33	3	0.39
Cronbach's α		0.77	10	0.57
非对抗量尺	平均值	题项与总分的相关	14	0.53
2	4.26	0.44		
5	3.54	0.60		
7	3.66	0.63		
8	3.86	0.56		
12	4.38	0.11		
15	3.81	0.60		
Cronbach's α		0.74		

　　以下我们将按照假设和问题的顺序，逐一解析经过统计学分析得出的变量间的关系。

　　(1)假设一(交际中双方的国别文化差异与交际期望违背成正相关)检

表 7-8 文化差异预测冲突频率和强度回归分析结果（$n=159$）

预测变项	回归系数（B）	标准误差	标准化回归系数（β）	t 值	显著性
（截距）	0.17	0.17		1.00	0.32
文化差异	-0.09	0.085	-0.07	-1.02	0.31
模型 R^2	0.005				
F 值	1.03				

注：* $p<0.05$ ** $p<0.01$

因变量：结合冲突频率和强度

表 7-9 冲突管理模式简单统计学分析结果

	N	最小值	最大值	平均数	众数	中数	标准方差
合作	216	3.40	6.20	4.45	4.40	4.40	0.45
妥协	216	3.00	6.67	4.64	4.67	4.67	0.59
控制	216	2.00	7.00	4.50	4.33	4.33	0.71
非正面	216	2.00	7.00	3.87	4.00	4.00	0.75

如表 7-9 所示，从平均数、众数和中数来看，员工最倾向于使用妥协的冲突管理模式，而最不倾向于使用非正面冲突管理模式。合作、妥协和控制组成了正面冲突管理模式，三者平均值为 4.55。总的来讲，员工会使用正面冲突管理模式，而不是非正面冲突管理模式。

针对与上级或平级冲突以及有无海外工作/学习经验跟冲突管理之间的关系，我们进行独立样本的 t 检验比较两组在各个冲突管理分数上的差异（结果列于表 7-10）。

表 7-10   冲突类型与海外经验在冲突管理平均数上的差异

冲突管理	与上级或平级冲突		有无海外工作或学习经验	
	上级（$n=52$）	平级（$n=116$）	有（$n=52$）	无（$n=164$）
合作	4.90 (0.74)	4.75 (0.63)	4.82 (0.62)	4.70 (0.65)
妥协	4.74 (0.57)	4.63 (0.61)	4.74 (0.66)	4.61 (0.57)
控制	4.65 (0.58)	4.54 (0.77)	4.61 (0.68)	4.47 (0.72)
非对抗取向	3.88 (0.51)	3.92 (0.71)	3.95 (0.62)	3.91 (0.64)

表 7-10 显示，与上级或平级冲突以及有无海外工作/学习经验跟冲突管理各分量表的分数并无显著关联。然而，虽然在统计上各组的平均数在冲突管理各分量表上没有显著的差异，各组的平均仍有一些值得讨论的趋势。就冲突类型来说，与上级冲突的平均值跟与平级冲突的平均值在非对抗量表上很接近，几乎无法区分，两组的平均值在相关的题项上都比对抗取向的平均值来得低，显示参与者似乎自认为比较倾向采取对抗取向的冲突管理方式(包含合作，妥协和控制三种冲突管理方式)；而有趣的是与上级有冲突的这组在对抗取向的平均值比与平级有冲突之参与者的平均值要高一些，但是在非对抗取向上反而是与上级冲突的人要稍稍低一些。在有无海外经验的这个变项上，有无海外经验者在非对抗取向上的平均值也是很接近，显示参与者倾向于选择对抗取向的冲突管理方式，而有海外经验者在对抗取向的分量表平均值都比无海外经验者来得高一些。

(四)问卷调查讨论

从假设的验证来看，我们的三个假设中只有一个假设被完全支持，其余的假设被否定，但我们有一些有趣或者有意义的发现。以下是比较详细的阐述。

假设一(交际中双方的文化差异与交际期望违背成正相关)检测结果讨论：

通过回归或者相关性分析，表明假设一不成立。文化差异既不预测交际的期望违背，与冲突的频率和(或)强度也不相关。究其原因，第一，国别文化差异无法体现人际间的文化差异，哪怕交际双方来自不同的国家。人际冲突关乎个体间的差异，如一些研究表明，跨国企业倾向于雇用有海外经历的当地员工，因为他们具有两种以上文化的背景，即使没有海外背景的本地员工，进入企业工作也会逐渐适应企业文化，那么个体之间的差异用各自母国的文化距离来体现就更加不恰当了。第二，文化差异在跨国企业内部能够被明显感受到。正因为如此，恰恰对于跨文化的交际模式的差异是可以预期的。第三，Shenkar 认为文化距离会随着外资企业在东道国运作时间增加而逐渐减小，这是一个动态变化的过程，那么我们使用静止不变的 K-S 文化距离指数来代表文化差异则显得不恰当，当代表文化差异的时候，企业在东道国的存在时间，以及企业本地化的策略和进程或许也应该作为考虑的要素。① 综上所述，以上原因都有可能导致我们无法验证文化差异(距离)与冲突之间的相关性，从而抛弃该假设。

假设二[交际中的期望违背程度与冲突程度(频率和强度)呈正相关]检测结果讨论：

相关性分析表明此项假设成立，也就是交际的期望违背越大，冲突的频率和(或)强度越高，反之亦然。

假设三(文化差异可以预测冲突即冲突频率和强度)检测结果讨论：

此假设未受到我们问卷调查研究结果的支持，无法印证谢冬梅关于中德跨国企业中文化差异和冲突的因果关系，从而抛弃我们自己基于一些普遍观点和常识的假设。② 因此，文化距离既不能预测交际期望违背，也不能预测冲突程度。

问题一(成渝两地外企员工更倾向于使用哪种(些)冲突管理模式?

---

① Shenkar O. Cultural distance revisited: towards a more rigorous conceptualization and measurement of cultural differences[J]. Journal of international business studies, 2001, 32 (3): 519-535.

② 谢冬梅. 中德跨文化管理决策冲突化解的沟通实验研究[D]. 成都：西南交通大学, 2013.

冲突管理模式是否会因为冲突的类型(与上级或者平级的冲突)而有所不同？冲突管理模式是否会因为有无海外工作/学习经历而有所不同？)结果讨论：

总的来讲，与非正面非对抗(逃避和顺从)的冲突管理模式相比较，员工会更倾向于使用正面直接的冲突管理模式(包括合作、妥协和控制)，而这跟与谁冲突以及参与者有无海外经历不太相关。这与我们访谈的编码研究的发现比较一致，即：采取完全顺从领导的冲突策略的人与采取"直接表达、共同商议"的冲突策略的人数相当，大概各占25%，其余的人采取比较折中的策略。只是和大部分前人对于中国人冲突策略的研究相比，这些结果不太一致，由此说明情景和语境对于冲突解决策略选择的影响也许超越了社会文化的影响。

综上讨论，我们发现：

(1)国别文化差异对于预测沟通的期望违背和预测冲突程度的频率和强度并不显著。使用冲突双方的国籍来计算的文化距离代表的文化差异，无法体现人与人之间真实的文化差异，因此并不会与交际的期望违背相关，也不能预测冲突。员工个人的特质，而不是国籍，也许是更好的预测项，比如，是否有海外留学或者工作经历、本身的性格、价值观、跨文化交际和适应能力等。另外，当文化差异可以被预知，期望违背减小，从而使得冲突频率和强度不一定比与同质文化或相似文化的人相处更多。而这一切或许在工作环境中更容易实现，因为，第一，工作中的交际目标比较明确交际内容也比较单纯；第二，工作环境中的不确定性因素比较少，冲突管理的规则和交际氛围比较明确；第三，工作中的各方更有交际成功、达成目标的动机和需要。

(2)在交际中对方越多负向违背自己的交流期待，员工越容易和对方发生冲突并且冲突越严重。

(3)与使用非对抗非正面的(逃避、顺从)冲突策略相比，员工更倾向于使用正面直接的冲突策略(包括合作、妥协和控制)。

四、小结

本章主要探讨了外企内部的冲突和冲突管理方面的问题。通常，人们会假设与外籍人士沟通的情况，更容易导致冲突，文化差异越大冲突会越多越严重，这也被称为跨文化的冲突。实际的情况是，根据我们的访谈和问卷调查，企业文化与员工自身的民族文化的差异的确存在，并且能够被员工感受到，也的确产生了一些冲突的案例。但是，我们的问卷研究并不支持关于与外籍人士之间的国别文化差异（文化距离）与冲突的强度和频率的相关度的假设。问卷调查结果显示，与冲突直接相关的是交际期望违背，而因果关系在本书中难以确定，也就是说外企内部的人际互动中，人们越感觉到交流期望被违背，与和对方产生的冲突相关，而与对方国籍不相关。也就是说，人们通常的直觉或常识与实际不相符，实际情况要复杂得多，在访谈和问卷人口信息收集中作者发现，有近 1/4 被调查员工有海外经历，也就是说这部分人已经有亲身的经历，知道身处异域文化应该如何去设置自己的期望，而受访人中没有海外经历的人由于身处外企的文化而愿意去观察和了解，并且经过若干年的学习和实践有了不同程度的适应。同时，在文化距离，也就是文化差异大的外企工作，或者与同自己的文化背景差异很大的人相处，人们首先会更加小心谨慎，更愿意破除旧有的期望，抱着开放而愿意接受新鲜事物的态度，这可能是个性的特点，也可能是适应环境的需要。因此，我们得出结论：用国籍来判断的国别文化差异并不能预测冲突，国别文化差异越大也不一定会带来越严重的冲突，而交际期望违背是更好的预测变量。一个人的交际期望建立在诸多因素之上，包括：个性、经历、教育、情景、对对方的了解、与对方的关系、本国文化、企业文化等。

另外，根据问卷调查，中国员工管理冲突的方式，更倾向于正面处理，这与前人发现亚洲人喜欢使用非正面的冲突方式相违背，可见外企中方员工是一个在处理冲突方面有别于典型的中国文化的人群，这或许是因为企业文化成功地影响了员工个体处理冲突的方式。而且问卷调查也发现交际期望违背越大，对于倾向于使用控制的冲突方式的参与者，容易带来越多和越严重的冲突。对访谈的数据分析显示，人们会根据情景和交际方来选择冲突方式，企业文化在其中起到很大的影响，较为强势的西方企业文化要求员工直面冲突和与上级的异议，员工也会倾向于这样做，但较为弱势或者较本土化的企业文化，员工可能会使用自己熟悉的方式，前人研究发现中国人比较注重面子、权力和关系等，特别在上级面前，普遍选择顺从。一些员工发展出一套"双文化"的冲突处理方式，对本国人和对外籍人使用不同的方式。而另一些员工则发展出一套既可以顺应企业文化，又能使用自己擅长的冲突管理方式。

通过访谈，以及前人的研究，我们发现反思个人的特质和习惯有利于员工在遇到困难和挑战以后总结经验、教训，从而改进自己的应对方式，在下一次经历相似的困难后调整自己以做出更好的回应，从而进入一个良性的企业社会文化适应过程。

第八章　跨文化交际适应

从此前两章研究的基础上进入企业内跨文化交际的适应性研究，可谓水到渠成。从最初探讨中外企业文化无论从价值观还是实践层面的差异，到围绕外企内部的冲突，以及文化距离、交际期望违背同冲突及冲突管理的关系等诸多问题的质性和量化的调研和分析讨论，最终引向这个目标，即：企业内跨文化交际的适应性研究。而连接的桥梁就是反思。本章试图回答本书的最后一个研究问题：

> **研究问题四：** 面对文化差异和跨文化冲突，在华外企的中国员工是经过怎样的路径适应企业社会文化的？

本章延续前面两章的结构，仍然从文献回顾开始，引向两个相关的调研报告——对成都外企中国员工的访谈和成渝两地外企员工的问卷调查。

一、外资企业内文化适应的相关研究现状

本章将从两个方面来了解企业内文化适应的相关研究，即跨文化适应研究和组织文化适应研究。以下，我们先介绍跨文化适应的定义、发展史和研究现状。

(一)跨文化适应的定义

美国心理学家 Redfield、Linton 和 Herskovits 在 1936 年第一次使用"文

化适应"(acculturation)的概念。① 他们将跨文化定义为:"不同文化背景的人不断地进行直接接触,导致一方或双方的原本文化模式发生变化的现象。"②到了 20 世纪 70 年代中期,加拿大心理学家 JohnBerry 将文化适应一词普及为"两种或多种文化群体及其内部成员接触所导致的文化和心理变化的双重过程"。③ 新西兰心理学教授 CollenWard 于 2001 年将文化适应定义为文化学习的过程,其中的变化是由于不同文化背景的个体间不断进行直接接触而产生的。④ 文化适应突出了文化群体在跨文化适应中彼此相互影响的特点,因此文化适应的结果可能来自不同的文化适应方式。

文化适应一词长期以来成为跨文化适应(intercultural adaptation;cross-cultural adaptation) 的代名词。因为这三个英语词汇的区别从定义和使用上看都较为模糊,研究人员常常将这三个词互换使用。跨文化适应(intercultural adaptation)通常被定义为个体从一种文化过渡到另一种文化以适应不熟悉的文化环境的持续性过程。跨文化适应通常需要学习新的规则、社会规范、习俗和语言,在学习过程中人们将现有的思想、信仰,与其他文化的价值观整合,以便适应当地文化从而达到消除冲突的目的。许多学者对跨文化适应的概念提出了不同的定义。Cai 和 Rodriguez 认为跨文化适应是对交往行为的调整,以减少与来自不同文化背景的人交谈时被误解的可能性。⑤ Kim 使用跨文化适应来指代提高适应程度以满足新文化环

① Redfield R, Linton R, Herskovits M J. Memorandum for the study of acculturation [J]. American anthropologist, 1936, 38(1): 149-152.

② Gudykunst W B. An anxiety/uncertainty management (AUM) theory of strangers' intercultural adjustment [M]//GUDYKUNST W B, Ed. Theorizing about intercultural communication. Sage Publications Ltd, 2005: 419-457.

③ Berry J W. Acculturation: living successfully in two cultures [J]. International journal of intercultural relations, 2005, 29(6): 697-712.

④ Ward, C. The ABCs of acculturation[M]// MATSUMOTO D, Ed. The handbook of culture and psychology. New York, NY: Oxford University Press, 2001: 441-445.

⑤ Cai D A, Rodriguez J I. Adjusting to cultural differences: the intercultural adaptation model[J]. Intercultural communication studies, 1997, 5(2): 31-42.

境需求的过程。① Chen 提到跨文化适应意味着一个动态过程，旨在提升相互理解的程度，激发相互尊重的力量，扩大相互接受的空间。② 这些定义强调了跨文化适应的目标是与新文化产生积极的联系，以减少误解，并寻求与其他文化背景的人们的共同立场。此外，Kim 将跨文化适应（cross-cultural adaptation）定义为"一个动态过程，通过该过程，个体在移居到不熟悉的文化环境后，会与这些环境建立（或重建）并保持相对稳定，对等和功能性的关系"。③ 她认为跨文化适应是一种进化或持续的学习过程，个体将其他文化模式纳入他们以前习惯的、认可的心理和行为中，而且跨文化适应的主要关注点不是个人是否适应，而是如何适应以及为什么适应。

　　与跨文化适应有关的文献最早出现在研究移民和心理健康的领域中，它的出现在当时更具有社会政治上的意义而非心理学上的意义。1903 年从美国各州精神病机构收集到的数据表明，70%的精神病患者是移民，尽管他们只占到人口的 20%，这一发现在当时具有重大的社会、经济和政治上的意义。④ 此后的 30 年，关于心理健康和移民的问题研究逐步扩展到世界上其他国家，如德国、英国、澳大利亚、加拿大等。1980 年后，关于移民与高发病率的研究受到了越来越多的质疑。研究者逐渐从单纯研究移民的精神病症状转移到其他与移民相关的问题中，如价值观念、身份认同和心理健康等，为关于移民的研究铺设了新的理论道路。⑤ 由于早期对跨文化适应多从群体现象进行界定，人类学领域的研究者强调社会内化新的性格特征和新的价值观，以代替原有文化的性格特征和价值观，探寻以"主流"

　　① Kim Y Y. Intercultural adaptation［M］// ASANTEMK, GUDYKUNSTWB, Eds. Handbook of International and intercultural communication. Newbury Park：Sage, 1989.

　　② Chen G M. Theorizing intercultural adaptation from the perspective of boundary game ［J］. China media research, 2013, 9(1)：1-10.

　　③ Kim Y Y. Becoming intercultural：an integrative theory of communication and cross-cultural adaptation［M］. CA：Sage Publications, Thousand Oaks, 2000.

　　④ Furnham A, Bochner S. Culture shock：psychological reactions to unfamiliar environments［M］. London：Methuen, 1986.

　　⑤ Ward C, Bochner S, Furnham A. The psychology of culture shock［M］. London：Routledge, 2001.

文化为生活模式的理想类型。然而文化的多样性决定了在跨文化适应中建立所谓的理想类型存在困难，因此对于跨文化适应的研究也从人类学逐渐延伸到各个学科领域。

在有关移民与心理健康的研究逐步发展的同时，跨文化适应领域出现了第二个研究方向，即海外留学生的心理和社会适应问题。研究主要聚焦留学生在美国的适应情况，并形成了大量的研究报告。然而此阶段的研究缺乏扎实的理论基础，使用了"便利样本"而非代表性样本，缺乏对照组等一系列实验设计问题使得研究结果不够严谨且理论更偏向于描述性而非解释性的。此外，之前关于移民与心理健康的研究固化了研究者对留学生跨文化适应研究的切入点，因此早期关于留学生的适应理论多聚焦于文化适应的负面特征，如焦虑、抑郁、损失感等。[①] 1980 年后，对于旅居者(包括海外留学生)的研究开始变化逐渐向(跨)文化学习侧重。主要原因是研究者假定跨文化接触是一种学习过程，旅居对于旅居者和东道国的人都是一个持续不断的动态过程，这一转变为之后的跨文化学习研究奠定了基础。[②]

在过去 30 年，关于跨文化适应的研究不断发展，研究对象也逐渐拓展到外派员工、游客、难民、商人和移民等。研究重点从群体层面的文化适应转向对个体层面的跨文化交际和各种影响因素的探讨。跨文化适应研究的蓬勃发展，大量的研究资料涌现，该研究领域逐步确立了两种特定的理论指导方法。第一种是文化学习方法，这一方法与跨文化研究和跨文化培训相结合；第二种与压力和应对的心理模型有关，这些模型用来研究跨文化过渡和跨文化适应。[③] 这一阶段文化接触的理论方法强调了文化适应中

---

① Garza-Guerrero A C. Culture shock: Its mourning and the vicissitudes of identity[J]. Journal of the American psychoanalytic association, 1974, 22(2): 408-429.

② Bochner S. 'Coping with unfamiliar cultures: adjustment or culture learning?'[J]. Australian journal of psychology, 1986(38): 347-358; Furnham A, Bochner S. Cultures in contact: studies in cross-cultural interaction[M]. Oxford: Pergamon Press, 1982.

③ Ward C, Bochner S, Furnham A. The psychology of culture shock[M]. London: Routledge, 2001.

情感、行为和认知的因素，以及文化接触从消极、被动向适应和主动方向转变，并且认同文化适应中的情感、行为和认知会随着时间的推移发生转变。此外，在适应新的文化环境时所使用的策略和技能也获得了关注。值得一提的是，跨文化适应的研究取得了丰硕的成果，学者们发展出众多的理论模型以支持多学科、多角度的研究。然而，理论模型建立在不同的概念之上，针对不同的问题，未形成有机联系的整体，因此有必要构建系统的理论以推动跨文化适应研究的发展。

(二)跨文化适应的相关理论

如前文所说，跨文化适应经历了近一个世纪的发展，发展出众多的理论和结构模型，许多研究人员依靠概念和经验方法的组合来描述和定义适应，因此出现了各种分析框架。其中 John Berry 是文化适应研究中最杰出的理论家之一。他从 20 世纪 70 年代提出了个体的文化适应策略，即整合、同化、分离和边缘化，塑造了目前的文化适应心理状态分类。Colleen Ward 等人则认为跨文化适应可以细分为心理调整和社会文化适应。心理调整和社会文化适应在概念上是紧密联系的，但是在实证方面确实截然不同的。它们来源于不同的理论基础，由不同的变量组体现，并且在文化过渡中呈现出不同的变化模式。心理调整会随时间波动，而在文化过渡的早期会达到巅峰，容易受到生活变化、性格和社会支持等变量的影响。相比之下，社会文化适应的变化更可预测，在过渡初期，适应能力会迅速增长，然后增长逐步减慢，最后达到一种稳定的状态。

同时，Colleen Ward 提出了 ABC 理论模型用来概念化文化适应。[①] 模型将文化适应分为三大类：情感、行为和认知适应性改变。情感领域内进行的研究重点关注跨文化接触中焦虑、幸福和满足感的压力和应对策略。Ward 和 Kennedy 将情感适应性改变的结果称为心理调节。行为或者文化学

---

① Ward C, Bochner S, Furnham A. The psychology of culture shock[M]. London: Routledge, 2001.

习方法关注跨文化背景下出现的沟通问题，强调个人获得适当的文化技能以及建立能够成功取得行为结果的人际关系的重要性，而这种行为结果又称作社会文化适应。① 跨文化适应的认知来源于社会认同理论，即个人如何看待和感知自己及他人。Tajfel 和 Turner② 认为少数群体可能会受到来自多数群体的歧视和偏见，而引起多种反应，包括增加他们的群体内的认同感或者寻找其他能够增加自我认同的积极机会。在文化适应过程中，尤其是考虑到不同的心理结果，群体内的身份改变和移民自我意识可能会加剧。③

总的来说，情感、行为和认知有不同的理论基础，但是它们之间又是互相关联的，它们可以构成文化适应的总体框架，特别是社会文化适应结构及其在文化学习范式中的理论地位。社会文化适应涉及两个重要的概念，一个是行为结果，另一个是文化学习，行为结果是与社会文化适应紧密相关的一个概念。在 Ward 的 ABC 模型里，情感的理论框架是压力和应对策略，其情感结果是心理调整，行为的理论框架是文化学习，其行为结果是社会文化适应。许多学者对跨文化行为技能做了研究，Hammer、Gudykunst 和 Wiseman 通过因素分析法，对美国人在异国文化中的有效运作进行了研究，受试者报告了他们在多大程度上认为 24 种不同的性格能力与跨文化能力相关。通过自我报告因素分析，他们发现三个跨文化行为维

① Bochner S. The mediating person: bridges between cultures [M]. Boston, Mass: G. K. Hall, 1981; Gudykunst W B, Hammer M R. Strangers and hosts: An uncertainty reduction based theory of intercultural adaptation [M]//Kim Y Y, Gudykunst W B, Eds. Cross-cultural adaptation: current approaches. Newbury Park, CA: Sage, 1988: 106-139; Hannigan T P. Traits, attitudes, and skills that are related to intercultural effectiveness and their implications for cross-cultural training: a review of the literature [J]. International journal of intercultural relations, 1990, 14(1): 89-111.

② Tajfel H, Turner J. The social identity theory of intergroup behavior [M]//Worchel S, Austin W G, Eds. Psychology of intergroup relations. Chicago, IL: Nelson-Hall, 1986: 7-24.

③ Berry J W. Immigration, acculturation, and adaptation [J]. Applied psychology, 1997, 46(1): 5-34.

度：①建立人际关系的能力；②有效沟通的能力；③处理跨文化压力的能力对旅居者在新的文化中提高有效性具有重要作用。① Black 和他的同事是最早研究行为技能调整的不同维度的学者，Black② 制定了一种衡量调整的方法，该调整包括三个行为方面：东道国的职业角色调整、东道国交际调整以及对工作环境之外因素的总体调整。Furnham 和 Bochner 于 1982 年提出了另一种行为适应量度方法，在对国际学生在新文化环境中进行社交交际能力进行的实证分析中，这些研究人员创建了社会状况调查表，分析异国文化中的社交困境。他们发现对于在英国的国际学生在与英国国民建立和维持关系中遇到了最严重的困难。而且当英国与国际学生的国家文化差距越大时，这些国际学生在社交活动中遇到的困难就越多。总的来讲，大多数研究位于文化学习理论的框架内，通过强调社会文化适应结构，并采用行为技能方法来研究适应性结果。

(三) 组织文化适应的定义

Selmer 和 De Leon③ 提出了组织文化适应的概念，母公司组织文化的影响导致外国子公司中本地员工的工作价值发生变化。他们进一步指出，东道国的雇员通过外籍高管和母公司的组织规范和组织文化来了解外国工作标准和价值，因此这些员工在自己的国家会经历外来角色行为，受到外来文化的影响。组织文化适应的概念范围是组织，更具体地说是外国子公司。其前提是文化影响和文化变化，这些影响和变化是由于(民族)文化相

---

① Hammer M R, Gudykunst W, Wiseman R L. Dimensions of intercultural effectiveness: an exploratory study[J]. International journal of intercultural relations, 1978, 2, 382-393.

② Black J S. Work role transitions: a study of American expatriate managers in Japan [J]. Journal of international business studies, 1988, 19(2): 277-294.

③ Selmer J, De Leon C T. Chinese work values in Hong Kong, Singapore, and Thailand[J]. International journal of commerce and management, 1993, 3(3-4): 71-82.

遇而产生的，体现了不同的工作价值和规范。① 目前对于组织文化适应的研究分为心理调整和社会文化适应两个方面，心理调整涉及员工的情感方面，社会文化适应涉及员工的行为方面。② 而就社会文化适应而言，组织是一种不断发展的社会文化体系。③ 社会文化的观点认为，构成组织的文化和社会关系，组织的环境以及组织的生态结果是组织生活不可分割地联系在一起的特征。④ 跨国企业往往有两种或多种文化并存，对于非原文化的其他文化，企业员工需要进行组织内的社会文化适应，组织社会文化适应目前没有明确的定义，大多数学者从组织机构和组织语境中研究组织社会文化适应，主要指员工在组织中参与和适应多元文化政策和惯例。⑤ 综上所述，组织社会文化适应主要涉及在公司文化背景下，来自不同文化的员工需要进行社会文化适应的过程。

结合跨文化适应和组织文化适应，本书认为跨国公司内部并存的多元文化提供了一个员工需要适应的社会文化环境，而这个社会文化环境带有企业的母国文化特色，有别于员工成长的东道国文化，因此既涉及跨国别文化又涉及对组织文化的适应，包括心理调适和社会文化适应的过程。我们认为，从理论上来说，跨国公司内部的员工文化适应是跨文化适应的一个分支，属于跨文化适应的范畴。

---

① Selmer J, De Leon C. Organizational acculturation in foreign subsidiaries [J]. Theinternational executive, 1993, 35(4): 321-338.

② Ward C, Geeraert N. Advancing acculturation theory and research: the acculturation process in its ecological context[J]. Current opinion in psychology, 2016(8): 98-104; Shi X, Franklin P. Business expatriates'cross - cultural adaptation and their job performance[J]. Asia pacific journal of human resources, 2014, 52 (2): 193-214; Neto F, Wilks D C, Fonseca A C M. Job-related well-being of immigrants[J]. Social indicators research, 2019, 141(1): 463-475; 练凤琴, 郑全全, 岳琳. 外籍员工在中国的文化与心理适应研究[J]. 中国心理卫生杂志, 2005, 19(2): 105-107.

③ Weick K E. The social psychology oforganizing[M]. MA: Addison-Wesley, 1969.

④ Everett J L. Communication and sociocultural evolution in organizations and organizational populations[J]. Communication theory, 1994, 4(2): 93-110.

⑤ Ward C, Geeraert N. Advancing acculturation theory and research: the acculturation process in its ecological context[J]. Current opinion in psychology, 2016(8): 98-104.

二、基于访谈的跨文化适应分析

在本章中，笔者将对在蓉外企中国员工的访谈研究中与组织社会文化适应和反思相关的部分进行报告，主要围绕以下研究问题进行举例说明：

（1）本地员工是如何适应企业文化的？

（2）有助于双方进行跨文化适应的个人因素有哪些？这些因素是如何影响跨文化适应的过程的？

（一）企业的社会文化适应

在所有的访谈中，我们发现大部分受访者对于自己的适应情况给出了较高的评价，较多的人认为自己适应得很好，有人表示"感觉比较安逸"，"（虽然）接触到一个全新的世界，（但是）没有不适应"，"离开公司去其他公司，反而会不习惯的"，"我在日企干了很多年，觉得日企的氛围更好"。也有的人表示，"形成（了）自己的风格，可以去影响改善团队了"，有的人从现实的角度出发认为"总的来讲在现在大环境不太乐观的情况下，自己能依靠一棵大树，与公司一同成长"。从个人成长的角度，有的人认为自己"更愿意接受新的事物，接受新同事，了解其他国家的文化，并对未发生的事持一颗好奇的心"，"感觉更愿意和其他文化的人共事了"，"比较容易保持年轻，心态不复杂，各方面都比较积极向上"。

我们发现具有海外留学或者工作背景的人能够较快和较容易适应外资或者外资企业文化明显的公司文化，并且容易上升到较高的行政管理职位。但这并不等于他们完全改变了自己的核心价值文化；相反，在海外或者在外资企业文化的公司待的时间越久，越使得他们能够找到一个自我以及本国文化同公司文化的平衡点，更容易站在一个较高的位置看到整个图画，也更能够看到自己在这幅图画中的位置和作用。例如，A 在美国定居多年，经历了求学、学术研究工作和汽车产业里的行政管理工作，也经历了在德国企业驻中国办事处的管理工作。他是众多例子中比较突出的一个，在谈到自己对于不同企业文化的公司的适应，并被问及是否改变自己去适应不同的企业文化，他认为：

> That's a philosophical question（这是一个哲学问题），这（是）很有意义的问题，因为我总会觉得在 cross cultural communication（跨文化交际）这一块，要真正改变自己，是很难的，You are who you are（你就是你自己），这个很难改变，我们可以在形式上修饰一下啊，讲究一下这个来 adapt（适应），但是很少，有可能 totally change（完全改变）。所以我也正是这样，就是比较 sensitive（敏感），比较 aware（有意识）那些 difference（差异），然后自己看看怎么样比较，不太触犯他人的情况下进行沟通，同时也保持自己的一向的本质。

从 A 的讲述中我们看到作为一个比较成熟的跨文化沟通者，他能够在认识并保持自我的同时，做一些对于环境的适应，提升对于文化差异的敏感度和意识，尽量不去冒犯对方，从而达到一个自己比较舒适的平衡状态。

经历了在英国、美国、以色列求学、工作、居住多年，再回到中国，就职于某银行的 B 在访谈中讲述了怎样适应中国银行的文化，当被问及自己做出了怎样的改变时，说：

> 我会根据环境变化做一些适应环境的事情，但是对我来说还是很多不适应，有时候跟本身 DNA 有关系，跟我的文化 DNA 也有关系。我会做一些改变，但是让我完全很中国式的那种，传统的中国式是不可能的……我愿意去适应它，我适应的原因是因为我想要解决这个问题，而不是去改变我自己。我对我自己的塑造有一个很宏观的目标：我要成为一个什么样的人。这跟我的工作是完全不矛盾的，哪怕我一时之间是那个样子的，但是我也不会真正改变，而是为了解决一个问题而做的。

B 和 A 文化适应的策略都以达到自我和环境的平衡为目标，两人的共同点是对自己的核心价值文化有较深的认识，A 和 B 都意识到不可能完全改变去适应环境，但二人都愿意在工作中去做出一些行为上的调整，只是相对于更加目标导向的年轻人 B，有着丰富的工作经验和人生阅历的中年人 A 会更加懂得跨文化沟通和人际关系中应该看重的对于文化差异的"敏感""意识"以及"不冒犯"的原则。

在文化差异相对较小的外资企业，比如日企和韩企，中国员工在自我和环境之间的挣扎相对也较少，但仍然需要员工去适应，比如在日本求学和工作十年的 O，回国后任职于一家日本银行，她认为中日文化比较相似，但"还是要适应日本的文化氛围，日本人的风格大多数还是比较接近的，都比较严谨、细致、流程化。我们既要去适应日企刻板化的东西，也要和当地接轨，把双文化融合在一起"。在被问中方员工在适应企业文化方面的情况时，她说："我本身学过日语，对日本文化也还是比较了解。我们在面试的时候就会进行筛选。日本企业不太希望去改变，一切还是按照规矩来，流程都是定死的。"对于 O 来说，她很少从文化差异的角度去考虑问题，因为文化差异不大，而是从事情的全面性去考虑。O 自身的留学和海外工作经历使得她能够比较自然地融入企业文化。

比较容易融入外企文化的另一群员工是刚毕业就进入外企工作的应届毕业生，一位美资企业的工程师 W 在被要求回忆刚入职的时候对于企业文化的适应情况的时候说：

> 我一入职就感觉非常好，被录取的时候就很喜欢这个公司的文化，和学校无缝衔接。因为我是刚毕业就进了这个公司，然后我又是做技术的，很单纯，所以我觉得这个公司好像一个象牙塔，而我从学校到公司就是从一个象牙塔到另一个象牙塔。

因此，一些企业文化比较强势的外企也倾向于招收应届毕业生，而那些已经有过工作经验的面试者，反而不如应届毕业生有竞争力。

而另一名一毕业就进入德企，目前的职位是规划部组长的 K，经过 8 年的工作积累和文化适应，把自己对于企业文化的适应分为三个阶段，即：第一、二年属于被企业文化塑造、完善的阶段；第 3~6 年则是一个适应的阶段；第六到第八年是输出的阶段，这个阶段自己已经形成了一套中西兼有的风格，可以去影响改善团队了。目前，K 对于中德文化的差异以及企业中两种文化并存的情况有比较成熟的认知，形成了自己处理问题和与人沟通的独特方式和方法。当被问到，自己作为一个中国人是否被西化，K 认为没有，因为工作的方式和观点不会影响自己的核心价值观，反而公司的文化对自己的思维是补充，特别是在注重细节和原则性强方面。根据文化适应 U 形曲线，[①] K 的经历可以对应文化适应的几个阶段，而目前 K 所处的阶段就是学者们所认为的动态平衡的双文化期，而 K 的自我评价也正好符合这个阶段的描述。

相当一部分受访者在回答与文化适应相关的问题时，提到了语言障碍。他们普遍认为经过一段时间的磨练，可以适应。A 详细介绍了若只是有语言学习的背景，哪怕是语言专业毕业，但不具备运用语言的能力、沟通的能力以及对文化背景的认识，仍然很困难，甚至会给别人造成你的语言能力足够沟通，但表现不尽如人意是出于态度或者别的原因的误解。而语言的要求对于行政管理岗位的要求比工程技术类岗位的要求高许多，A 提到对于技术工程方面的员工，语言障碍似乎是可以克服的（H 认为困难有但因为主要使用技术词汇，有时候甚至不需要使用完整的句子，给出几个关键词对方就可以理解），随着时间的流逝不会成为影响工作表现的因素（这点也得到了 H 的印证），但外企中的中国管理层或者行政人员，语言和沟通的能力往往感到力不从心，这种情况发生在海外的中国人在海外当地公司的情况，但对于在华的外企中的中国员工，一般最终是可以适应的，毕竟外企也需要适应当地员工的文化。C 认为在一些国际场合，中国

---

① Oberg K. Cultural shock：adjustment to new cultural environments［J］. Practical anthropology，1960，7(4)：177-182.

人会因为语言的障碍感到力不从心。在访谈中，我们发现语言的优势使得一些员工，比如语言专业毕业的员工具有更好地理解整个公司价值、沟通方式和架构，比较了解两方文化的优势，可以成为中方和外方沟通的桥梁。

员工对于企业文化的适应是一个双向的过程，一方面员工需要积极地去适应企业的文化，另一方面，企业文化中的多样化政策常常在员工的适应过程和效果中起到重要的作用。在美国从业多年的 A 在美国本土体会到两种对于多样性的包容度有差异的组织文化，以及对于他作为员工个人去适应组织文化的难易。

> 当时我们公司那个背景，即 academic（学术）背景，就是 value diversity（尊重多样性），包括你的 appearance（外表），你的语音、语调，你的名字，你的穿着，你的行为方式，他们非常地包容(They are very accommodative)，包括外表的多样性和思维的多样性(Diversities in appearance and diversities in thought processes)。但是你对一个美国公司一个美国传统的制造业公司(manufacturing traditional corporation)来说，在对待这些事情时，他们没有经验、文化背景，态度也不是中国化的。所以当谈到某某这个人，他们听起来其语音语调还可以，语调正确，语音也对，他们就假设你具备语言和社会文化，以及职业价值观(assume that you come with all the language and social culture and professional values along with it)。但是其实不一定是这样的，我们这样从国内培养出来的英语人才，或者是后来在华盛顿工作了几年的人才，其英语不足以支撑你在传统公司的职业发展(support your professional development within the traditional corporation)。

从 A 的描述来看，他之前在美国学术界（包括学校和科研单位）感受到的态度和文化与后来进入传统的制造业公司所接触到的企业文化形成了鲜明的对比，前者包容、迁就、欣赏并且接纳，而后者则对于他面临的语言、文化、职业价值观的障碍显得很无知。假设他应该完全能够也应该适应企业的文化，从而使得 A 处于一个非常困难的境况中。他这样描述这样的境况：

> 所以他们不把你当外国人看啊，They are not accommodative（他们不迁就你）。他们不会说，你是外国人，我就会原谅你说得不清楚，或者我要多问几次多，多证实几次才能搞清楚。他们就 take you at face value（肤浅地理解你）。所以对我们很难，我好像以为他们理解我了，其实并不理解我。

A 的描述发人深省，让我们看到组织文化中对于多样性的包容度，对于员工的适应过程和满意度有很大的影响。在访谈中我们发现在华的跨国公司通常非常重视灌输对于多元文化的包容性。

员工在多元文化的环境中工作，从个人的成长角度，也培养了在单一文化的企业中无法学习和操练的品格。比如，在一家印度公司工作的 Q，这样描述自己在这家公司工作以后最大的改变：

> 我最大的改变可能就是变得有耐心，还有包容心吧。因为如果你是在同文化的一个工作场所，在文化差异方面是没有多大的挑战的，但是如果你在一个不同的文化的这个环境下工作的话还蛮需要很多的耐心、理解和包容的，巨大的改变可能就是说同理心，变得有耐心了吧。

从本章这部分访谈研究中我们发现：绝大部分受访者认为自己在企业文化适应方面做得好或者很好。我们发现受访者中具有海外留学或者工作经验的比较能够理解外资企业文化，关注自身对于公司社会文化的适应过程，也较愿意在这样的环境中工作。从适应的策略来看，工作时间比较久的受访者，在经历了种种沟通事件和冲突之后，倾向于找到一条可以兼顾

Plan)以及 PDCA(Plan,Do,Checkand Action)。

在美国驻华的会计师事务所工作的中国籍咨询顾问 S 在叙述完与日本客户的冲突过程之后,总结道:

> 在解决这些冲突的时候,我们需要去研究双方如何从冲突或矛盾处理的过程中<u>进行学习</u>,从而改变对于彼此的<u>交流期待</u>。……所以在和来自不同文化的人接触时,需要进行<u>自我反思</u>,因为刚一开始的时候,由于文化差异的因素,沟通起来会很波折,浪费掉了很多时间。在了解清楚别人的文化特征后,后面就及时调整策略了,共事起来就没有之前那么困难了。

S 在这段对于跨文化冲突的经验总结中强调过程中对对方文化的"学习",以及"自我反思"的重要性,从而改变彼此的"交流期待",然后"调整策略",最终,"共事起来就没有之前那么困难了"。

在美资企业工作的中国籍人力资源部经理 Q 谈到自己的管理日记:

> 我有自己的管理日记,已经连续记录五年,主要记录做得不是那么好的事情。在之后遇到类似的事情,会去查看,这对自身成长帮助很大。举一个例子,第一次和印度人吵架,不懂印度人的套路,印度人会一直讲,不给我插话的机会,几次下来,我自己总结了策略,即:提前发邮件,列出要说的意见,在见面的时候就会讨论其他问题,我就有了话语权。

在以上访谈问答中,Q 提到如何在与一位印度籍人士发生冲突后进行反思,总结经验教训,最终找到最适合自己和有利的方式与印度人沟通。这一例子说明把反思的内容记录下来,进一步思考跨文化交际的策略可以使自己在今后类似的情况下更好地去应对,进而取得更有效的结果。

同样,瑞典企业的中方海外事业部经理兼工会主席 N 提到自己会把反思记录在日记中，并且，有时候通过跟同事私下的交流进行反思：

> 其实我平时也会有一些感触，有一些感想，我把它记下来，我不是个假"文青"……也会在跟其他管理层同事私底下进行交流。比方说周末一起打球啊，一起出去喝喝啤酒，喝喝茶，也会聊一聊。也分享一下你最近遇到什么问题，你有什么难处，我有什么难处。大家比较放松，大家吐槽一下，大家七嘴八舌地讨论讨论……

也有受访人通过年终考核及回顾报告进行反思，比如：瑞典企业的中国籍经理 M 这样回答笔者的提问：

> 问：您觉得您是一个习惯自我反思的人吗？
>
> 答：是的。我们要做 KPI（key-process and indicators），必须做反思。我们规定每三个月要汇报 business performance review（公务表现回顾），年底要做个总结，因此需要我们反思工作并记录下来。另外，从个人角度来看，我喜欢反思。我习惯带上一个小本子，正面记录每天要做的事情，当一天结束了，反面就写哪些没有完成，然后打个问号，写下 why、where、when 等。
>
> 问：那您会对人际关系进行反思并记录下来吗？
>
> 答：我会对人际关系进行反思但不会写下来。比如最近两三个月，同事都说我态度等有所改变。××（总经理）说我是个比较 tough 的人，我原来觉得这是个中性词，但现在，我觉得它在不同场景有不同含义，有些时候是褒义，有些时候是贬义。我也在做相应的调整。

从以上这些访谈摘取中我们不难发现反思对于部门以及个人的改变具有重要的意义，受访者一般会在不太令人满意的事情发生或者失败的时候进行反思。有的反思发生在过程中，当事人可以及时做出调整；有的反思发生在事后，当事人期待通过反思在今后的工作中相似的情况下做出改变或者调整。反思的方式也比较多样化，有的依靠大脑进行思考和记忆，有的借助记日记等方式来帮助思考和记忆，有的则通过跟同事交流来进行反思，还有的主要在年终报告和 KPI 考核中，在公司规定的架构下进行反思。反思的益处大多同今后的工作相连，目的是改进和成长。而也有人借助反思来更加认识自我，以及公司的文化组成等。其实，每一个愿意接受访谈并提供信息的人，都在围绕访谈的问题进行反思。我们发现那些在管理岗位，或者具有较多文化经历的人提供的信息更丰富也更加深入。这些都是他们具有反思习惯，以及善于进行反思的体现。反思的益处是显而易见的，否则不会被大多数受访者自觉地执行和肯定。那么关于冲突或者交际期望违背的反思究竟能否促进个人的企业社会文化适应和融合呢？这个问题将在接下来的问卷调查中得到回答。

三、基于问卷调查的冲突管理与文化适应性分析

不难想象，一旦期望违背发生，至少会有两种结果：（1）与对方发生冲突。正如谢晓非与朱冬青等学者认为期望差异是描述人际关系之间的冲突来源之一；[①]（2）自我调整，从而使得自己的交际期望尽量与对方的表现一致。对于冲突的定义，学者们普遍认为，是因为当事人意识到对方为了自己目标的实现而有意或者无意地妨碍当事人达到目标，从而爆发显性的言语交际行为。期望违背在一定程度上会让当事人感觉到实现目标的困难，或者障碍，尽管对方并不一定意识到。期望违背是否会导致冲突，并不绝对，但是会让当事人感到焦虑和不适，增加冲突的可能性。冲突一旦发生，可能会激发人们去反思冲突的过程，从中学习和成长，最终更加适应企业沟通的文化。前人的研究结果认为冲突处理的方式（比如：竞争、合作等）会影响冲突管理的效果和结果，是升级，从而使得关系恶化，还是

---

① 谢晓非和朱冬青. 危机情境中的期望差异效应［J］. 应用心理学，2011（1）：20-25。

冲突得到一定程度的解决，从而使关系趋于平和，等等。同时，冲突处理的方式会如何影响员工去适应企业文化跟个人因素（比如：性格、受教育程度、成长背景等）以及所处的企业冲突管理文化相关。

如上所述，期望违背后的另一个路径，可能会使主体调整自己对于对方在交际中的行为、举止、话语、态度、情绪的期望，从而改变交际策略以适应对方。正如 Burgoon 等人提出的互动适应理论（interaction adaptation theory）所预测的，当交际期望被不断违背，人们会通过反思、学习、调整自己的期望和交际行为，以适应对方的交际模式。① 通过这种日积月累的磨合，当事人对于公司交际氛围的适应程度将越来越高，最终达到较为满意的程度。

这个调查过程，在学者 YoungYunKim 提出的海外移民的"压力-适应-成长"模型中描述得非常生动。② 我们只是将这一模型应用到对于公司文化的适应中，并且加入交际期望违背这一前提因素，将研究聚焦到工作场所（跨国企业或者外资企业）的人际交流中，认为交际期望违背是促发这一过程的必要因素。值得注意的是，Kim 的模型是一个螺旋上升的模型，也就是文化适应的过程可能反复，人们感受到的适应程度时高时低；但从长远来看，是一个渐进和不断上升的过程。也就是说，只要假以时日，主体的文化适应程度会越来越高，虽然在局部的某个时间段中，人们可能会感觉到适应度反而下降，甚至坠入低点，所以作者用螺旋形向前和向上的曲线来表示这样的过程。如图 8-1 所示：

① Burgoon J K. Cross-cultural and intercultural applications of expectancy violations theory［M］//WISEMAN R L, Ed. International and intercultural communication annual: intercultural communication theory. Sage Publications, Inc, 1995(19): 194-214; Burgoon J K, White C H. Researching nonverbal message production: a view from interaction adaptation theory［M］//Greene J O, Ed. LEA's communication series. *Message production: advances in communication theory*. Lawrence Erlbaum Associates Publishers, 1997: 279-312.

② Gudykunst W, Kim Y Y. Communicating with strangers: an approach to intercultural communication, 4th ed［M］. New York: McGraw Hill, 1992.

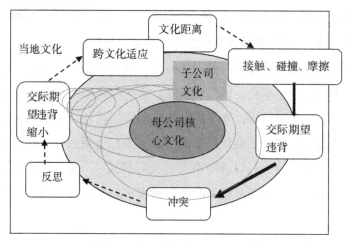

图 8-1　跨文化适应的理论框架模型

　　为了了解关于中方员工对于外资企业的社会文化适应研究的发展趋势和研究现状，以及其与其他因素的关系研究，我们进行了如下文献综述，主要分为两个部分，分别是：企业文化适应和反思，并且在恰当的位置提出关于变量间关系的相应假设和问题。其中，反思这个变量来自第七章中访谈研究中的发现，在本章我们将对成渝两地外企中国员工的问卷调查研究的假设和问题进行总结，并且以模型图的形式展示出变量间的关系。

（一）文化适应的组成和量表

　　对社会文化适应的测量可以首先追溯到 Argyle 及其同事在社会能力方面的工作，他们采用自我报告的难度等级作为衡量各种情况下社会技能的标准。[1] Searle 和 Ward 受到了 Furnham 和 Bochner 的 40 个题项的社会状况

————————

　　① Argyle M. Social interaction［M］. London：Meuthen and Co. Ltd, 1969；Argyle M, Furnham A, Graham J A. Social situations［M］. Cambridge：Cambridge University Press, 1981.

调查表(SSQ)的启发，他们修改了 Bryant 和 Trower,① 以及 Trower、Bryant 和 Argyle② 的早期社会技能量表，第一次开发出社会文化适应量表。他们应用此量表来研究在新西兰的马来西亚和新加坡留学生的跨文化过渡和适应。社会文化适应量表的第一个版本包含 16 个题项，这些题项包括来自 Furnham 和 Bochner 的量表题项，如"与地位更高的人打交道"，食物和气候也被列为体现适应的题项。

Ward 和 Kenndy 认为社会文化适应量表可以依据样本的特点对题项进行修改，他们对 16 个横截面、4 个历时和一个对比研究样本进行了分析，结果发现横截面和历时研究都表明社会文化适应量表是测量旅居者跨文化能力或者行为适应性的可靠工具。③ 该量表的结构效度得到了社会技能习得以及其他研究结论的支持：(1)进入新文化后，社会文化适应问题最大，随着时间的推移可以预测的方式减少；(2)旅居者面临的社会文化适应难度比二代移民群体更大；(3)旅居者心理调整和社会文化适应成分之间存在重要关系。

Wilson 对 Ward 和 Kennedy 的社会文化适应量表的结构问题进行了修正，修订后的社会文化适应量表通过 4 个维度(特定的生态、人际关系、语言、专业/工作领域，行为能力)进行探讨。通过对前人所做研究的整合分析，Wilson 发现社会文化适应量表存在两个主要问题，一是，由于社会文化适应的理论和应用研究传统上都位于文化学习框架之内，因此，尽管一些研究人员已经认识到了这一点，但很少有研究关注个人的性格特征对他们适应新的社会文化环境的影响，在这方面的研究尚处于空缺。二是，对于使用社会文化适应量表的实证研究，目前缺少系统的、定量的文献对

---

① Bryant B, Trower P. Social difficulty in a student sample [J]. British journal of educational psychology, 1974(44): 13-21.

② Trower P, Bryant B, Argyle M. Social skills and mental health [M]. London: Methuen&Co. Ltd, 1978.

③ Ward C, Kennedy A. The measurement of sociocultural adaptation[J]. International journal of intercultural relations, 1999, 23(4): 659-677.

其中的人口、情况变量以及文化适应的其他方面如心理调整和个体差异(性格和动机等)进行调查分析。Wilson 对使用了社会文化适应量表的文章进行收集然后分析共 21 个变量。这些变量包括人口统计学因素(年龄和性别),以及情境变量,例如与东道国和同胞的接触、文化距离、文化知识、以前的跨文化经验、语言能力、居住时间以及感知歧视。其他因素包括心理适应、人格和动机组成部分,例如"五大"人格特质、文化同理心、一般和跨文化自我效能感、综合动机和混合动机构成,结果强调了与文化适应相关的个体差异的重要性,如性格特征和动机等。整合分析的结论揭示心理调整和社会文化适应之间存在联系,因此,尽管社会文化适应量表作为衡量行为能力的一种方法,但其中的一些衡量的术语在更广泛的程度上与心理调整、压力与应对领域相关,从而使得量表捕获了跨文化过渡中的情感反应而非行为反应。为了测量行为反应,Wilson 从心理计量学角度考察社会文化适应作为文化能力的行为方面,对社会文化适应量表做了修改。修改后的社会文化适应量表的一个主要目的是生成域,因为 SCAS-R 是一种自我报告式的适应新文化中行为熟练度的衡量标准,而 SCAS-R 的题项的均分会组成行为熟练度的总分。Wilson 将整个量表分为 4 个社会文化域或者 4 个自我报告行为熟练度的语境,分别是:人际沟通、社群参与和个人利益、工作和学习成绩以及生态适应。Wilson 认为这四个领域能够反映个人在适应中获得新的行为技能时遇到的挑战。人际沟通来源于文化学习理论,因其是关于个人在文化内部或者跨文化环境中学习行为和方式的理论基础之一。[①]

Masgoret 和 Ward 的外语能力"同心圆"对个人交际领域的理论基础也具有影响作用,他们认为外语能力和更广泛的交际能力是有效的社会互动

---

① Wilson J K. Exploring the past, present, and future of cultural competency research: the revision and expansion of the sociocultural adaptation construct[D]. New Zealand: Victoria University of Wellington, 2013; Ward C, Kennedy A. The measurement of sociocultural adaptation[J]. International journal of intercultural relations, 1999, 23(4): 659-677.

的两个中心要素，进而形成更广泛的社会文化适应结构。① 除了交际领域以外，Berry 和 Georgas 将生态文化框架广泛地应用于所提议的两个社会文化领域：个人对一般生态环境的行为适应，以及个人融入社区并维护个人利益的能力。② Georgas 将生态文化框架的要素进一步分为 3 个主要的社会文化领域：社会和制度组织、社区或团体的参与和纽带、家庭。③ Wilson 提出的生态学和社群参与和个人利益这两个社会文化领域是对这一理论观点的松散反映，但并未特别包含在 Berry 和 Georgas 的生态文化前提内。④ 采用工作和学习成绩是由于旅居者通常是因为学习和就业的机会而迁移，因此在这个特定的语境中开展各种研究具有意义，因为它能够广泛地适用于外派员工、在职移民和学生群体。Wilson 提到，创建修改后的社会文化适应量表具有众多优点。大量的研究证据表明，个人在文化过渡中会面对各种适应领域，因此开发具有多个适应领域的研究工具可能会对社会文化适应结构进行更具体的研究和应用。

---

① Masgoret A M, Ward C. Culture learning approach to acculturation[M]//Sam D L, Berry J W, Eds. The Cambridge handbook of acculturation psychology. Cambridge: Cambridge University Press, 2006.

② Berry J W. Contextual studies of cognitive adaptation[M]//Collis J M, Messick S, Eds. Intelligence and personality: bridging the gap in theory and measurement. Mahwah, NJ: Lawrence Erlbaum, 2011: 319-333; Berry J W, Kim U, Minde T, Mok D. Comparative studies of acculturative stress[J]. International migration review, 1987, 21(3): 491-511; Georgas J. An ecological social model: The case of Greece[M]//Berry J W, Irvine S H, Hunt E B, Eds. Indigenous cognition: Functioning in cultural context. Springer Netherlands, 1988; Georgas J. Ecological-social model of Greek psychology[M]//Kim U, Berry J W, Eds. Indigenous Psychologies. Thousands Oaks, CA: Sage Publications, 1993: 56-78.

③ Georgas J. An ecological social model: The case of Greece[M]//Berry J W, Irvine S H, HUNT E B, Eds. Indigenous cognition: Functioning in cultural context. Springer Netherlands, 1988; Georgas J. Ecological-social model of Greek psychology[M]//Kim U, Berry J W, Eds. Indigenous Psychologies. Thousands Oaks, CA: Sage Publications, 1993: 56-78.

④ Wilson J K. Exploring the past, present, and future of cultural competency research: the revision and expansion of the sociocultural adaptation construct[D]. New Zealand: Victoria University of Wellington, 2013.

社会文化适应量表最初是为了评估跨文化能力尤其是行为技能而设计的，被概念化为个人在新的文化环境中进行生活所需要的行为技能的获得，通过人际关系和日常生活任务中感受到的困难程度来衡量，具有良好的信效度并且对检验行为适应性具有可靠的实证基础。[①] 该量表可以帮助研究者发展跨文化社会技能习得、文化学习和跨文化有效性等理论和研究，在许多研究领域发挥着重要的作用。本书采用的组织社会文化适应量表是较近期由 Wilson 设计的量表。

1. 文化距离与文化适应

通常，国际学生和国际商务人士是最经常作为研究对象的"旅居者"，也是短期跨文化旅行者。国际商务人士因为商务或者贸易的原因，被其雇主派遣到该组织的另一国分支机构、子公司或者合资企业开展业务，因而需要暂时居住在东道国。这些商务人士或者外派员工有着非常明确的工作任务，他们要与当地的同事成功互动才能够实现目标。在这样的压力下，外派员工们在陌生的文化环境中，无疑会经历一个文化过渡阶段。在这个阶段中，人们会面对社会文化适应和心理调整的困难，而且他们的工作表现也会受到与适应相关的正面或者负面的影响。目前针对国际商务人士或者外派员工的研究较多，他们的跨文化经历是跨文化适应研究的关注重点，同时他们作为旅居者(非移民或者有意向移民)也符合短期文化旅行者的定义。因此，研究者们将目光聚焦在这群旅居者身上，对他们在陌生的文化环境中进行适应和与工作相关的特定适应过程展开研究，确定他们所具有的适应性特征。

研究发现，国际商务人士或者外派员工的适应和应对困难随着其母国文化和东道国文化距离增大而增加。Ward、Bochner 和 Furnham 指出，在 ABC 模型中文化距离对外派员工适应具有显而易见的作用，它能影响人对

---

① Gudykunst W B. Theory and research on intercultural relations: an introduction[J]. International journal of intercultural relations, 1999, 23(4): 529-534.

海外工作和生活的感知；影响人们如何实现个人或者与工作相关的目标以及影响他们一般或者与工作相关的决策的有效性和准确性。[①] 因为文化距离的差异，外派员工在社会文化适应方面的程度也会出现高低不同。研究表明，工作场合文化的异质性越大，也就是成员间的相对文化差异越大，越可能对工作绩效产生不利的影响。White 等通过对来自 66 个国家在全球 77 个不同国家工作的销售经理进行文化距离与社会文化适应关系的实证研究发现，文化距离与社会文化适应呈正相关，即当母国与东道国文化距离越大时，经理的社会文化适应性得分会上升，意味着他们在新的文化环境中遇到的困难越大。[②] 类似地，Shi 和 Franklin 对 810 名中国外派别国员工 (473) 和外国派中国员工 (317) 进行调查，结果发现，适应与工作绩效之间存在很强的相关性，特别是在以显著的文化距离为特征的跨文化工作环境中。[③]

2. 期望违背与文化适应

从 Selmer 和 Shiu 的研究中可以发现，外派员工对于当地文化的感知和期望也是他们的社会文化适应程度的一个重要因素。ColleenWard，Bochner 和 Furnham 发现，期望与压力和应对模型相关。[④] 在新的文化环境中，期望与经验之间的差异（期望违背）越大越容易导致更多的心理调整问题。尽管在 ABC 模型中，心理调整属于情感领域，而社会文化适应属于行为领

① Ward C, Bochner S, Furnham A. The psychology of culture shock [M]. London: Routledge, 2001.

② White D W, Absher R K, Huggins K A. The effects of hardiness and cultural distance on sociocultural adaptation in an expatriate sales manager population [J]. Journal of personal selling&sales management, 2011, 31(3): 325-337.

③ Neto F, Wilks D C, Fonseca A C M. Job-related well-being of immigrants [J]. Social indicators research, 2019, 141(1): 463-475.

Ward C, Bochner S, Furnham A. The psychology of culture shock [M]. London: Routledge, 2001.

④ Ward C, Bochner S, Furnham A. The psychology of culture shock [M]. London: Routledge, 2001.

域，但由于心理调整和社会文化适应之间相互联系紧密，因此，Ward 等进一步指出正确的期望可以促进特定文化技能的发展，推动更令人满意的和更有效的跨文化交际，并导致成功的社会文化适应。研究发现，期望不仅构成对压力状况下的认知评估的基础，同时也为可测量的经验和行为提供标准。现实的期望(期望与实际体验相匹配)会促进适应，而且期望的准确性可能对随后的压力性情况的评估产生积极影响，建立信心并减轻焦虑。然而，Weissman 和 Furnham 对一群旅居英国的美国人在旅居前的期望和旅居 6 个月的经历之间的关系进行研究，结果发现精神健康与期望和经历的差异直接相关。具体来讲，就是旅居前的期望导致调整，特别是当充满野心的期望(认为适应会简单而有益)没有被实现时，如果期望不切实际地低，当事人可能不去寻求机会来充分实现环境的潜力，可能通过自我实现策略(self-fulfillment strategy)而变得抑郁。有趣的是，旅居前怀着更实际期望(旅居前后的期望差异小)的人旅居后适应反而更差，他们的解释是旅居前怀着很高期待和很低期待的人旅居后都面临较差的适应，而适中的期待会帮助适应。① 沿着这个思路，Martin、Bradford 和 Rohrlich 基于期望违背模型，对 248 名留学生的期望进行历时调查。受试者出发前描述了他们对 13 个海外生活方面的期望，等他们回国后对同样的问题再次进行报告，以衡量他们的期望被违背或者被满足的程度。相关数据显示期望违背和旅居经历的整体评价呈正相关关系，也就是当大多数期望被积极违背时，未满足的期望不一定会被负面评估，反而会被正面评估。他们指出成功的适应不仅来自期望被满足还来自于积极的期望违背，而且只有期望和经历之间的差异足够大(不论正负)才会影响旅居者跨文化经历的评价和适应。② 更具体表现为，当经历比期望的更积极而导致更大的差异，心理健康会得到

① Weissman D, Furnham A. The expectations and experiences of a sojourning temporary resident abroad: a preliminary study[J]. Human relations, 1987, 40(5): 313-326.

② Martin J N, Bradford L, Rohrlich B. Comparing predeparture expectations and post-sojourn reports: a longitudinal study of US students abroad [J]. International journal of intercultural relations, 1995, 19(1): 87-110.

改善；反之，如果经历的比期望的更困难，心理问题出现的可能性会增加。① Black 和 Gregerson 的研究也支撑了这一结果。② 在对外派日本的美国员工的总体期望进行分析后发现，美国经理增加的生活满意度和降低的离职率与他们对日本生活的总体期望有关。基于以上研究结果可以发现，对于旅居者来说，期望和经历之间的差异越大，且这种差异不论正负，对心理调整影响越大。如果当期望被正面违背时，社会文化适应也就越容易；反之，则越困难。

据以上分析，我们提出以下假设：

假设四：负向的期望违背与员工对公司的社会文化适应呈负相关；正向的期望违背与员工对于公司的社会文化适应呈正相关。

3. 冲突与社会文化适应

在多元文化的工作环境中，冲突就好像在同质文化的工作环境中一样不可避免，如接触的双方无法达成共识，则可能会影响员工对于企业的社会文化适应。前文所述，企业子公司文化会受到其母公司所在国文化的影响，尽管我们的问卷调查结果既不支持文化距离对于交际期望违背的预测，也不支持文化距离对于冲突程度的预测，但前人研究发现异构工作场所中可能更容易发生冲突，并伴随更低的忠诚度、凝聚力和更

① Rogers J, Ward C. Expectation-experience discrepancies and psychological adjustment during cross-cultural reentry [J]. International journal of intercultural relations, 1993(17)：185-196.

② Black J S, Gregersen H B. Expectations, satisfaction, and intention to leave of American expatriate managers in Japan [J]. International journal of intercultural relations, 1990, 14(4)：485-506.

长做决定的过程。① 例如，Dubinskas 发现不同文化中对于时间概念的认知差异常常成为冲突的根源；② 同样，小组和团队研究发现多文化群体常常经历更低的凝聚力、更多的态度和认知的问题，以及更多冲突。③。可以想象，来自不同文化背景的员工会不得不面对多种文化并存的局面，在适应工作环境过程中一旦发生冲突，则很可能影响个体对企业环境的适应结果。究其原因，企业内部的人际冲突会带来繁重的工作压力、工作的不安全感等一系列问题，产生情感、行为和认知上的消极结果，包括差劲的工作绩效、升高的离职率、焦虑和抑郁、健康水平下降等。④ Stahl 和 Voigt 在基于对 10710 家兼构或并购企业的 46 项研究的元分析研究中发现，文化差异会以不同的方式，有时候是互相对立的方式，影响社会文化整合、协同效应的实现以及股民价值。⑤ 在一项对于来自 50 个国家的国际学生的研究中，Shupe 发现虽然文化距离与跨文化人际冲突没有显著关系（正如我们的问卷调查所发现的），但冲突地显著地预测了糟糕的工作适应和社会文

---

① Jehn Ka, Northcraft G B & Neale M A. Why differences make a difference: A field study of diversity, conflict and performance in workgroups [J]. Administrative Science Quarterly, 1999, 44(4): 741-763; Jehn K A, Bezukova K, Thatcher S. Conflict, diversity, and faultlines in workgroups [M]//C. K. W. DE DREU, & M. J. GELFAND, Eds. The psychology of conflict and conflict management in organizations. New York: Psychology Press, 2008: 179-210.

② Dubinskas, F. A. Culture and conflict: The cultural roots of discord[M]//In D. M Kolb & J. M. Bartunek (Eds.). Hidden conflict in organizations. Newbury Park, CA: Sage, 1992: 187-208.

③ Adler, N. J. International dimensions of organizational behavior (4th ed.). Cincinnati, OH: Southwestern, 2000.

④ Barki H, Hartwick J. Conceptualizing the construct of inter-personal conflict[J]. International journal of conflict management, 2004, 15(3): 216-244; Dijkstra M T, De Dreu C K, Evers A, Van Dierendonck D. Passive responses to interpersonal conflict at work amplify employee strain[J]. European journal of work and organizational psychology, 2009, 18(4): 405-423; De Dreu C K, Van Dierendonck D, Dijkstra M T. Conflict at work and individual well-being[J]. International journal of conflict management, 2004, 15(1): 6-26.

⑤ Stahl G K, Voigt A. Do cultural differences matter in mergers and acquisitions? A tentative model and examination[J]. Organization science, 2008, 19(1): 160-176.

化适应，而这些糟糕的工作适应和社会文化适应接着预测糟糕的心理适应，而心理适应又成为了负面影响与跟健康相关的适应之间的中介变量。①无论外派员工还是东道国员工都面临着因组织文化的多样性而引起的心理适应和社会文化适应的问题，我们有理由相信这跟留学生在国外经历的有相似之处，尽管前者比起留学生有更多的"筹码"，毕竟前者生活在本土文化中，只是把跨国企业作为工作环境。因此，我们可以提出如下假设：

假设五：冲突程度(频率和强度)与员工对于公司的社会文化适应呈负相关。

(二)关于反思

1. 反思的定义

在过去的几十年中，反思的概念和实践引起了极大的兴趣。Schon 的开创性著作《反思型实践家》(*The reflective Practitioner*)出版后，出现了许多关于反思的文章和书籍，但反思概念的基础可以追溯到 20 世纪初美国教育家 John Dewey 的研究。Dewey 认为反思行为对人类学习至关重要，如何思维是 Dewey 所论述的一个重要命题。Dewey 在《我们如何思维》(How We Think)一书中将反思定义为"对任何信念或假定形式的知识，根据其支持理由和倾向得出进一步结论，进行积极主动，坚持不懈的和细致缜密的思考"。② 反思通常被描述为一种机制，通过检查一个人的态度、想法和行动，将经验转化为学习，以得出结论，以便将来做出更好的选择。Boud，Keogh 和 Walker 认为反思是"一切智力和情感活动的总称，在这些活动中，

---

① Shupe E I. Clashing cultures: A model of international student conflict[J]. Journal of cross-cultural psychology, 2007, 38(6): 750-771.

② Dewey J. How we think[M]. Boston: D. C. Heath and Company, 1933.

人们为了寻求新的理解和鉴赏角度探究自己的经历"。Gibbs 认为，如果没有反思，人们可能会遗忘所获得的经验或丧失学习潜力。[1] 他的反思模式包括六个阶段：描述、感受、评价、分析、结论和行动计划。Mezirow 认为反思是"对于我们所努力诠释的及赋予意义的某一经验之内容、过程或前提予以批判性评估的过程"。Scanlan 和 Chernomas 认为，反思是我们日常生活中的一种心理过程。然而，反思可以因为某种特定的目的进一步发展。如果我们能够更清楚地认识到反思的必要性，那么我们就应该能够更准确地理解反思的心理过程，并进一步发展自我反思技能。[2] Moon 将反思描述为"一种具有目的或预期结果的心理处理过程，适用于相对复杂或非结构化的想法，但没有明显的解决方案"。Seibert 和 Daudelin 关于反思的看法与以往研究反思的学者看法不同，他们从管理学的角度提出了管理性反思，认为富有挑战性的工作经验是当今管理者最丰富的学习来源。然而，这些经验中的教训并不总是显而易见的，他们在 The Role of Reflection in Managerial Learning: Theory, Research, and Practice 一书中综合性地描述了管理者如何从这些经历中学习的一个关键因素：反思，他们认为今天的职场需要不断的学习，而这又需要反思。[3] 从自我调节的角度，Webster 将反思定义为回顾一个人的过去以获得洞察力的倾向，并能够运用到未来的情境中。[4] Matthew 和 Sternberg 认为人可以通过反思自己的经历来解决不确定事件。[5] 陈佑清[6]认为反思有三种含义；一是"反复思考"，即深思、

① Gibbs G. Learning by doing: a guide to teaching and learning methods[M]. Oxford: FE Unit Oxford Polytechnic, 1988.

② Scanlon J M, Chernomas W M. Developing the reflective teacher[J]. Journal of advanced nursing, 1997, 5(6): 1138-1143.

③ Seibert K W, Daudelin M W. The role of reflection in managerial learning: theory, research, and practice[M]. Westport, CT: Quorum Books, 1999.

④ Webster J D. An exploratory analysis of a self-assessed wisdom scale[J]. Journal of adult development, 2003, 10, 13-22.

⑤ Matthew C T, Sternberg R J. Developing experience-based (tacit) knowledge through reflection[J]. Learning and individual differences, 2009, 19(4): 530-540.

⑥ 陈佑清. 反思学习：涵义，功能与过程[J]. 教育学术月刊，2010(5): 5-9.

沉思、审慎思考。这跟 Dewey 对反思的定义基本相同。二是指"反身思考"，即主体以自身(自身的经验、行为或自身的身心结构等)为思考的对象，它区别于主体对自身以外的客体的思考。三是指"返回去思考"，即对已经发生或完成的事件、行为或生活经历的思考。Nesbit 从工作的层面重新定义自我反思，认为自我反思包括对各种来源信息的内部自我反思，各种来源信息包括正式和非正式的自我管理反馈、利益相关者的全面评价、平时工作经验的自我观察；并认为自我反思不仅需要回顾和内省事件经历和过程，更需要对事件进行深层次的分析和思考。[①] 而 Raelin 则认为反思是一种实践，即每隔一段时间后退一步，思考最近发生的事在当前环境下对自己和他人的意义。它揭示了自己和他人所经历的一切，为今后的行动提供了基础。同时，它也是自己和同事在实践中计划、观察和实现目标能力的一种体现。[②]

2. 对反思的研究

回顾以往的研究，反思这一重要的概念常出现在许多领域的研究中。例如教育学，现代美国教育家 Dewey 在《我们如何思维》(*How We Think*)一书中具体阐述了什么是思维以及反思性思维对于教育的重要性，反思性思维是 Dewey 教育思想体系与教育理论的重要组成部分。他指出："所谓思维或反思，就是识别我们所尝试的事和所发生的结果之间的关系……思维就是有意识地努力去发现我们所做的事和所造成的结果之间的特定的连接，使两者连接起来"。[③] Dewey 认为反思性思维是对问题审慎、持续、周密的思考，思维有好有坏，而反思性思维是最好的思维方式。他曾主张教

---

① Nesbit P L. The role of self-reflection, emotional management of feedback, and self-regulation processes in self-directed leadership development[J]. Human resource development review, 2012, 11(2): 203-226.

② Raelin J A. Public reflection as the basis of learning[J]. Management learning, 2001, 32(1): 11-30.

③ [美]John Dewey. 民主主义与教育[M]. 王承绪，译. 北京：人民教育出版社，1990.

育应该以反思为目的。他认为反思性思维的过程有五个阶段：感知困难；界定问题、提出假设、设定方案(推理阶段)；验证假设。这也是 Dewey 著名的思维五步法。① 1983 年，Schon 在其著作《反思型实践家》一书提出了反思性实践的概念，他将反思作为一种工具，用于重新审视经验，从中学习，并用于构建处理模糊、复杂的专业实践问题的框架。② 学习者运用反思探索他们对自己的行为和经验的理解，以及这些行为和经验对自己和他人的影响。1987 年 Schon 专门出版了《培养反思的实践者》(*Educating the Reflective Practitioner*)一书，提出了反思性教学的概念。③ 他认为反思在实践中有两种框架。一种是反思可能发生在行动前或行动后，这就是对行动的反思；另一种是反思可能发生在行动的过程中，这就是行动中的反思。Schon 认为老师应该把反思运用到教育实践中，从以往的经验中发现问题，探究问题，提高教育水平。

Mezirow 在他的转化学习理论中就提到了反思尤其是批判性学习在成人教育实践中的重要性。④ 他认为反思是转化学习的核心动力。反思是复杂、综合的过程，在此过程中，个体不仅要对问题本身进行思考，而且还要对解决问题所运用的策略以及为什么会形成这种策略进行思考。鉴于此，反思分为内容反思、过程反思和前提反思三种类型。内容反思是指对某一问题的内容或叙述内容的内涵进行检验；过程反思是指对自身如何解决问题的策略进行检验；前提反思是指对自己的假设和问题存在的基础进行质疑。内容反思和过程反思通常会改变个体的想法，进而导致意义结构的转化。⑤

---

① Dewey J. How we think[M]. Boston: D. C. Heath and Company, 1933.

② Schon D A. The reflective practitioner: how professionals think in action[M]. New York: Basic Books, 1983.

③ Schon D A. Jossey-Bass higher education series. Educating the reflective practitioner: toward a new design for teaching and learning in the professions[M]. Jossey-Bass, 1987.

④ 宋广文，刘凤娟. 转化学习理论与实践的意义探讨[J]. 全球教育展望，2014，43(1): 23-32.

⑤ Reynolds M. Reflection and critical reflection in management learning [J]. Management learning, 1998, 29(2): 183-200.

Reynolds 在《管理中的反思和批判性反思》(*Reflection and Critical Reflection in Management*)一文中比较了反思和批判性反思的不同，介绍了批判性反思如何应用于管理学教育和发展。首先，Reynolds 认为反思是学习理论尤其是成人教育研究的一个重要概念，而批判性反思属于批判理论的范畴。反思在管理学领域更强调解决问题这一概念，而批判性反思更注重对问题产生情境的检验。批判性反思聚焦于整个社会环境而非个人，反思往往聚焦于个体的行动。批判性反思注重对权力关系的分析，因为每个人的社会身份构建不同，如性别、年龄、种族、社会地位的差异等。这些因素会影响一个人对事物的看法。其次，Reynolds 认为批判性反思用于管理学教育实践的重点在于改变管理者的学习内容以及老师教授课程的方式，而不在于形成一套具有批判思维的教育方法。通常学习理论中的反思(如成人教育)过分强调的意识的重要性，而忽略了偏社会性和实践性的分析。

Kemmis 认为反思不仅仅是一种心理过程，它以行为为导向，并置于社会政治环境中。他区分了 3 种不同的反思类别。(1)技术性反思，技术性反思主要指识别问题并在社会环境下找到解决问题的可行办法。(2)实践性反思：实践性反思主要是指在一定的情境下人的行动要合理，符合道德的标准。在实践性反思下，我们要保证我们的行动在事后证明是最明智的。(3)批判性反思：批判性反思主要与自我意识相关，旨在探索人的想法怎么影响自我行动，以及过往的行动又是如何塑造自我意识的，这是一种辩证的过程。[①]

Vince 从组织学的角度出发，他认为一旦根深蒂固的组织动力和既定的权力关系受到公众的监督，反思就成为"组织反思"。[②] 因此，组织反思是质疑假设的集体能力。它意味着对组织内部社会权力关系的性质和后果进行持续的调查。而 Elkjaer 认为，组织反思意味着由组织惯例、实践和文化支持的"反思性学习"；换言之，组织反思能使专业人员在感知到不确定

---

① Kemmis S. Action research and the politics of reflection[M]//Boud D, Keogh R, Walker D, Eds. Reflection: turning experience into learning. London: Kogan Page, 1995.

② Vince R. Organizing refection[J]. Management learning, 2002, 33(1): 63-78.

有一些人担心，反思只是一种"时尚"。

经过梳理前人的文献，以及与参与访谈研究的受访人的交谈，从理论基础和实证证据方面，作者发现反思作为一种思维方式确实会对人的行为带来一定的影响。同时，基于此次研究的目的，我们想探究冲突、反思与社会文化适应之间的关系。Daudelin 认为尽管一开始传统的企业管理者经常重行动轻反思，认为没必要把时间浪费在反思上，制定一个"五年计划"就可以应对企业未来一段时间的发展，但是渐渐地他们发现企业环境发生了变化，通常是管理者虽然有着对未来发展的想象，但是制订的计划却时刻面临着各种各样的问题以至于需要不断修改。为了适应这样的环境以达到成功，管理者认为需要一套更具适应性和针对性的系统来帮助管理者学习，而学习中最重要的就是反思，从以往的经历中吸取经验。Daudelin 认为反思有两个重要的方面：从以往的经历中发展洞察力；将这样的洞察力应用于未来的环境中。他还对来自财富 500 强公司的 48 名管理者做了关于反思的研究，主要是让他们回忆以往一次富有挑战性的经历以及他们的应对措施，并让他们填写一份问卷，研究结果表明，即使是短时间的反思行为也足够让他们学到很多。同时，反思是他们从当前工作环境中学习以适应未来新环境的一项重要能力。[①] Hocking 认为医疗环境中的冲突不仅会带来医护人员的理解不畅同时也会对整个健康医疗系统带来危害。[②] 医护人员长期处在这种信任、责任感缺失的团队中会导致压力加剧，从而陷入问题的泥沼。虽然冲突会对医护行业甚至社会带来的巨大负面影响，但是 Hocking 认为冲突并不是不能解决，反思可以使人从负面的环境中（压力大，沟通不畅，价值观不一致等）解放出来，当学会反思后，人们更易于接受分歧，对于涉及冲突的对话也能善意地对待，更能创造性地解决问题，可以更加适应自己所处的环境，并能通过团队中的自我反思使负面环

---

① Daudelin M W. Learning from experience through reflection [J]. Organizational dynamics, 1996, 24(3): 36-48.

② Hocking B A. Using reflection to resolve conflict[J]. AORN journal, 2006, 84(2): 249-259.

境转向有利的一面。①

Wiedow 和 Konradt 研究了团队反思与团队适应性对团队表现的影响，结果表明团队反思和团队适应性与团队表现呈正相关。② 虽然 Wiedow 和 Konradt 没有进一步对团队反思与团队适应性之间的关系做进一步研究，但仍然做出了假设，他们认为团队反思可能会导致团队适应，因为适应可能是反思阶段新的想法、目标和战略发展之后的下一步。Kolb 和 Kolb 认为组织行为与管理领域常年来将组织与管理表现作为研究重点，但是近年来，在新的视角下，组织更应该被视为一个学习系统，而管理应该被视为一种学习过程。他们早年提出的体验式学习理论同样适用于组织行为学与管理学，因为"从经验中学习"是人类社会普遍存在的活动。他们认为管理就是管理者，组织或团队学习如何解决问题、做出决定、制定战略等的过程。不管是以往对体验式学习过程的基础研究还是现在将体验式学习理论运用于管理学的研究，他们都赞同：①差异，冲突和分歧都是推动学习的动因，解决冲突、让对立方更好地适应环境是学习的一部分；②学习是人与环境之间协同作用的结果。稳定和持久的学习模式产生于个人和他所处环境中的互动。我们每一次可能的学习体验方式会影响我们做出选择或决定；③学习是一个整体的适应过程。它不仅是认知的结果，而且涉及到人的思考，感受和行为举止等。③

从以上研究我们不难发现，学者们认为对于冲突和分歧进行反思，可以促进个体的环境适应。所以我们做出以下假设：

反思可以促进员工的企业文化适应，即：当发生不同程度的冲突时，个体可能会对自己的行为产生反思，而反思可以帮助员工适应企业文化。

---

① Hocking B A. Using reflection to resolve conflict[J]. AORN journal, 2006, 84(2): 249-259.

② Wiedow A, Konradt U. Two-dimensional structure of team process improvement: team reflection and team adaptation[J]. Small group research, 2010, 42(1): 32-54.

③ Kolb A, Kolb D. Experiential learning theory: a dynamic, holistic approach to management learning, education and development [M]//Armstrong S, Fukami C, Eds. TheSAGE handbook of management learning, education and development. 2009: 42-68.

假设六：反思可以预测员工的企业社会文化的适应性。

(三)假设与问题的总结及模型图

综上所述，我们从现有的文献梳理了前人的研究成果，设计出成渝两地外企员工问卷，调查研究文化距离、交际期望违背、冲突管理模式、冲突的频率和强度、反思及企业文化适应等多种因素的情况，以及相互之间的关系。基于文献回顾和梳理，以及逻辑推理和定性研究，我们综合第七章和本章的内容，将第三阶段问卷调查的所有假设和问题总结如下，并据此描绘出第三阶段研究的模型图(图 8-2)。

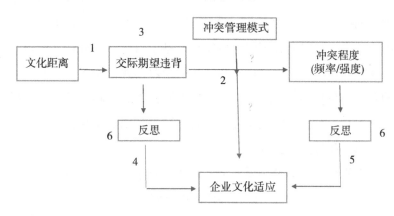

图 8-2　假设及问题思维模型图

假设一：文化距离(代表国别文化差异)与交际期望违背成正相关。

假设二：交际期望违背与冲突程度(频率和强度)呈正相关。

假设三：文化差异可以预测冲突程度(综合冲突频率和强度)。

假设四：交际期望违背与员工对于公司的社会文化适应呈负相关。

假设五：冲突程度(频率和强度)与员工对于公司的社会文化适应呈负相关。

假设六：反思可以预测员工对于公司的社会文化适应。

问题一：

成渝两地外企员工更倾向于使用哪种(些)冲突管理模式？冲突管理模式是否会因为冲突的类型(与上级或者评级的冲突)而有所不同？冲突管理模式是否会因为有无海外工作/学习经历而有所不同？

问题二：

冲突管理的模式如何影响员工对于企业的社会文化适应？

图 8-2 直观地表现了上述变量之间的关系(每一假设由对应的数字代表，问题由问号表示)。

(四)问卷调查的思路与方法

交际期望违背或冲突发生之后，双方会调整对对方的交际期望，而如果对方属于公司文化的代表方，或者资历更高的员工，通常调整比较多的一方会是新员工或者本地员工，而调整的结果便会有利于员工对企业的社会文化适应。再者，我们认为哪怕不是那样，在现实中的企业文化不仅仅是自上而下的演绎式的传递，更是归纳式——由各级员工的互动和沟通模式构建起来。因此，如果在冲突发生后，或者在冲突得到管理的过程中和之后，当事人愿意去反思整个事件，以及自身和他人的反应及感受，那么这将更加有利于他们调适自己的沟通方式和思维模式，最终构建起一种整合协同的企业文化。

以上就是我们设计调查问卷的基本思路和原理；接下来，将从量表和统计学两个方面，详细介绍问卷调查研究的方法。

1. 企业社会文化适应

关于文化适应这个变量，我们采用了 Wilson 的社会文化适应量表，这个量表的问题涉及五个方面的社会文化适应，即：人际沟通、工作表现、个人兴趣爱好和社区参与度、生态环境适应以及语言能力。由于这个量表的研究对象主要是针对移民，测量的是移民抵达新的社会文化环境后的适应情况。为了适合我们的研究，我们将其中社区或者当地换成公司，比如原文是"获取社区服务"被改为"获取我所需的公司提供的各项服务"，同时删去"适应社区里的噪音"，以及"适应社区的人口密度"，因为针对企业的社会文化适应几乎不会涉及以上两项。

2. 反思

对于反思这个变量，我们采用了 Kember 等人①设计的反思问卷的缩减版，一共有 8 道问题（见表 8-1），答案的选择是由"非常不同意(1)"到"非常同意(5)"。因为原量表被设计用于教育领域的反思测量，我们把其中一些词汇进行了调换，使之适合测量员工对于公司环境的反思，比如：我们把表 8-1 第 5 题"学习这门课程的结果"改为"在这家公司工作的结果"。

表 8-1   **反思问卷缩减版**

反思(R)：
1. 我有时会质疑别人做事的方式，并试图想出一种更好的方式。(R1)
2. 我喜欢仔细思考自己一直在做的事情，并考虑换别的方式去做。(R2)
3. 我经常反思自己的行为，看看自己是否本可以做得更好。(R3)
4. 我经常重新评估自己的经历，以便可以从中学到东西，以便下一次可以做得更好。(R4)
批判性反思(CR)：
5. 在这家公司工作的结果是使我改变了对自己的看法。(CR1)
6. 在这家公司工作动摇了我一些固有的想法。(CR2)
7. 在这家公司工作之后，我改变了通常的做事方式。(CR3)
8. 在这家公司工作我发现以前认为的一些正确的想法是有误的。(CR4)

① Kember D, et al. Development of a questionnaire to measure the level of reflective thinking[J]. Assessment & Evaluation in higher education, 2000, 25(4): 381-395.

笔者指导的英语专业的研究生对于上述量表进行了英译中的翻译，并亲自检查和修改，经过与翻译者若干次商讨后，定稿。最后的问卷经过编辑，打乱了一些题目的顺序，最终包括 5 部分一共 62 道题。前四部分分别测量四个变量，第五部分，要求被调查者填写一些人口学的信息、自己的职务、工作年限和所在公司所属母公司国籍。

在将问卷正式发放给目标人群进行填写之前，我们邀请了近 10 名在职人员对问卷进行回答，特别是提出反馈意见，包括语言使用、问题理解、排版、逻辑等。在提出反馈的基础上，我们对问卷进行了进一步的修订，最终定稿(附录六)。

(五)调查结果

根据问卷调查所获取的数据，以下我们将首先讨论原测量工具的效度文献，再列出各个测量工具的内部一致性。第一部分企业文化适应测量工具包含 5 个分量尺：人际沟通(7 题)、工作表现(4 题)、个人兴趣爱好和社区参与度(4 题)、生态环境适应(2 题)以及语言能力(2 题)。整个文化适应量尺及各个分量尺的内部一致性列于表 8-2、表 8-3；第二部分反思量表的内部一致性列于表 8-4。在此基础上，我们再按照假设和问题的顺序，逐一解释统计分析得出的变量间的关系结果，并进行讨论。

Wilson(2013)回顾了企业文化适应相关的理论基础及测量工具，他的论文研究对于身处新环境中的社会文化适应提供了一种深度的检验，对本量表提供了充足的内容效度及建构效度证据，特别是笔者使用探索性及验证性因素分析的两种取向来建立量表的建构效度；另外，笔者也使用了新＝选取—两种假设验证的路径分析来提供与外在变量关系(即预测效度)的效度证据。

由表 8-2 可以看出，企业社会文化适应量表有相当高的内部一致性，事实上，整个企业社会文化适应量表的内部一致性有一点过高——0.92，显示其中有一些题项可能有高度的重复性，像第 11 题和第 17 题跟总分的相关非常高，显示这两个题目可能对此量表的高内部一致性有重要的贡献(影响)。

企业文化适应量表的 5 个分量表也有相当不错的内部一致性，最低的内部一致性为 0.71（个人兴趣爱好和社区参与度）和最高的为 0.88（语言能力），一样的现象，只有两题的分量尺有这么高的内部一致性，显示有可能这两题题项的重复性相当高，受试者也许倾向于选择非常相似的回答。

表 8-2　　　　　　　　　企业文化适应量表的内部一致性

题项	平均值	题项与总分相关	人际沟通 $\alpha=0.84$	题项与总分相关
1	3.38	0.45	1	0.61
2	3.61	0.56	2	0.64
3	3.46	0.56	3	0.58
4	3.22	0.46	4	0.57
5	3.70	0.64	5	0.56
6	3.71	0.60	6	0.57
7	3.69	0.56	7	0.59
8	4.16	0.61	工作表现 $\alpha=0.84$	题项与总分相关
9	3.96	0.64	8	0.64
10	3.79	0.67	9	0.71
11	3.70	0.72	10	0.74
12	3.73	0.44	11	0.62
13	3.64	0.59	个人兴趣爱好和社区参与度 $\alpha=0.71$	题项与总分相关
14	3.63	0.58	12	0.35
15	3.95	0.60	13	0.60
16	3.95	0.60	14	0.59
17	3.98	0.71	15	0.45
18	3.97	0.68	生态环境适应 $\alpha=0.74$	题项与总分相关
19	3.91	0.66	16	0.59
Cronbach's α	0.92		17	0.59
			语言能力 $\alpha=0.88$	题项与总分相关
			18	0.79
			19	0.79

Kember 等人清楚地阐明了反思量表的理论基础，选题标准与测试过程，他们在文章中主要提供了量表的内容，建构与预测效度的实证证据。[①]

表 8-3   **反思量表的内部一致性**

题项	平均值	题项与总分相关
1	3.88	0.49
2	3.55	0.53
3	3.97	0.49
4	3.51	0.57
5	3.93	0.49
6	3.52	0.53
7	3.68	0.38
8	3.45	0.51
Cronbach's α		0.79

表 8-3 显示反思量表的内部一致性在可接受的范围之内：0.79，各个题目的平均介于 3 跟 4 之间，同时各个题项跟总分的相关系都在 0.3 以上，显示此量表所有题项内容的一致性颇高。

(1) 假设四(交际期望违背与员工对于公司文化适应呈负相关)检测结果(见表 8-4)：

表 8-4   **交际期望违背与员工对于公司的社会文化适应的相关性**

	员工对于公司的社会文化适应
期望违背	-0.20^{**}
评估	-0.30^{**}
结合期许违背与评估	-0.26^{**}

---

① Kember D, Leung D, Jones A, Loke A, Mckay J, Sinclair K, Tse H, Webb C, Wong F, Wong M, Yeung E. Development of a questionnaire to measure the level of reflective thinking[J]. Assessment and evaluation in higher education, 2000(25): 381-395.

从分析结果来看，交际期望违背与员工对公司的社会文化适应呈显著负相关($p<0.01$)，相关系数为-0.26，因此假设四成立。尽管统计学相关分析结果表明交际期望违背与对公司的社会文化适应呈负相关，但是，因为交际期望违背的测量部分是基于个案(可以回想一个同事)，而组织社会文化适应是基于对目前所属公司的一个比较概括的变量，与某个同事的交流很难与对整个组织的社会文化适应联系起来，因此，假设四的成立有可能是偶然的。

(2)假设五(冲突频率和强度与员工对于公司文化适应性呈负相关)检测结果(见表8-5)：

表8-5　　冲突频率和强度与员工对于公司的社会文化适应的相关性

	员工对于公司的社会文化适应
冲突频率	-0.03
冲突强度	-0.08
结合冲突频率和强度	-0.06

从分析结果可知，冲突频率和强度与员工的组织社会文化适应并不呈现显著的负相关(相关值为-0.06，检验的显著性水平大于0.05，不显著)，说明假设五不成立。这条假设不成立，可能是因为冲突频率和强度的测量是部分基于个案，也就是问卷题目中鼓励参与者回想一个同事，而与这个同事的冲突很难与参与者对于整个企业的社会文化适应相关联，因此不具有显著相关性。

(3)假设六(反思可以预测员工的企业社会文化适应)检测结果(见表8-6)：

在此，我们通过层级式回归分析(hierarchical regression analysis)来检验反思是否可以预测企业的社会文化适应，模型一包含总公司所在国家的文化差异作为控制变项，因为理论上企业所在国的文化差异愈大，在企业内所需要的社会文化适应也愈大；模型二则在模型一中加上反思作为预测变项。

表 8-6 　　　　反思预测企业的社会文化适应回归分析结果（$n=216$）

变项	模型一			模型二		
	回归系数 B	标准误 SE(B)	标准化回归系数（β）	回归系数 B	标准误 SE(B)	标准化回归系数（β）
总公司所在国	0.039	0.017	0.16*	0.031	0.05	0.13*
反思				0.40	0.058	0.42**
模型 R^2		0.021			0.19	
R^2改变 F 值		5.60*			47.04**	

注：＊$p<0.05$ ＊＊$p<0.01$

因变量：员工的组织社会文化适应

　　回归分析的结果显示两个模型在统计上都是显著的，代表总公司所在国的文化距离对员工的组织社会文化适应是一个重要的控制变项。而在控制总公司所在国的文化距离之下，反思仍然是一个重要的预测变项。反思与员工对于公司的社会文化适应在 0.01 水平上显著（0.432），这一点与我们的预测非常符合，也就是两个对于总体特性和状态进行测量的变量，即：参与者反思的习惯和能力，以及参与者对于所属组织的社会文化适应程度，呈显著相关，表明员工进行反思越多，对公司的社会文化越适应。

　　（4）问题二（冲突管理的模式如何影响员工对公司文化的适应）检测结果：

　　在此我们仍使用层级式回归分析（hierarchical regression analysis）来检验两种主要的冲突管理方式——对抗或正面（拖鞋、整合、控制）与非对抗或非正面（逃避、顺从）冲突管理是否可以预测企业的社会文化适应。同样，模型一包含总公司所在国家的文化距离作为控制变项；模型二则在模型一中分别加入正面与非正面冲突管理的模式作为预测变项。回归分析的结果如表 8-7 和表 8-8 所示。

表 8-7　正面冲突管理模式预测员工对公司社会文化适应回归分析结果($n=216$)

变项	模型一			模型二		
	回归系数 B	标准误 SE(B)	标准化回归系数 (β)	回归系数 B	标准误 SE(B)	标准化回归系数 (β)
总公司所在国	0.039	0.017	0.16*	0.031	0.015	0.13*
正面冲突管理				0.40	0.050	0.48**
模型 R^2	0.021			0.25		
R^2改变 F 值	5.60*			64.93**		

注：因变量：员工对于公司的社会文化适应。

表 8-8　　非正面冲突管理模式预测员工对公司的社会文化
适应回归分析结果($n=216$)

变项	模型一			模型二		
	回归系数 B	标准误 SE(B)	标准化回归系数 (β)	回归系数 B	标准误 SE(B)	标准化回归系数 (β)
总公司所在国	0.039	0.017	0.16*	0.038	0.017	0.16*
非正面冲突管理				-0.063	0.045	-0.094
模型 R^2	0.021			0.025		
R^2改变 F 值	5.60*			1.96		

注：因变量：员工对于公司的社会文化适应。

从正面型冲突管理策略与组织社会文化适应的回归分析（表 8-7）可以看出，正面型冲突管理策略可以预测组织社会文化适应，（在小于 0.01 的水平上显著，$p<0.01$），甚至控制策略（表 8-9）单独也可以预测组织文化适应。而非正面型冲突管理与组织社会文化适应的回归分析（表 8-8）显示：在控制总公司所在文化差异之下，非正面型冲突管理策略不能预测组织社

会文化适应，呈现弱而不显著的负相关(-0.06)。正面型冲突管理策略包括合作、妥协和控制策略，非正面型冲突策略主要包括规避和顺从策略。而通过进一步的分析，我们发现正面型冲突管理策略的三种策略，即：合作、妥协和控制，全部与组织社会文化适应呈显著正相关，分别为0.45、0.29和0.31。这表示员工越倾向于使用合作、妥协和竞争的冲突管理策略，越容易适应组织的社会文化。由此看来，无论怎样的冲突管理策略，只要是正面、开放地去沟通和解决问题的，都是有利于本人适应公司的社会文化的。

表8-9　　控制冲突管理模式预测员工对公司的社会文化适应
回归分析结果($n = 216$)

变项	模型一			模型二		
	回归系数 B	标准误 SE(B)	标准化回归系数 (β)	回归系数 B	标准误 SE(B)	标准化回归系数 (β)
总公司所在国	0.039	0.017	0.16*	0.037	0.016	0.15*
非正面冲突管理				0.19	0.039	0.31**
模型 R^2	0.021			0.11		
R^2改变 F 值	5.60*			23.04**		

注：因变量：员工对于公司文化的适应。

(六)讨论

本章中的三个假设中有两个获得了支持，一个不成立。以下，我们将分析假设成立与不成立的原因以及我们发现的针对问题二的答案。

(1)假设四(交际期望违背与员工对于公司社会文化适应呈负相关)成立。

即是说交际期望违背可能导致员工对于企业社会文化的适应减弱。在问卷中，我们建议参与者回想同一个同事的交际情况来回答关于交际期望违背的问题，因此有一部分问卷的数据是基于个案的测量结果，而另一部分未遵照我们的建议的问卷回答者的回答则代表了对于公司同事普遍的印象。这样，关于交际期望违背的总体测量结果混杂了两种情况——个案和普遍印象，使得这一变量同代表普遍印象/总体评价的变量——组织社会文化适应之间的关系变得比较复杂。然而，较为显著的负相关性仍然代表了两个变量之间一定程度的负相关性，尽管这个统计学分析的显著性需要进一步检验。

（2）假设五（冲突程度（频率和强度）与员工对于公司的社会文化适应呈负相关）不成立。

由上可知，由于部分关于冲突频率和强度的数据基于个案（可以回想一个同事），因此，一部分问卷是关于冲突程度的个案测量，同代表普遍印象/总体评价的变量——组织社会文化适应之间不是同一个层面的变量，所以统计学分析的显著与否都需要进一步检验。这一假设的推翻不足以说明冲突的发生与员工对于企业文化的适应并没有直接的相关性，而且这也与前人对于海外留学生（如 Shupe）的研究结果不符。① 尽管如此，假设真如本书的发现，冲突程度跟企业社会文化适应不相关，那么这也支持了冲突的中性观点，即：冲突是工作中正常发生的现象，如果错误对待，可以造成人际关系的破坏、情感的受伤，以致影响团队的合作和工作的绩效；但如果处理得当，也可以成为改进的动力和创新的源泉。

（3）假设六（反思可以预测企业的社会文化适应）成立。

验证结果表明，具有较高的反思性，也更可能具有较好的企业社会文化适应。这一发现说明，具有较强反思习惯和反思能力的人更容易在多元文化的工作环境中进行融合和协同，成为企业中的一员。

（4）对问题二（冲突管理的模式如何影响员工对于公司文化的适应？）的

---

① Shupe E I. Clashing cultures: A model of international student conflict[J]. Journal of cross-cultural psychology, 2007, 38(6): 750-771.

回答：

我们发现正面型冲突管理策略（包括合作、妥协和控制）可以预测组织的社会文化适应，也就是说，使用正面型冲突管理的策略有助于参与者适应公司的文化。通过进一步分析，每一种正面型冲突管理策略（合作、妥协和控制）中，一直不太被看好的控制性（又称：主导型或者竞争型）冲突策略也与参与者的组织文化适应呈显著的正相关。

综上所述，较善于反思也较常反思的员工，组织的企业文化适应度则较高。越倾向于使用正面型的冲突管理策略（包括：合作、妥协和控制）的员工越能够比较好地进行企业文化适应，反之亦然。而交际期望违背越大，越不容易适应企业文化，但冲突，无论是频率还是强度，都不太影响企业文化的适应。

四、小结

本章在第六和第七章的研究基础上，从探讨文化差异、冲突、冲突管理，到探讨员工对于企业的社会文化适应，特别是它与冲突、冲突管理、反思、交际期望违背的关系。针对本章一开始提出的研究问题四（面对文化差异和跨文化冲突，在华外企的中国员工是经过怎样的路径适应企业社会文化的？），我们从在成都的外企员工的访谈研究中发现：一方面，有经验的外企员工，经过多年的积累、反思、学习，发展出一套既能够符合企业文化价值观，又能够适合自己的成长背景、民族文化及个性的工作模式和风格。而这个摸索的过程可能会是五年、十年，甚至更长的时间，一旦换到别的企业，这样的摸索过程又会从头开始，但是他们会越来越高效地完成企业文化的适应。另一方面，也就是从跨国企业的角度来讲，强调多元文化共存、参与和平等的价值能够帮助员工融入和适应其文化。从成渝两地外企员工的问卷调查中，反思和正面冲突解决方式能够帮助员工适应企业的文化。善于反思和具有反思习惯的员工，愿意从已经发生的事件中去了解事情的结果与诸多因素的关系，特别是对于冲突的反思。使用正面的冲突管理策略可以帮助冲突双方更了解对方的交际期望，从而调整自己对于对方的交际期望，使得交际期望违背减小，这样，也就便于降低冲突的频率和强度，并且避免冲突升级。另外，关于企业文化同自身民族文化差异的反思和学习，也帮助员工更加认识和了解自己和他者的文化，从而找到最适合自己的平衡的方式去适应企业文化。问卷研究的发现分别验证了前人对于正面冲突策略和反思的积极作用的研究，也补充了前人对于二者预测企业社会文化适应的研究的缺失。

第九章 结 语

本书基于跨文化交际的理论和方法，针对身处外资企业内的中国员工因文化差异所经历的跨文化冲突、冲突的管理，和文化适应的过程，以地处中国西部的两大经济、政治、文化重镇——成都和重庆为目的进行了田野调查，涉及外资企业 40 余家，调查员工 300 多人次，获取了大量有益的信息和数据，取得了一定的研究成果。

此类研究工作在国内尚属首次。调研的结果回答了一些问题，也引发我们更深入地思考，期望对未来相关研究工作有所启发和借鉴。

一、文化的差异、冲突、管理与适应

(一)企业价值观比较与企业文化差异

早在 20 世纪 70 年代，霍夫斯泰德将企业文化比喻为洋葱，提出企业文化的"洋葱模型"，即：文化的核心是价值观，其余各层是文化的实践。霍夫斯泰德还把企业文化分成四种类型——最佳文化、实际文化、认知文化和员工理想工作环境。从霍夫斯泰德的文化价值观维度研究和 GLOBE 项目的研究发现来看，不同国家的企业文化具有较大的差异，而且深受国别民族文化的影响。但其研究从客位的角度，使用西方中心的价值观维度来衡量其他的文化，缺失了主位视角下的本土文化概念。对于文化研究的维度理论有若干，但都倾向于过分简单化，这样做虽然易于文化的比较和量化研究的操作，但是忽略了诸多重要因素，比如：文化内的差异性，文化的演变性、本土文化概念和理念的重要意义等。因此，对于这种研究方法争议性很大。

本书不同于西方中心的客位角度的比较文化研究，以及单单使用主位视角的特定文化的民俗志研究，在针对进入财富 500 强的中美企业价值观的比较研究中，依照了我国传统文化中阴-阳互补的观念，即对立统一的思维方法，同时从主、客位的角度，比较企业价值观的异同并探究企业文化与国别社会文化，以及行业文化的关系。我们的研究表明：企业文化深受国家社会文化特征的影响，超越了其对于全球化行业要求的回应，不同国家的企业文化间存在较大的差异。以中美企业为例，中国企业强调的价值观有：发展、卓越、和谐、创新、务实、质量、服务国家、稳定、双赢。体现了美国文化特征的美国企业价值观有：社区、顾客、赋能、道德、正直、领导力、坦诚、尊重、安全、信任。而展现了两国企业趋同性的价值观类别有：全球公民、学习、人民、股民。这说明即使是在全球化的今天，中美企业文化尽管有趋同的一些特质，但仍存在着较大的差异。如果将这些企业强调的本土价值观进行分类，可以与霍夫斯泰德（1980—2000）、豪斯（2004）等人的文化维度研究对应，即：中国企业价值观中体现出的集体主义倾向，如：稳定、双赢、和谐、服务国家等，是对于关系导向和顾全大局的强调；与之平衡的是"工业化"带来的对于企业和生产的要求，即：发展、卓越、创新、质量，这类皆为"成就"文化。而美国企业价值观如正直、领导力、尊重、信任、赋能、坦诚等，强调的是个人品格和素养的强调，代表了个人主义的倾向，但同时也顾及企业对于社会的责任，如道德（ethics）和社区（community）。因为，数据来自企业价值观声明，中美价值观比较研究的结果体现的是企业励志成就的价值观，跟员工感知的企业文化有一定距离的，但我们通过与之跟前人对于员工经验的或者感知的企业文化价值观的发现进行对比，发现二者绝大部分是重合的。

在成都的外企员工的访谈研究中，我们发现大部分受访者能感受到企业文化同自身民族文化存在较大的差异，其中较明显地存在于交流沟通方面的差异是：层级分化、沟通氛围、会议文化方面。本书的发现与前人相关的文化维度研究既有契合之处，也有差异。比如：印证了关于权力距离的中西差异，但对于本来就存在争议的不确定性规避的中外差异，我们发现在这个维度上，日本企业高于中国企业，德国企业高于美国企业。另外，中国员工往往比较欣赏西方企业文化中的平等、开放、鼓励自由表达的沟通氛围。但是在面对如外企的头脑风暴式会议时，中国员工感受到文化冲击，往往在需要自由发表意见，特别是在挑战上级的时候不知所措，宁愿选择会后私下沟通而不愿意会上公开想法。深入探求这些调查发现，此类情况的发生貌似与员工的英语熟练程度有关，但更为实质的原因是中国人在社会生活中强调的面子和权力的文化有一定的关系，印证了此前陈国明等人研究的发现，即：冲突在中国文化中与以下六个因素密切相关，即：面子、关系、长辈、权力、信用以及冲突的严重程度。[①] 例如中国人在社会交际中往往讲究含蓄和谦虚，顾及面子甚于表达的愿望，这与外企中的头脑风暴式会议文化形成了鲜明对比。

（二）关于冲突与冲突管理

在对在蓉外企员工的访谈数据分析中，我们发现有约91.4%的受访者认为在公司跟人发生过分歧，也就是按照我们在本书中的定义，发生过冲突。同时，我们发现采取顺从领导的冲突策略的人与采取"直接表达、共同商议"的冲突策略的人数相当，大概各占25%，其余的人采取比较折中的策略，即：会议中不正面提出异议，而在会前或者会后私下处理，或者见机行事、灵活处理。

在对成渝两地外企员工的问卷调查的结果表明：（1）我们部分根据Triandis[②] 和 Triandis 等人[③]的模型，普遍认为文化距离与人际冲突以及跨

---

① Chen G M, Ryan K, Chen C. The determinants of conflict management among Chinese and Americans[J]. Intercultural communication studies, 1999(9): 163-175.

② Triandis, H. C. Culture and social behavior[M]. New York: McGraw-Hill. 1994.

③ Triandis, H. C., Kurowski, L. L., &Gelfand, M. J. Workplace diversity [M]// H. C. Triandis, M. D. Dunnette, & L. M. Hough Eds. Handbook of industrial and organizational psychology (2nd ed., Vol. 4,). Palo Alto, CA: Consulting Psychologists Press. 1994, 267-313.

文化冲突相关。然而，同 Shupe① 一样，我们关于文化距离和冲突的相关性假设没有得到支持，即：表面的国别文化差异并不一定带来冲突。然而，我们关于交际期望违背同冲突程度之间的相关性，得到了支持，也就是说更能预测冲突的是交际期望违背这个变量。当文化之间发生接触，来自不同文化的人之间的文化间性（interculuality）问题是非常复杂的，人们可能根据刻板印象或者先入为主的认知来调整设置自己对于对方的期待，也可能据此来调整自己的行为，甚至会根据对方可能对于自己的认知来自我调整，以适应对方对自己的期望。而这些刻板印象、想象和认知可能正确也可能错误，在当事人彼此的互动中，比较有觉察力（mindful）和敏感度（sensitivity）的人会继续去调整自己的期待和认知，根据建构主义的解读，双方通过彼此的交流，逐渐共同构建起一个彼此的"现实"。Useem，Useem，和 Donoghue（1963）②把"第三文化"定义为来自不同团队的人们因为彼此互动，学到和分享的一套行为模式。Casimir（1992）提到"第三文化"包含团队的个体为了分享资源以达到一个共同目标而进化出的共享的框架、价值体系以及沟通体系。在这个共同建构起来的"第三文化"中，双方去磋商文化的规则，要么融合彼此的文化，要么交替使用参与者其中一方的文化，要么共同遵循企业文化和职业要求，要么建构一个超越参与者各自以及当地社会文化的文化。因此，文化差异，特别是国别文化差异，也许会降低决策和沟通效率，但不一定带来更多的冲突。文化间性使得交际双方的文化彼此调整，互为补充、拓宽了共同的视野，丰富了各自的视角，在第三文化中，共同构建和磋商沟通的方式和内容，以达到有效沟通的目的。加之被调查的员工约 1/4 具备海外经历，这些员工或许具有较高的文化觉察力、敏感度和文化知识，使得跨文化交际更加顺利而有效。这

---

① Shupe E I. Clashing cultures: A model of international student conflict[J]. Journal of cross-cultural psychology, 2007, 38(6): 750-771.

② Useem, J., Useem, R., &Donohue, J. Men in the middle of the third culture: The roles of American and non-western people in cross-cultural administration [J]. Human Organization, 1963(22): 169-179.

些都有助于缩小交际期望违背，而不一定带来更频繁或者更严重的冲突。

控制型冲突管理策略是交际期望违背预测冲突程度（频率和强度）的中介变量。员工在交流中期望违背越大，越容易使用控制型冲突管理策略，其结果可能使得冲突更频繁或者更激烈。因此，控制型冲突管理策略并不利于冲突的管理或解决。

比起使用非正面（逃避或顺从）的冲突管理模式，员工更倾向于使用合作、妥协或者控制的策略。访谈与问卷调查发现，外企员工倾向于处理冲突而不是逃避冲突，无论使用的是当面对峙还是私下沟通的策略。

通过访谈，我们还发现当外资公司文化比较占上风，并且在现实中施行平等、自由、开放的沟通氛围时，员工的冲突管理策略会倾向于开放、直接、不怕挑战上级。而当外资公司文化倾向于本地化，或者比较弱势的情况下，员工可能会选择较为顺从上级的冲突管理策略。还有一些员工选择因人而异的策略，在与中国籍或者外籍老板讨论时会使用不同的策略，前者顺从，后者在顺从中发表自己的看法。比较成熟的冲突管理策略是平衡之道，即，事前沟通，或者会后沟通，从而避免当众挑战上级或者他人的尴尬场面，但又部分顺应了公司要求员工开放、自由的提出自己见解的文化。最后，在访谈中我们发现反思是一个有利于个人在冲突管理方面成长，以及进行企业社会文化适应的重要因素。

（三）关于跨国企业内的社会文化适应

我们发现企业文化适应的过程和效果是双向的。一方面，员工进行观察、学习和实践，在经历了种种沟通事件和冲突之后，可以找到一条可以兼顾公司提倡的文化和自身核心价值及民族文化传统的平衡之。另一方面，作为外企方大部分愿采用包容多元文化的态度，强调开放、自由、平等的交流，鼓励员工融入工作的团体，实现自己的价值，从而促进其进一步适应公司的社会文化。

从问卷调查中我们获得了此前提出的关于冲突、反思和企业文化适应之间关系的假设的验证结果：（1）冲突与企业社会文化适应不相关，即更多的冲突不一定导致更弱的企业的社会文化适应;(2)交际期望违背与企业的社会文化适应呈负相关,即员工的交际期望违背越大,其企业社会文化适应度越低,反之亦然;(3)反思可以预测员工的企业社会文化适应,即越喜欢和善于反思的人越容易适应企业社会文化;(4)使用正面的冲突管理模式(合作、妥协和控制)的倾向,能够预测企业的社会文化适应,即越倾向于使用正面的冲突管理策略的员工,其对于企业的社会文化适应度越高。

冲突更多而强度更大不一定说明当事人更弱的企业社会文化适应。在统计学分析中,我们建立起了冲突管理策略同企业社会文化适应之间的关系,表明:冲突的发生,无论其频率或者强度,不一定影响员工对于企业社会文化的适应。但怎样去管理冲突,一般来讲使用正面的冲突管理策略(合作、妥协和控制),而非逃避和顺从,更有利于员工适应企业的社会文化。而反思成为可以帮助员工进行企业社会文化适应的因素:更愿意和更擅长反思的人也更适应企业的社会文化。

综上所述,相关变量间的关系如图 9-1 所示:

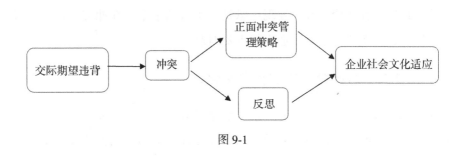

图 9-1

二、传统文明对交流的影响

19 世纪中叶,在中国经历了 2000 余年的封建社会遭到了外来文明的强烈冲击。既经冲击,我们这个"静如处子"的古老社会,忽然就"动如脱兔"地变了起来——简直是十年一变,一变则面目全非。150年来,我们那个千年不变之习,一下就变了至少15变。当然变化最剧烈的,当数中国自20世纪70年代末80年代初改革开放以来的40余年间,中国如同坐过山车般经历了农业社会、工业社会和后工业社会三大社会的伟大变迁,几乎浓缩了西方国家几个世纪的经历!尽管我国各地区社会经济并不平衡还存在很大差异,事实如费孝通先生所说,如今三个社会形态在我国同时存在着:"在中国一些边远农村,还处在农业时代,但许多地方已经是工业时代了,而在大城市信息文明已经进来了。也就是在中国,前工业文明、工业文明、后工业文明的发展是重叠交织在一起的。"①在我国发达地区及各大中心城市,如本书所考察的成都、重庆,实际上已然进入后工业社会,即以第三产业经济为主导的,数字通信、互联网技术为标志的信息化社会。

改革开放前的中国绝大多数地区还处在典型的农业社会中——中国几千年来的文明正是发端于此。然而社会形态的变迁是否会对传统文化或文明产生根本的动摇和影响呢?对此,亨廷顿曾说:"文明被认为是所有史话之中最长的史话。"②法国历史学家布罗代尔更是明确指出:

> 文明包括的时段相比于任何特定的社会现象要长得多,文明的转变远不如它所支持和包含的那些社会的转变那样迅速……在每个时期,都有一种确定的世界观,都有一种集体心态支配着社会的全体大众。强加给社会一种态度,引导社会的选择,固执社会偏见,指导社会行动,这在很大程度上是文明中的一种事实。这种世界观,这种集体心态,远非源于偶然事件或一个时期的历史和社会环境,它们源于今天人们几乎已察觉不到的古代信仰、恐惧和焦虑……这些基本价

① 费孝通. 全球化与文化自觉:费孝通晚年文选[M]. 北京:外语教学与研究出版社, 2013:12.

② [美]塞缪尔·亨廷顿. 文明的冲突与世界秩序的重建. [M]. 周琪, 等译. 北京:新华出版社, 2002:27.

值、心理结构无疑体现了这样的特征——文明是最不容易沟通的人与人之间的关系。它们就是那些使人们陷于孤立状态、造成人与人之间最明显差别的因素。这样的心灵习性经受了时间的考验，经过长期的酝酿——其本身在很大程度上却未被人们意识到。①

中华文明是现存于当今世界五大文明之一，它被视为是以儒家思想为核心的文明。中国从春秋战国时期直到晚清，思想领域各派各家曾经过激烈的争论，儒家最终且持续占据了上风。自古以来，儒家所倡导的：仁、义、礼、智、信，以及忠、孝、悌、忍、善等，就一直是中华民族人与人之间关系的行为准则。这些行为准则归根到底是一个"善"字。孟子认为人之初性本善，即人性本有种种"善端"，有触即发，不待教育。中国人传统伦理道德中的仁、义、礼、智、信其实皆源于此，他说：

> 乃若其情，则可以为善矣。乃所谓善也。若夫为不善，非才之罪也。恻隐之心，人皆有之。罪恶之心，人皆有之。恭敬之心，礼也。是非之心，智也。仁义礼智非由外铄我也。我固有之也。
> 由是观之，无恻隐之心，非人也；无羞恶之心，非人也；无辞让之心，非人也；无是非之心，非人也；恻隐之心，仁之端也；羞恶之心，义之端也；辞让之心，礼之端也；是非之心，智之端也，尤其有四体也。（《孟子·公孙丑》）

孟子认为人性善的核心乃是恻隐之心。从恻隐之心延展为羞耻、辞让和是非之心，成为仁、义、礼、智的源头。人性本有种种"善端"，故孟子对"大人"的评价标准是："大人者，不失其赤子之心者也。"（《孟子·离娄章句下》）《孟子·滕文公上》说"孟子道性善，言必称尧舜"，可见性善论

---

① ［法］布罗代尔. 15 至 18 世纪的物质文明、经济和资本主义(第 3 卷)［M］. 施康强, 译. 北京：生活·读书·新知三联书店, 1992：55.

实处于孔孟之道的中心位置。所谓中国的伦理关系，就是与人为善的关系。

这一延续了2000余年的社会被梁漱溟称为"伦理本位"的社会。梁漱溟先生又进一步说："所谓伦理者无他义，就是要认清人生相关系之理，而于彼此相关系中，互以对方为重而也。"①伦理社会就是一个重情谊的社会。故相对于西方的契约社会，中国社会就是人们常常说的"人情社会"。

综上所述，历史上中国是以伦理组织社会，立足于发掘人类真切美善的感情。然而这一切发端在家庭，培养在家庭。成人后便能将"孝弟""慈爱""友善"等品德带到社会并传承于后世。

(一)以家庭为重的伦理

早在2000多年前，孟子就提出：君臣、父子、兄弟、夫妇、朋友五种人伦关系，即著名的"五伦"。值得注意的是五伦中就有三伦涉及家庭，其余二伦虽不关乎家，但其内容亦可以家推之，如拟君于父，拟朋友于兄弟。

20世纪初，社会学理论奠基人之一的马克斯·韦伯曾专门就中国的儒家文化与基督教(新教)文化进行过比较研究，而所涉及儒家的八个方面就有三项关乎家庭：(1)家庭孝道是归约人性关系的原则；(2)亲属关系是商业事务、民间团体、法律和政治管理的基础；(3)不相信延伸了的家庭之外的任何信仰者。②

民营企业家卢作孚先生当年在其资助和从事乡村建设中更有其深切的感受和卓越的见识：

> 家庭生活是中国人第一重的社会生活；亲戚邻里朋友等关系是中国人的第二重的社会生活。这两重生活，集中了中国人的要求，范围

---

① 梁漱溟. 儒学复兴之路[M]. 上海：上海远东出版社，1994：81.
② [德]马克斯·韦伯. 中国的宗教：儒教与道教[M]. 上海：上海三联书店，2020：12.

了中国人的活动，规定了其社会的道德条件和政治上的法律制度。家庭是这样整个包围了你，你万万不能摆脱。家庭生活的依赖关系这样强有力，有了它常常可以破坏其他社会关系，至少中间一层障壁。①

对于"障壁"一说，持有相同看法的还有日本学者稻叶君山先生，他在日本《东方杂志》上撰文指出：

> 保护中国民族的唯一障壁，是其家庭制度。这制度支持力之坚固，恐怕万里长城也比不上。一般学者都说古罗马的家族制度精神之覆灭，是基督教侵入罗马之结果。但中国自唐代有奈思特留斯派（景教）传入以来，中经明清两代之传教至今，所受基督教影响不为不久，其家族制度依然不变。且反转而有使基督教徒家族化之倾向。佛教在中国有更长久之历史；但谓佛教已降服于此家族制度之下也不为过。此真世界一大奇迹！我们说中国和欧美社会之间横划着一鸿沟，全不外这些事实。②

近代思想家黄文山先生认为中国家族制度实在决定了中国社会经济的命运，乃至中国整个文化的命运。而直到今天，中国人生活中所表现出的诸多特点大多可以从上述家庭观念中推演出来。如国人在企业中和社会生活中的表现：缺乏个人意识和集团生活意识——与西方文明形成鲜明对照，也正是中国人倚重家庭家族的由来。著名法学家台湾大学陈顾远教授指出："从来中国社会组织，轻个人而重家族，先家族而后国家。轻个人，故欧西之自由主义遂莫能彰；后国家，故近代之国家主义遂非所夙

---

① 转引自梁漱溟. 中国文化要义［M］//梁漱溟全集（第3卷）济南：山东人民出版社，2005：20.
② 转引自梁漱溟. 中国文化要义［M］//梁漱溟全集（第3卷）济南：山东人民出版社，2005：41-42.

习。……是以家族本位为中国社会特色之一。"①对此，梁漱溟先生总结道："团体与个人，在西洋严然两个实体，而家庭几若为虚位。中国人却从中间就家庭关系推广发挥。而以伦理组织社会，消融了个人与团体这两端。"②

中国人根深蒂固的家庭观念，在社会生活中也处处以家庭作类比，希望获得家庭的归宿感和抚慰。西门子中国最高执行官贝殷思说："对于中国人来说，公司更像一个家庭。这里的想法是，我把自己贡献给了西门子，你现在要照顾我。"③礼来中国公司前任总裁萧凯仕也感慨地说："中国专业人士的职业期望'大大高于其他国家'。对于许多人来说，职业理想来自家庭和社会压力的推动。作为家里的独生子女，他们面临来自父母、亲戚和老师的更大的去奋斗的压力。作为成年人，他们得继续向家庭和同辈证明自己。"④上海希尔顿酒店最高执行官鲁培尔说："你得创造一种伴侣或家长式的关系，让大家信任你……当他们工作的时候，就像在第二个家里一样。"⑤这使人联想到在中国改革开放前，在各大中型企业里，职工中普遍流行的一个口号叫："以厂为家"。而工厂对职工们的回报是将家庭所需要的一切办到了工厂，如：幼儿园、小学、中学，医院，食堂等。在引进市场经济后，这一切才交给了社会。

按照中国传统文明，从家庭伦理关系如何推演到社会，并有效地组织社会呢？

---

① 转引自梁漱溟. 中国文化要义[M]// 梁漱溟全集(第3卷)济南：山东人民出版社，2005：19.

② 梁漱溟. 中国文化要义[M]// 梁漱溟全集(第3卷)济南：山东人民出版社，2005：79.

③ ［美]胡安·安东尼奥·费尔南德斯，[美]劳里·安德伍德. 关系：跨国CEO的中国经验[M]. 孙达，译. 南京：译林出版社，2010：30.

④ ［美]胡安. 安东尼奥. 费尔南德斯，[美]劳里·安德伍德. 关系：跨国CEO的中国经验[M]. 孙达，译. 南京：译林出版社，2010.

⑤ ［美]胡安. 安东尼奥. 费尔南德斯，[美]劳里·安德伍德. 关系：跨国CEO的中国经验[M]. 孙达，译。南京：译林出版社，2010.

(二)差序格局与关系社会

孟子从五伦关系出发,提出了"善推其所为",即:"老吾老,以及人之老;幼吾幼,以及人之幼……古人之所以大过人者,无他焉,善推其所为而矣。"(《孟子·梁惠王上》)

推己及人,并构建起相应的社会关系,这就是费孝通先生在《乡土中国》中提出的中国社会独特的"差序格局"即:一个人所处的社会关系,好似一块石头丢在水面上所发生的一圈圈推出去的波纹,每个人是他的社会影响所推出去的圈子的中心。与个人往来关系的远近亲疏构成了网络中的纲纪,就是差序。同心圆网络最核心的当然是配偶与亲子组成的核心家庭。顺着这同心圆的伦常(差序),就可以外推了:从己到家,由家到国,由国到天下了。费孝通先生说:"在差序格局中,社会关系是逐渐从一个人一个人推出去的,是私人联系的增加,社会范围是一根根私人联系所构成的网络,因之,我们传统社会里所有社会道德也只在私人联系中发生意义。"①针对此,梁漱溟先生也曾指出:"中国之伦理只看见此一人与彼一人之相互关系。不把重点固定在任何一方,而从乎其关系,彼此相交换;其重点实放在关系上了。伦理本位者,关系本位也。非唯巩固了关系,而其轻重得其均衡不落一偏。"②

可见,由"差序格局"构建的社会是一个基于伦理的关系社会,这与在当今西方文明中强调的个人主义、人的独立性和今天西方社会的"原子"化形成了鲜明的对照。人们称中国社会为"关系社会",此言不虚。

在本书田野调查报告中也处处可以看见:对于外资企业中的中国员工来说除了冷冰冰的上下级的职务关系外,更希望构建起基于伦理的、互以对方为重的私人关系。美国学者费尔南德斯和安德伍德在其对中国外资企业的调查后写成的专著中对中国的关系社会也有如下认识:

---

① 费孝通. 乡土中国[M]. 北京大学出版社,2012:37-38.
② 梁漱溟. 中国文化要义[M]// 梁漱溟全集(第3卷)济南:山东人民出版社,2005:94.

"关系"在家人间由于血缘而存在，在校友与工友间由于某段共同的记忆而存在，或者在商业相识间帮助了对方后而建立……西方生意人日益面临压力而将他们的职业和个人生活分开，而在中国，家庭、朋友和工作之间的界限要模糊得多……付出好处和欠人情债的观念在中国要强烈得多。①

儒家文明建立于中国几千年前的农耕社会，人与人之间的关系是建立在血缘和地缘上的。农耕社会依附于土地，人们世世代代生于斯长于斯。这是一个熟人社会的环境，彼此十分了解，因而极易构建起亲疏远近的伦理关系。随着中国的改革开放和城市化的高速发展，传统的熟人社会解体，企业员工们置身于完全陌生人的外资企业的环境中，深感孤独、无助和对未来的不确定性。寻求建立新的社会关系与家庭归属感的愿望十分迫切。若从社会心理学角度来分析则如布罗代尔所说："它们源于今天人们几乎已察觉不到的古代信仰、恐惧和焦虑……"②想必这正是未觉察到的中国传统文明对员工们的影响。而这也是跨文化交际学者古迪康斯特（Gudykunst）关于焦虑与不确定性管理理论（AUM）所揭示，但并未深究到的。

（三）中庸之道与人情社会

体现儒家文化的经典"四书"：《论语》《孟子》《大学》《中庸》，其中《中庸》相传为孔子的孙子、曾子的学生子思所著。朱熹认为《中庸》是"上古圣神，继天立极"（《中庸章句序》），是中国传统文化的道统，由尧、舜、禹、汤、文王、武王、周公、孔子、孟子传承相续。梁启超先生也曾给予《中庸》很高评价，他说："此篇论心论性，精语颇多，在哲学史上极

---

① ［美］胡安. 安东尼奥. 费尔南德斯，［美］劳里·安德伍德. 关系：跨国 CEO 的中国经验［M］. 孙达，译。南京：译林出版社，2010：26.

② ［法］布罗代尔. 文明史纲［M］. 肖昶，译. 桂林：广西师范大学出版社，2003：41-42.

有价值。""要而论之,《大学》、《中庸》,不失为儒门两篇名著,读之甚有益于修养。且既已人人诵习垂千年,形成国民常识之一部分,故今之学者,亦不可以不一读。"①

中国自古对中庸的评价都是很高的。孔子说:

> 君子中庸,小人反中庸。君子之中庸也,君子而时中;小人之中庸也,小人而无忌惮也……中庸其至矣乎!民鲜能久矣……回之为人也,择乎中庸,得一善则拳拳服膺而弗失之矣。(《中庸》)

如何正确理解"中庸",历史上存在汉儒与宋儒两种不同的解读。宋理学名儒朱熹引程伊川定义:"子程子曰:不偏之谓中,不易之谓庸。中者,天下之正道。庸者,天下之定理。"(《中庸章句》)而汉儒郑玄的解释是:"名曰中庸,以其记中和之用也。庸,用也。"(《礼记注》)

后代儒学学者大多认同汉儒的解释,认为汉儒把握住了《中庸》一书的要点即:子思提出学问修养的主旨,是必须做到"中和"的境界,才能明白天人之际心性相关的道体和作用。按照《说文解字》:中,就是和,囊括与包容;庸,就是用、实现。因此通俗地理解,中庸就是实现博大与包容。

而民间一些人万事只求马马虎虎、和稀泥、得过且过,遇事不必太较真,以及大概、差不多等表现,绝非中庸之道。王国维先生曾指出中庸与道德、礼义和人情之间的密切关系:

> 德者,中庸之良心之我完备之状态也。道者,对于他而行之也。故德者主观的,道者客观的。要之,此中庸的良心,非所谓先天的良心之情,乃因理性而治成之情,换言之,即理与情融合适宜,而行之以公正之意志是也……中庸的良心,虽为主观的,但制中庸,则为客

---

① 杨佩昌. 梁启超:国学讲义[M]. 北京:中国画报出版社,2010:4.

观之礼。……礼之本质即情，其形式即文，与义相合。①

林语堂先生更进一步地揭示了中国人如何以中庸之道处理"道理"与"人情"之间的关系：

> 对于西方人，一个问题尚能逻辑地解决，那是够满足的了，而中国人则不然。纵令一个问题在逻辑上是正确的，还须同时衡之以人情。确实，"近乎人情"是较胜于"合乎逻辑"的伟大考量。因为一个学理可以根本违反普通感性而却很合乎逻辑。中国人宁愿采取反乎"道理"的任何行为，却不能容许任何不近人情的行为，此种情理的精神与普通感性的信仰在中国人理想上树立了最重要的态度，结果产生了"中庸之道"。②

亚里士多德说，"人类是论理的而不是讲情理的动物"③。然而，代表了儒家文明的中庸之道却包容了情和理。恰如林语堂先生所指出：

> 情理即为"中庸"之道，中庸之道的意义又可以释作普通感性之主臬……中国人之判断一个问题的是与非，不纯粹以理论为绳尺，而却同时权度之以理论与人类之天性两种元素，这两种元素的混合，中国人称之为"情理"：情即为人类的天性，理为永久的道理……从这两种元素的结合体，产生人类行为的是非和历史论题的判断标准。④

梁漱溟先生曾指出中国社会是伦理社会，而伦理社会是一个重情谊的社会。这也正是中庸之道之义。相对于西方的契约社会，中国社会就是人

---

① 王国维. 一个人的书房[M]. 北京：中国华侨出版社，2015：7.
② 林语堂. 中国人[M]. 黄嘉德，译. 北京：群言出版社，2009：73.
③ 转引自林语堂. 中国人[M]. 黄嘉德，译. 北京：群言出版社，2009：70.
④ 林语堂. 人生不过如此[M]. 北京：群言出版社，2010：129.

们常常说的："人情社会"。当然与情理相关的还有情面，即"面子"。根据中庸之道，在与人相处中，一言一行，既要顾及自己的面子也要顾及对方的面子，这已成为中国人无论在生活中还是工作中的处世之道。由此我们可以理解我们在调研中所发现的较为普遍的现象，即：外资企业里的中国员工一般不愿在会议等公众场合与人尤其是与上司争论、顶撞或发表完全不同的观点等。

（四）高语境与低语境文化

跨文化交际学科的奠基人、人类学家爱德华·霍尔（Edward T. Hall）在其《超越文化》一书中首次创造性地提出高、低语境文化论，认为语境能帮助我们克服语言的局限性，完整地理解交流方所传达的完整、真实的信息和意义。他把世界文化抽象为高语境型和低语境型。所谓高语境文化，其语言所传达的仅仅是整个信息的一小部分，而通过内化的价值观、规范或外部环境来表达大部分意义；而所谓低语境文化正好相反，它倾向于将要交流的信息大部分载入明晰的语言中。戴晓东在《跨文化交际理论》一书进一步描述道：

> 高语境文化常常用间接、委婉的方式表达意义，信息的很大一部分隐含在心照不宣的、大家早已达成共识的非语言代码中；低语境文化偏爱用明确、直接的方式表达意义，信息基本上都包含在语言中。高语境文化强调内外之别、对他人的责任及对集体的忠诚；低语境文化不强调内外之别以及相互的期待与义务。①

高、低语境文化理论的提出，无疑对我们认识和理解本书所述中国员工在外资企业内跨文化交流中所反映出的困惑、焦虑和期许违背等社会心理学问题有一定的帮助。针对此理论，在我们对成渝外资企业的调研中也

---

① 戴晓东. 跨文化交际理论［M］. 上海：上海外语教育出版社，2011：9.

提出了两个值得思考和重视的问题，具体如下：

1. 高低语境的相对性问题

交际双方因高低语境的差异会造成交流的障碍，而造成语境差异的主要原因乃是语言与文化的民族性，即由不同文化或文明造就了此差异。这已为文化学者们所公认，王人博说："语言与文化的民族性自始至终都以一种辩证的方式存在着，文化研究的本质就是语境研究。"①因此只有认真研究、了解、熟悉对方的文化或文明及其习以为常的语言方式，交流的障碍方能得以减轻或消除。在成渝外资企业的田野调查中我们就发现，那些曾经有过在西方国家工作和生活经历的中国员工，由于对西方文化或西方文明的熟知，在外资企业工作中一般就少有交流的障碍。反之，作为外资企业的主管若能深入了解中国传统文化，在与中国员工的交流中也能消除一些因语境的差异而引起的误解、矛盾，乃至冲突。当然这绝非否定对企业价值观的认同，这是交流的双方都应当坚守的。

在高、低语境的沟通中，除了文化，还应当高度重视交际双方各自的生活世界等对于语境的关联性。德国著名社会学家、哲学家哈贝马斯在《交往行为理论》一书中写道②："在沟通过程中，言语者和听众同时从他们的生活世界出发，与客观世界、社会世界以及主观世界发生关联，以求进入一个共同的语境。……交往最终依赖的是具体的语境，而这些语境本身又是互动参与者的生活世界的片段。"

由于历史原因，中国员工绝大多数成长在独生子女家庭的生活环境，加之受中国传统家庭伦理的影响，独生子女对家庭的依赖性以及承担的家庭的期待和压力都是很大的。因此有别于西方人的个人主义，中国员工在工作中表现出更强的对组织和上司的依从性，以及顺境急功近利、逆境自暴自弃的焦虑等。但随着在外资企业工作经历的积累和反思，改变也会随

---

① 王人博. 1840年以来的中国[M]. 北京：九州出版社，2020：4.

② [德]尤尔根·哈贝马斯. 交往行为理论·第一卷·行为合理性与社会合理性[M]. 曹卫东，译. 上海：上海人民出版社，2004：95.

之而发生。费尔南德斯和安德伍德在《关系：跨国 CEO 的中国经验》一书中就总结了许多来自西方企业的高管在与中国员工交流中成功与失败的案例与感受，均说明语境的高低在交际中的障碍并非绝对，而是因人而异，因对双方文化和生活世界的深刻了解而减轻、包容或消除，因而差异与障碍是相对的，进入一个共同的语境是完全可能的。

2. 文明的多元性与去文化中心论的问题

亨廷顿指出，当今人们越来越多地谈论多元文化而反对用单一的标准来判断什么是文明化。对此，杜维明也指出：

> 现代化作为同质化，会使文明的多样性即使不是变得毫无意义，也会起不了什么作用。无法想象儒学或是任何别的非西方文化传统能对现代化过程起什么大的影响。从传统到现代的发展是不可逆转的、必然的。在全球范围内，西方一些最杰出的思想家曾认定是不言自明的真理，却被证明是短视的……传统照常继续存在，作为积极起作用的因素影响着现代化的各种特殊形式，这意味着现代化过程本身继续采取了多种多样的植根于传统的文化形式。①

反映语言与文化的民族性差异的语境，有高低之分，但绝无贵贱、现代与非现代之别。因此适应高低语境交流的关键，是承认文明的多元性，尊重对方的文化和文明，并且通晓之、包容之。对此哈贝马斯说："对方语境的明确与自身语境的明确是有一定距离的；因为在合作解释过程中，没有哪个参与者能垄断解释权。对于双方来说，解释的任务在于，把他者语境的解释包容到自己的语境解释当中……"②总之，在跨文化交流中双方

---

① ［美］塞缪尔·亨廷顿，［美］伦斯·哈里森. 文化的重要作用：价值观如何影响人类进步［M］. 程克雄，译. 北京：新华出版社，2010：374-375.

② ［德］尤尔根. 哈贝马斯. 交往行为理论·第一卷·行为合理性与社会合理性［M］. 曹卫东，译. 上海：上海人民出版社，2004：100-101.

应持一种包容的态度，切忌以自己的文化为中心或标准去针砭别的文化或文明，反之亦然。费孝通先生说："充满了'东方学'偏见的西方现代化理论，常成为非西方政治的指导思想，作为东方"异文化"的西方，成为想象中东方文化发展的前景，因而跌入了以欧美为中心的文化霸权主义的陷阱。"①

中华文明（包括中国和东亚国家）和西方文明，在经受工业社会和后工业社会迅猛发展的大潮的洗礼后，各自文化中的优劣成分都得到了最充分的展示。如何互以对方文明为借鉴，取长补短，吸收两种文化的优秀成果，从而达到两种文化或文明的融合，这是需要双方认真对待和努力实施的。而不是坚持以一种文明为中心，非此即彼、非黑即白；更不是以一种文明去取代另一种文明。这不仅是高低语境文化交流中双方应有的态度，也是我们在广泛的中西文化交流中应持的立场。

三、可资借鉴的"他山之石"

基于对外资企业内跨文化交际涉及的概念、理论和前人研究发现的文献回顾，以及对于成渝两地的外资企业的田野调查，我们也希望本书所揭示的一些现象、发现与思考，对于对华投资的企业，以及外资企业的员工有一定的启示，能够帮助他们更好地理解文化的差异，进行跨文化交际和适应，有效地进行跨文化冲突管理，并最终建立起带有母国特色又能够适应本土文化的最佳的企业文化。另外，我们也期待本书对于已经走出去或即将走出去的中国企业，起到一面镜子的作用，在它们遇到的跨文化交际的场景中有所启发，毕竟西方以及其他发达国家走过的对外直接投资之路、所积累的经验和教训，长期形成的制度、指导思想、策略和做法是值得学习的。因此，提出以下五点，供对外直接投资，以及在外资企业工作的实践者们参考和借鉴。

第一，比较研究表明，企业价值观层面的差异更多的是体现各自所具

---

① 费孝通. 全球化与文化自觉[M]. 北京：外语教学与研究出版社，2013：12.

有的本土社会文化的特征。

通过对中外企业价值观的异同分析表明，在跨文化交流与冲突管理中，对组织价值观的深刻了解和认同十分重要。首先，某些价值观是社会固有的，因此它们根植于社会和文化之中；其次，某些价值观是行业固有的，这可能是由于外部环境的压力所导致；最后，从潜在价值观的深海中浮出水面的大多数价值观则是受社会、行业环境和企业特征多重影响的结果。在对中美企业价值观的比较研究中我们发现大部分价值观的差异是由于社会环境的差异引起的，而不在于行业全球环境的要求。价值观层面上的差异各自体现了本土社会文化的特征，尽管全球商业文化有同质化的趋势，但社会文化的差异，无论在价值观层面，还是实践层面都是明显的，由此带来跨国企业文化与当地文化的差异也比较突出。在文化间性或者跨文化交际中，国别文化差异并不一定导致跨文化的冲突，但仍然需要学习、观察、积累和有鉴别地应用到实践当中。在了解、积累和鉴别文化差异的过程中，我们需要在实践中发现哪一些差异是核心的、根深蒂固的、特别需要关注的甚至是难以逾越的，哪一些在企业沟通的过程中是边缘的、可以被克服的甚至被忽略的。哪一些是有益的彼此补充甚至彼此更新的，哪一些是特别有害、需要摈弃的。也就是说，在学习和积累文化差异的时候，需要有一个认知的框架，其目的就是促进企业内部和外部的有效沟通、企业运作的有效进行，最终使文化差异成为推动外资企业的有益动力而不是阻碍其前进的力量。

第二，交际期望违背是预测冲突的重要因素，而不断地反思、总结和成长能够调整对于异文化的交际期望，最终有利于适应外资企业的社会文化环境。

尽管过往一些研究以及常理告诉我们越多文化差异会导致越多的冲突，但国别文化差异可以通过观察、学习和反思被识别和预测，同样，跨文化沟通的能力可以通过各种途径得到提升。因此经过一段时间的磨合之后，在同一企业中发生的跨文化交际，不一定会导致频繁而严重的冲突。我们的研究发现，在企业中更能预测冲突的因素是交际期望违背，其规律是交际期望违背越大，冲突越多越严重。

对于企业社会文化环境的适应是一个历时的过程，需要经验的积累，以及不断的反思和学习，才能调整自己的沟通方式和策略。能够开放和较为直接地去面对冲突或者分歧是比较成熟，并且有利于自己成长以更为适应组织的社会文化的重要因素。而组织社会文化适应的可能的结果不一定是全然地融入，可以是一个组织文化同自身需求的平衡，也可以是一个认识到自身本来的文化价值取向，接纳自身核心的价值，同时可以不断调整固有的思维模式。

第三，国别文化的差异不一定与冲突的频率或者强度有必然联系，而冲突发生后，使用正面的冲突管理策略往往有助于适应企业的社会文化环境。

国别文化差异并不能预测冲突的频率和强度：（1）国别文化差异不能等同于人际文化背景差异，企业内部的交际归根结底是人与人之间的交际，因此，并不一定与冲突的频率或者强度有必然的联系。其原因是多方面的，例如由于企业在招聘的时候的倾向性，在外资企业里面工作的一部分员工，其海外的工作学习或者自身的成长背景使得他们自身的价值观体系较接近企业的文化。而另一部分没有海外经历的本土员工，则在外资企业文化的工作经验的积累中，越来越能够以一种成熟的方式来处理沟通事件和人际关系。这种成熟来自不断反思、学习、提高适合企业文化的沟通能力。当遇到期望违背的情况，冲突出现，应尽量避免使用控制和竞争的手段，而是理智地运用策略去正视冲突、解决冲突，以达到在外资企业的生态中去协调自身固有的文化价值同外部环境的要求和规范。（2）企业中的跨文化交际容易被预测，随着对相互文化的熟悉，特别是当企业文化中强调合作、共赢以及建设性地正面处理冲突的方式，并且对于员工进行相应的培训，那么彼此之间的期望违背也因此缩小，从而减少冲突的频率和强度。同时，当人们在跨文化沟通中刻意地付出觉察力（mindfulness）①，

① TING-TOOMEY, S. Mindfulness [M]//Bennet, J. Ed. Sage Encyclopedia of Intercultural Competence, 2, Los Angeles, CA: Sage, 2015: 620-626.

冲突的负面效应可以被弱化、缩小，而正面效应则被激发。

　　一般中国员工在外企中若使用正面的冲突管理方式（比如：合作、妥协哪怕是控制的策略），而不是非正面的方式（比如：规避和顺从），则更有利于其适应企业的社会文化。所谓正面地处理冲突，是相对于非正面地处理冲突而言。在大多数情况下，逃避和一味地隐藏自己的想法而去顺从别人，甚至掩饰分歧，只会使得分歧得不到解决。从长远来看，会致使一些问题被掩盖，无法得到解决，也可能会造成更严重的实际后果，而对于冲突本身的解决毫无益处，甚至会使冲突升级。而其心理后果也是明显的，积累的不满可能会导致抑郁、焦虑和情绪的爆发等。因此无论对于公司的生产和运作，还是对于员工的身心健康、人际关系、团队合作，在大多数情况下非正面的冲突处理方式都是不利的。一些例外的情况，比如当任务的时效性强，或者在不常发生的事件或者的确无关紧要的事件中，使用逃避或者顺从是可以的（这些情况中有时候上级会对下级使用控制的策略）。但无论如何从长远的效果来看，仍然应该首选相互合作或者彼此妥协的策略。在收集的众多冲突解决的案例中，我们发现在相互合作和彼此妥协的策略中，当事人会倾听彼此的意见，动用觉察力（mindfulness），站在对方的角度看待问题，整合各方观点，共同达成一个令人满意的决议，或者各退一步，达成一个彼此较为满意的决议。

　　第四，在多元文化并存的环境中构建适用于企业和个体的沟通模式和企业文化，是一个不断磋商的动态过程，但也可以通过建立较为强势的企业文化来进行统一化管理。

　　外企企业的 DNA 里面带来的母国文化，同当地文化的接触，其方式是通过雇佣当地员工，同当地政府职能部门打交道，适应当地的供应链和市场、与当地的社群和居民互动等方面来实现。在这种产生摩擦也彼此磨合的过程中，既提供动力也产生阻力。如何面对文化摩擦，采取正确的态度，既正视差异和冲突，承认其阻力，又不过分被其蒙蔽，以至于忽略动力，并且在相互的磋商中达成合作共赢是关键。在一些关乎关键层面的企业运作、生产管理、沟通协调、团队合作等问题上面，企业可以靠着建立标准化流程、"最佳实践"、公司规范等方式来推广和实施公司的企业文化，使得员工有据可依，有规律可循，也更加明确努力的方向和社会文化适应的目标。这其中，建立良好、健康、开放的沟通氛围是重中之重，也是西方在华的跨国企业成功经营的重要经验。

外资企业之间的文化本身差异很大，哪怕具有相似国别文化特征的企业之间因着行业不同、本土化策略不同、在中国设置的职能部门不同、发展目标不同等，都可能形成自己独特的组织文化。本书除借助量化分析外，还采用主位视角的质性研究方法，深入地了解和感受被研究者的内心体验、理解沟通是如何在不同文化语境中被构建的。通过分析个体企业案例的文化和沟通特征，从而更深入地去探讨企业案例的本土化进程，以及员工和管理层所面临的特殊挑战和应对的策略。

在企业的外部社会、文化环境不断变化的当今世界，企业为着生存的目的，其内部环境和应对措施也在不断调整，多倾听员工的意见、建议以及异议是管理者应具备的应对变化的基本能力和习惯。同时，灵活的管理风格，开放、接纳的沟通风格也应该被管理者更多地采纳。一些优秀企业的管理模式经过提炼成为"最佳实践"（best practice），值得别的企业借鉴。比如：本书中的一个在成都的美资企业的案例，其企业文化强调冲突中的建设性正面解决方式，明确了冲突中当事人应该采取开放、对事不对人的态度，直接沟通，并且鼓励员工挑战上级，积极参与会议的讨论等。这对于习惯了中国式的间接沟通方式、层级分明的关系，以及逃避或者一味顺从的冲突管理模式的中国员工是很大的挑战，但在不断的培训、同事的影响和导师的帮助下，中国员工在适应这样的冲突管理和沟通方式的道路上有了很大的进步。一些比较成熟的员工发展出两种文化融合的模式，既能够达到公司文化中提倡的直面而不隐藏问题、鼓励各方意见的效果，又能够在一定程度上顺应中国文化中较为核心的价值观（比如：面子、关系）。

该成功案例的企业文化还强调关注当地社区的发展，各个部门定期不定期鼓励和组织员工通过参与公益活动来进行团建，使得企业文化显出无私、高尚的一面，因而使得这样的企业文化充满吸引力和影响力，带给员工良好的体验和意义感，使得员工产生了强大的身份认同。在经济衰退、企业效益下滑而裁员的情况下，许多员工被迫离职或者被裁员，即便如此他们仍然对自己的前雇主文化充满了感激之情。离职的员工自觉组成了微信群，彼此保持联络，因为在这样的企业文化中共同任职的经历使得他们哪怕是离开了企业仍然感受到企业文化对自身无法磨灭的影响，从而通过微信群和线下聚会的形式来继续这样的身份。其中一些员工在新任职的工作中自觉地传播成功案例的企业文化，并且收到了很好的效果。

第五，传统文化或文明对外资企业员工根深蒂固的影响是不应忽视的，尽管这种影响貌似在逐步淡化。

作为研究外资企业内跨文化交流的学者，要在纷繁复杂的企业文化现象中透过其表象——或欲言又止的访谈，或较为简化的问卷调查中，把握被访调对象的日常言行与所思所想，十分不易。然而我们若把眼前所发生的一切置于一个民族的文化或文明的历史长河中来考察和思考往往能深入到现象背后，发现那些起着支配作用的因素。以中国为例，在短短几十年间中国人就像坐过山车般，完成了从农业社会、到工业社会、再到后工业社会的过渡。中国在不久前还处在典型的农业社会中，中国几千年来的文明发端于此。然而正如梁漱溟、费孝通等学者所指出的：在中国农村，一切传统伦理道德都是建构于家庭的，而处于其上下两端的团体和个人却式微——它由此解释了中国人日常生活中所展示的许多文化和文明特征。然而一个社会形态的变迁是否会对其拥有的传统文化或文明产生根本的动摇和影响呢？对此，亨廷顿曾说过，"文明被认为是所有史话之中最长的史话"。法国历史学家布罗代尔也指出，文明包括的时段相比于任何特定的社会现象要长得多，文明的转变远不如它所支持和包含的那些社会的转变那样迅速。它们源于今天人们几乎已察觉不到的古代信仰、恐惧和焦虑。正如前所述，这样的社会心理学特征无疑说明，"文明是最不容易沟通的人与人之间的关系。它们就是那些使人们陷于孤立状态、造成人与人之间最明显差别的因素"，然而遗憾的是"其本身在很大程度上也未被人们意识到"。

四、研究局限性和未来研究展望

跨文化交际的研究涉及社会学、人类学、社会心理学，乃至哲学、政治经济学中的宏大课题，本书将其约束在企业中的组织和个人的范畴，以中国中西部地区外资投资的热点——成都和重庆的外资企业，作为调查研究的对象，在获取的大量信息和数据的基础上进行的研究，提出相关理论、模型、概念和方法，希望能对该地区（或不局限于该地区）的外资企业的组织和个人在面对跨文化交流中的问题时有一定的启发和帮助。然而，本书尚存在诸多不足之处，我们将在田野调查的基础上进一步采集反馈的信息与数据，完善我们的理论模型。本书内容的深化和未来的研究还将涉及以下五个方面的工作：

第一，在本课题的访谈研究中，我们曾对企业内的文化差异及跨文化交际进行了较大的关注，针对许多访谈对话记录进行了较大量的话语分析。针对中西语言交流间所存在的高、低语境的固有差异，未来的研究可以更加关注这一根深蒂固的中西交际方式的核心差异。作为高语境的中国文化，语境非常重要，针对不同的语境，人们会采用不同的沟通方式。因此，未来的对于中国企业或者在中国社会文化环境中的跨国企业的研究，可以增加对语境的分析和考虑，运用访谈、观察、资料分析和其他案例分析的方法，将更多的社会文化背景因素与沟通策略、沟通效果联系起来，更深入地探讨和发现语境与这些概念之间的联系和界限。

第二，对于问卷调查中变量的测量，更加有效的量表还需进一步开发。这里尤其需进一步引入交叉学科的研究方法来完善相关变量。例如：对于交际期望违背的研究就属于跨文化交际与社会心理学交叉研究的范畴；此外目前的量表都是针对具体个案和假想的场景，而针对组织层面的交际期望违背量表，也应继续开发出来，才有可能将期望违背这一变量同组织层面的变量关联起来进行分析研究，从而搭建起跨文化交流与社会心理学、管理学之间的桥梁。

　　第三，由于本书仅仅在成渝两地开展研究，而成渝两地身处内陆，具有自己独特的地域文化特质，经济发展水平跟其他地区也不尽相同，因此本书的成果是否可以拓展应用到全中国的范围，答案显然是不确定的。因此，更多此类地域研究还需要在其他地区被开展起来，从而使得中国地域文化多样性的特点得到体现。同时，更广泛抽样的研究也会使得结论更加可靠和更具有代表性，使得研究中所提到的中国文化能够真正代表中国的整体文化。

　　第四，伴随着中国改革开放的深化和中国企业的快速成长，中国企业走出国门寻求更多的商机已是大势所趋。尤其是在国家"一带一路"的倡议提出后，中资企业走向世界的步伐得以加速。而涉外中资企业将同样会面对组织与个人间跨文化交际的问题，由于国内企业这方面的经验不足，因此更具挑战性。未来研究可以将继续对现有的研究成果进行挖掘，但应该意识到，中国企业走出去面临的跨文化交际的挑战和问题会不同于在华的外资企业，比如：中国企业对海外直接投资的历史，相对于西方国家对海外直接投资的历史短了很多，且缺乏经验，面临的国际环境相比几十年之前有很大的变化，国际和当地媒体对于中国海外企业的报道比较负面，当地人对于中国和中国企业刚开始了解，却已经形成了一些先入为主的刻板印象。在西方经过上百年甚至更长时间建立起来的国际秩序和商务环境，中国企业是否做好准备去应对，选择如何的应对方式和适应策略，这些问题都将成为研究的焦点。借鉴西方跨国企业的一些"最佳实践"对于中国海外的企业来讲是否可行，如何借鉴等，都需要有学者继续研究。针对中国对海外直接投资企业的优质案例和"最佳实践"的研究应该被开展起来，努力构建行之有效的方法和制度，为在海外发展的中国企业提供有益的借鉴和启发。

　　第五，由于中美贸易战的不断升级、全球意识形态的分裂，新冠肺炎疫情下国与国之间的隔离，俄乌战争的爆发导致的全球政治阵营的划分，经济全球化的进程遇到空前的挑战，甚至出现国家间、阵营间的脱钩和分裂。但在一些行业，比如：海运、IT、网络、电子商务等，在疫情期间，却变得更加全球化，进入了空前的繁荣期。国家与国家、人与人是更加隔离还是更加相互依存？这些变化带给国家文化怎样的变化？全球是更加趋同，还是更加分裂？未来的研究需要进一步、更深入地来回答这些问题；并且继续提出有益于企业内多元文化人际间交流的有效模式和方案。

尽管在华外资企业内的跨文化交际的研究，已经积累达到较多的数量，但文化的差异性、复杂性，以及文化间性中的微妙性和动态性，使得跨国企业这样多元文化相互碰撞、摩擦的场所，仍然会吸引跨文化研究学者的兴趣，是一个值得人们长期思考与研究的课题。在经济全球化（或者反全球化）的大背景下，企业家和员工们不仅仅作为一个白领、蓝领、经济人、技术人存在，更应当同时作为一个文化人存在——一个对彼此文化、价值观都有深刻认识和了解的人。仅当如此，方能构建起和谐、融洽、顺畅的交际环境，构建真正的"人类命运共同体"，持续有效地为社会创造价值。

附　　录

附录一　书中出现的受访人员背景介绍

代号	国籍 (族裔)	年龄	性别	公司和工作经历	职位
A	美国 (华裔)	50~55	男	曾先后在美国本地企业、美资驻中国的分公司以及德资驻中国的分公司工作数年	研究员、管理、市场营销副总裁、总裁
B	中国	30~35	男	先后在美国本地银行(3年)、以色列本地某基金公司(2年)和中国本地某银行(2年)工作	基础职位:客户、财富管理
C	中国	40~45	男	先后在中国国企、英国本地某银行(2年)和驻中国的美资企业(11年)工作	销售部经理
D	中国	20~25	男	在德企和美企先后进行过短期(3个月以上)实习	实习生
E	中国	40~45	男	先后在某驻华美资IT企业(7年)和德资电子企业(5年)工作,现任职于一家美资咨询公司(1年)	工程师、工程师兼团队领导、商务过程外包经理
F	中国	40~45	女	中英合资房地产开发和管理公司	人力资源部总监

代号	国籍 （族裔）	年龄	性别	公司和工作经历	职位
G	中国	35~40	女	先后在美资 IT 公司（7years）和德资快递公司（5 年）工作	人力资源部经理
H	中国	35~40	女	现任职某中日合资汽车企业（16年）	采购部员工
I	比利时	45~50	男	在中瑞合资汽车企业工作（3.5年）	生产经理
J	中国	25~30	女	曾先后在瑞士驻华和美国驻华的医药公司工作多年	销售代表
K	中国	30~35	男	现任职于中德合资汽车企业工作（5 年）	规划部门组长
L	日本 （华裔）	50~55	男	现任职某中日合资汽车企业（4年）	生产管理部部长
M	中国	35~40	男	先后于中法合资汽车企业和中瑞合资汽车企业工作（7 年）	技术经理
N	中国	35~40	男	先后任职于中国的国企（2~3 年）和中瑞合资汽车企业（7 年）	海外事业部经理兼工会主席
O	中国	35~40	女	任职于某驻华日资银行（8 年半）	人事部专员
P	美国	30~35	男	任职于某港资驻成都公司（?）	经理
Q	中国	35~40	女	任职于某驻华日资银行（9 年半）	人事部课长
R	中国	30~35	女	曾先后任职政府部门（7~8 年）和英国领事馆（3~4 年）	/
S	中国	25~30		美国驻华的会计师事务所（2 年）	咨询顾问
U	瑞典	45~50	男	现任职中瑞合资汽车企业（7 年）	总经理
W	中国	30~35	男	现任职于某驻华美资 IT 企业（10年）	自动化工程师

附录二　跨文化交流视角下的跨国公司内部的
冲突管理和文化适应访谈编码表

基本信息

受访者国籍：＿＿＿＿＿＿＿＿＿＿

受访者到该公司的工作年限：＿＿＿＿＿＿＿＿＿＿

职位：＿＿＿＿＿＿＿＿＿

职位描述：＿＿＿＿＿＿＿＿＿＿＿＿＿＿＿＿＿＿＿＿＿＿＿＿＿

＿＿＿＿＿＿＿＿＿＿＿＿＿＿＿＿＿＿＿＿＿＿＿＿＿＿＿＿＿＿＿＿＿＿＿

＿＿＿＿＿＿＿＿＿＿＿＿＿＿＿＿＿＿＿＿＿＿＿＿＿＿＿＿＿＿＿＿＿＿＿

＿＿＿＿＿＿＿＿＿＿＿＿＿＿＿＿＿＿＿＿＿＿＿＿＿＿＿＿＿＿＿＿＿＿＿

＿＿＿＿＿＿＿＿＿＿＿＿＿＿＿＿＿＿＿＿＿＿＿＿＿＿＿＿＿＿＿＿＿＿＿

公司的母（总）公司所属国：＿＿＿＿＿＿＿＿＿＿＿＿＿＿＿＿＿＿＿＿＿

公司经营范围：＿＿＿＿＿＿＿＿＿＿＿＿＿＿＿＿＿＿＿＿＿＿＿＿＿＿＿

＿＿＿＿＿＿＿＿＿＿＿＿＿＿＿＿＿＿＿＿＿＿＿＿＿＿＿＿＿＿＿＿＿＿＿

＿＿＿＿＿＿＿＿＿＿＿＿＿＿＿＿＿＿＿＿＿＿＿＿＿＿＿＿＿＿＿＿＿＿＿

公司历史沿革：＿＿＿＿＿＿＿＿＿＿＿＿＿＿＿＿＿＿＿＿＿＿＿＿＿＿＿

＿＿＿＿＿＿＿＿＿＿＿＿＿＿＿＿＿＿＿＿＿＿＿＿＿＿＿＿＿＿＿＿＿＿＿

＿＿＿＿＿＿＿＿＿＿＿＿＿＿＿＿＿＿＿＿＿＿＿＿＿＿＿＿＿＿＿＿＿＿＿

＿＿＿＿＿＿＿＿＿＿＿＿＿＿＿＿＿＿＿＿＿＿＿＿＿＿＿＿＿＿＿＿＿＿＿

1. (1) 公司的企业文化是什么？

＿＿＿＿＿＿＿＿＿＿＿＿＿＿＿＿＿＿＿＿＿＿＿＿＿＿＿＿＿＿＿＿＿＿＿

(2) 是否发现公司文化与本土文化的差异

A. 否　　　B. 是

如果是，具体是哪些方面的差异？

a. 语言；b. 交流模式；c. 管理风格；d. 层级分化；e. 任务安排；f. 个人职权；g. 其他：_____

_____

_____

详述以上所选择项：_____

_____

_____

_____

2. 是否曾经与同事、领导或者下属发生冲突？

A. 否　　　B. 是

如果是，具体是哪些方面的冲突？

a. 沟通方式；b. 做事方式；c. 向谁汇报；c. 任务分配；e. 薪酬问题；

f. 其他：_____

详述以上所选择项：_____

_____

_____

_____

_____

_____

3. 是否在会议中或者其他场合跟领导、同事或者下属发生意见分歧？

A. 否　　　B. 是

(1) 如果是，具体是哪些方面的分歧？

a. 沟通方式；b. 做事方式；c. 向谁汇报；c. 任务分配；e. 薪酬问题；f. 其他：_____

详述以上所选择项：_____

_____

_____

_____

_____

（2）处理分歧的方式如何？

    a. 一切听领导的

    b. 保留自己的意见，会后收集事实和数据，再试图去说服对方

    c. 表面顺从，背后按照自己的意思或者实际情况来办

    d. 当场和对方对峙，提出异议，要么说服对方，要么共同商议找到
       最佳方案

    e. 我行我素，我说了算

    f. 其他：_____

_____

详述以上所选择项：

_____

_____

_____

4. 涉及文化的差异或者冲突（分歧）的解决，有没有反思和调整？

    A. 没有　　　B. 有

    如果有，反思及调整的内容是：

_____

_____

_____

_____

5. 自己是如何适应公司文化的？

_____

_____

_____

———————————————————

———————————————————

———————————————————

效果如何？

A. 不好　C. 一般　B. 好　D. 很好　E. 不置可否

6. 举例说明冲突(分歧)解决(未解决)的过程：

———————————————————

———————————————————

———————————————————

———————————————————

备注：

附录三　访谈编码综合表

	1	2	3	4	5	6	7	8	9	10	11	12	13	14	15	16	17(1)(2)	17(2)	18	19	20	21	22	23	24	24(2)	25	26	27	28	29	30	31	32	33	34	35	36	37	38	39	40	41
国籍	1	1	1	1	2	1	1	1	1	1	1	1	1	1	1	1	1	1	1	1	1	1	1	1	1	1	1	1	1	3	3	1	1	4	1	1	1	1	1	1		1	
工作年限	20	4	11	8	7	5	6	11	9	11	1	1	11	5			0.25		2	13	9	13	3				8	0		1	4	13	3	4	16	10		1	4		8	7	
职位	1	2	3	4	5	2	6	7	7	8	9	10	11	3	2	12	11	11	13	7	11	1		3	10	10,11	11	4	12	11	3	1	7	5	1	10	8	2	11	10	14	7	11
母(总)公司所属国	1	2	3	4	5	3	6	1	1	6	7	3	3	8	3	1	8	3	9	6	10	5	12	11	3	8	10	12	13	10	10	8	3	1	1	3	6	8	14	3	6	8	11
公司文化是否与本土文化差异	B	B	B	B	B	B	B	B	B	B	B	B	C	B	B	B	B	B	B	B	B	B	B	B	B	B	B	B	B	B	B	B	B	B	C	B	B	B	B	B	C	B	C
差异内容	c,e,h,i,j	a,b,c,d,g	a,b,c,d,f,g	a,b,c,d,f	a,b,c,e,g,b	a,b,f,d,k,c,e	a,b,f,d,k	c	b,d	c,d,f,L	a,c,f,L	a,c,d,g	a,b,c	d	b,g	g	c,d	d	b	a,b,c,d,m,n	e,g	e	a,b,c,d,o		b,i	b,c,g	b,g	c,n	c,d,f,h,p,e,i,j	a,b,c,q	a,b,c,d,q	c,d,n	b,e,d,n,o,c	n		a,b,c,d,g,n	e,f	c,p	a,b,g	a,c,d,g		c,d	
是否冲突	B	B	B	B	B	B	B	B	B	B	B	B	C	B	A	A	A	A	A	B	B	A	A	B	B	B	B	A	B	B	A	C	B	B	B	A	B	A	C	B	C	A	A
冲突涉及方面	f	f	f,g	a	f	f	f	d,f	f	e,f	b,f	f		a,f						a	f	e			f	a,b	f		b,e,f,i,j	a,b			a	b,k	k		c,d			f			
是否有分歧	B	B	B	B	C	B	B	B	C	B	B	B	C	B	B	A	B	B	B	B	B	A	B	B	B	B	B	A	C	C	B	C	B	C	C	B	B	B	B	B	B	B	B
分歧涉及方面	f	f	f	a,f	f	f	f	f	f	f	f	f		a,f,h	d,f		f	f	b	a,b,d,f	f			c	d	a,b	f				f,o		f			d,f	c,d	e	b,f	f	f	f	f
处理分歧的方式	b	a	d	d,f	d,f	d	g	a	d	d	d	b		d,f	d,f	d	a	d	g	d	b,d	d	d	c	d	a	d	d	b	d	b,d	b,d	b,d	b	b	a,d	a	a	d,f	b	d	a	d
有否反思和调整	B	B	A	B	C	B	B	B	B	B	B	B	B	B	A	B	B	B	B	B	B	B	B	B	B	B	B	B	B	B	B	A	B	B	B	B	B	A	B	B	B	A	B
适应效果	5	5	4	5	4	4	5	5	5	5	5	3	3	3	5	5	4	4	5	5	5	4	4	4	2	2	4	4	2	3	4	4	4	3	3	3	3	3	5	3	5	4	5

附录四　访谈录音转写系列

2017 年 11 月 22 日星期三　×××公司访谈录音转写(已经过口语/书面语转换)

(Q：访谈人；A：受访人；Mike：总经理假名；×××：A 现在工作的公司；AB：×××的控股公司；CD：A 以前工作的公司名)

Q：请问您是多久来×××的？

A：2010 年年底，先于×××在成都建厂的时候。

Q：×××现在算是合资企业吗？

A：对，×××现在是 AB 控股。他属于外企的氛围，民营背景。对于 AB 的收购，主要是因为×××先进的技术和品牌。

Q：那您以前的工作是？

A：我以前在武汉的 CD 工作，主要打交道的是法国人。那是公司的 90%是法国人。

Q：那之前工作时都是用法语交流吗？

A：并不是，还是用英语交流。但是法国人的英语不是很好，而且不大愿意说英语，所以公司出现了两种方式。一是配翻译，但是需要 2 个翻译，一个法语翻译、一个英语翻译。第二种方式：鼓励员工学习法语，参加一定的考试如果达到相应的级别则会增加相应的薪资。

Q：从 CD 到×××，您感受到了什么变化吗？或者说在文化、交流方面的变化？

A：嗯，变化感受不大。在 CD 时主要和法国人打交道，法国人比较傲慢。而在×××主要是和瑞典和比利时人打交道，相比于法国人，他们更容易接触，没有太大的民族优越感。但和中国人交流时，还是会存在不信任。

Q：这里的不信任是指的什么？

A：这里的公司上层觉得自己在×××待了20、30年了，而你才7年。但是中国在专业技术上是强于瑞典的。

Q：专业技术具体指的是什么？您说了AB收购×××主要是因为其技术。

A：在汽车概念和设计等方面，瑞典是要优于中国。但是在ME（manufacture engineering）方面，中国要更强一些。

Q：因为您和总经理Mike每周要开会，如果您发现和他有什么观点上的不同，您会怎么处理？那其他人呢？能否举个例子？

A：如果有意见上的不同，我会直接提出来。因为走出工厂，我就相当于代替他，所以有不同意见，我会直接提出。我会找到我提意见的原因和我的计划去说服他。比如说，关于今年过年放假，Mike说在除夕之前提前三天放假，然后初三开始上班，开了几次会（这几次开会我都不在），大家也没有提出反对意见。后来我知道了，和Mike反映了中国的实情，Mike立即对放假安排做了调整。

Q：那你觉得这是谁的问题？

A：都有吧。中国人觉得只要是能接受的事情，就会迁就，不愿意表达说出来。在管理层，中国人还是占少数。另外，瑞典人相对于中国人，还是有一定的优越感。

Q：您觉得多元文化是企业文化吗？Transparency, honesty呢？

A：是的。在这里，比利时、瑞典、中国文化都在交融。另外我们的企业文化包括：Aim high, move fast, patient for customers and cars, respect, real challenge.

Q：这些企业文化都体现出来了吗？

A：嗯，体现出来了。首先，×××被称为世界上最安全的车，我们不会因为成本问题而用中等质量的东西。如果东西没有达到标准，我们会报废或者低价进入市场。但对于move fast这一点，由于成都的慢节奏生活，我们也有所改变。对于员工福利，我们尽可能做到最好。如果对于一些东西不满意，可以通过HR窗口申诉。但由于还是民企的氛围(要盈利)，我们的福利肯定赶不上瑞典，但是这一套是向瑞典学习的。

Q：您觉得您是一个习惯自我反思的人吗？

A：是的。我们要做 KPI（key-process and indicators），必须要做反思。我们规定每三个月要汇报 business performance review，年底要做个总结，因此需要我们反思工作并记录下来。另外，从个人角度来看，我喜欢反思记录。我习惯带上一个小本子，正面记录每天要做的事情，当一天结束了，反面就写那些没有完成的，打个问号，写下 why，where，when 等。

Q：那您会对人际关系进行反思并记录下来吗？

A：我会对人际关系进行反思但不会写下来。比如最近两三个月，同事都说我态度等有所改变。Mike 说我是个比较 tough 的人，我原来觉得这是个中性词，但现在，我觉得他在不同场景有不同含义，有些时候是个褒义，有的时候是个贬义词。我也在做相应的调整，比如，以前和各部门的 line manager 开会时，我会找出一个最重要的部分，针对这个部门的问题提出解决方案，然后其他的部门也跟着这个模板走。但现在我会排出一个 top three，针对某一阶段部门不同的问题提出解决方案。

Q：您能举个交流失败的例子吗？

A：我是负责和各部门的 launch manager 联系，而 Mike 是和 shop manager 联系，而这两者的联系十分流畅才能确保公司的运作。但是我负责的一个部门的 launch manager（中国人）和 shop manager（外国人）的沟通不畅，因为那个老外个性太强，就连总经理的话都不一定全部听；而这个中国人的个性比较内向，有时候自己处理本需要两个人做的事情。

Q：那您觉得这和什么有关？

A：第一：有些 shop manager 太多站在自己角度上考虑，而没有一个宏观图。第二：文化差异。

Q：您在×××遇到过冲突吗？您能举个例子吗？

A：这样的例子太多了。2011 年，我们要选生产机器人的型号，当时我们已经订好了一款已上市 7，8 年的机器人。但是欧洲那边打电话来说，要用另一款机器人，所以成都工厂上层决定换新款机器人。但是当时我们中方有不同的意见，在开会时就做出了新款机器人的潜在风险评估(因为欧洲方要采用的是一款全新，还没有任何人使用的机器人；而这款是专门为×××定制的)，发现会影响工期；如果出现问题，谁来验证等。但是中方和上层(欧洲)不能相互说服，这件事情还闹到了总部。最后，派了中国区 CEO(中国人)和亚太区 CEO(老外)来了成都工厂，我们两派各自陈述自己的观点，最终选择了我们。

Q：这件事对你个人的影响？

A：对个人肯定是有影响的，有些高层觉得你没有 big picture，不敢尝试新的东西，还会影响个人的升职加薪等。但是我觉得如果连自己的观点都不能表达了，那这里也不值得我留恋。

Q：经过这些年，您觉得现在您会怎么处理这件事？

A：应该不会在那么公开的场合下提出来。现在的我也会列出一些潜在风险，去说服不同的人，虽然可能比较浪费时间精力，但公开处理这件事情，只会两败俱伤。

附录五　访谈日记示例

采访××

时间：2019年4月7日3：00-5：00pm

地点：倪家桥威斯汀中心星巴克

工作公司：某美资公司

职位：information security specialist（信息安全专员）

这次采访是通过××来取得对方同意的，坐下来聊了十分钟左右，××表明她有顾虑可能涉及不该透漏的信息，对于她目前工作她不想作为一个渠道把消息泄露出去，但是她愿意多讲讲她以前的公司某美资公司，在那里她任同样的职务。我能够理解作为一个刚到新公司一年的员工，的确这方面需要非常小心谨慎。于是我们谈了很多关于她过去在大连的某美资公司工作的经历。

某美资公司在大连的公司是一个外包中心，有两千多人，主要负责把一些西方国家的业务外包给一些中国以及东南亚劳动力便宜的地区，据说菲律宾这方面的中心最大，因为那边劳动力成本更低。

她所从事的工作主要是在外包项目中保护数据的安全，使得原公司外包出去的项目在制作中原公司的数据信息等可以得到保护，不被外人窃取。某美资公司是一个上百年的大公司，因此各样的流程都已经非常完善，仅仅信息安全方面的规定就有600～900页。因此每个人在里面需要做的就是学习流程和规定，然后按着去做。她的工作主要涉及各个相关部分，需要跟他们讨论如何把信息安全方面的措施加入他们相关的工作中，并且予以实施。她说她沟通的时候需要让对方觉得是和他们站在一起，支持他们工作的，而不是额外强行加给他们一些负担，不应该形成一种对抗的关系。她们的团队大概有7～8人。

我问起她关于跨文化沟通的问题，她说某美资公司有很多外国人，老板几乎都是外国人，需要通过电话沟通。自己的直接老板是中国人。

我问在外企工作最大的感受是什么，她说第一是许多工作都是流程化的，每一项工作都有自己成文的工作程序和制度，人需要去学习遵守这些流程和制度。

第二是语言障碍，但是因为在公司几乎使用的都是偏技术，相对简单的语言，比较直接和专业，因此只要给出几个关键词，对方几乎就能明白彼此的意思。如果不确定的情况，会追一封邮件列出一二三四，跟对方确认讨论过的是不是这些点。

第三，在沟通中她认为最重要的是需要让大家认可你，支持你。我问当发生冲突或者有不同意见的时候她会怎么办，她说如果沟通之后对方仍然不同意，会请老板出面，可能就会引入更多方发表意见。当问起冲突管理方面有没有成文的公司规定，她说没有，也没有相关的培训。她认为那样就会太死板。她认为这是公司招聘时对于员工基本素质的要求，就要需要具备处理冲突的能力。她认为外企最主要的特点是诚实、真诚，并且要跟对方熟悉起来才容易沟通，但是绝对达不到她想象中的国企对于人际关系的要求，她认为自己是不能适应那样的环境的。

当问及她觉得为什么自己应聘时能够被雇用，她说后来听一个面试的同事说不是因为她的技术很好，而是她的人品看起来不错。如果技术不好，可以学习培养，如果人品不好，公司就没有办法了。

在大连的某美资公司中国人多，有很多中国人打交道的特质。她认为外国领导一般态度很好，没有等级的观念，尊重员工。而那些从底层升上去的中国领导大部分靠声音大语速快来压人，她认为是对于地位的表达。

又回到冲突管理的话题，她认为她身边的人没有人感觉到冲突管理是个大问题。接下来××举了一个例子：自己刚入职的时候，跟一个领导打电话沟通问题，对方放下电话就跟旁边的人抱怨，大概意思是现在新入职的这些人怎么回事，难道不知道我是做什么的吗？什么都要从头开始沟通。结果有人把这些话转给了××，在下一次开会见到这位领导的时候，××装作什么也不知道，但是事先做了一些调查了解了相关的情况，并且在会后需要使用电话时主动帮那位领导拿了一部过来。交流的时候，也赞美这位领导的毛衣好看。从而让领导对自己产生了好感，弥补了之前因为无知而造成的一些沟通上的不愉快。

另外，××不喜欢跟别人一起评论某人，哪里做得好，哪里做得不好，她认为西方人比较喜欢这样说一些"闲话（gossip）"，而她感觉跟自己关系不大，并不会有助于工作的推进，所以听听就好，不会去参与，也记不住。她喜欢看看别人有什么地方值得自己学习，自己可以从中得到改进。她认为日本人在这方面做得非常好，界限分明，自我要求也高。

××认为找共性，多鼓励是大家比较喜欢的一种沟通方式。她之前的一位领导就是一位放手让下属去干、鼓励多于批评的领导，当下属遇到困难，她会给建议，提出一些解决的方法。××认为这样的领导是好领导，能够有更大的发展，事实证明也的确如此。当问她是否西方人鼓励比较多，她说西方人在表面上鼓励是很多的，就算提出不足，也是先表扬，有时候甚至不会指出不足，但是你可能会从别的渠道知道他们真实的想法。中国人反而有时候比较简单直接，特别是直接上司，一定是直接提出需要改进的地方的。

当问到是否可以在会议中表达对于上级的不同意见，××说她一般会在脑子里想好了再发言，但是往往那时候当时的议题已经过了，那么会不会在会后提出异议呢？她说与自己相关的还是会的。她认为中国人几乎都是这样的。

最后，我请她比较两个公司的差异，她认为某美资公司的流程很慢，任何的变化都非常慢，需要很多年才会有调整和改变。而另一家美资公司做事情快，毕竟是一个发展中的公司，不太受条条框框的束缚。她认为是因为这边的人员偏年轻，素质也更高一些。她之前在某美资公司的上司不尊重女性，随意责骂，手下4个女员工全部都已经离开。

附录六　访谈保密承诺

对贵公司的保密承诺

我，×××，国家社会科学基金项目《跨国公司内部的跨文化适应和冲突管理研究》的主持人，在此承诺：

1. 所有从贵公司获取的信息将会被严格保密，只有团队成员中的2~3人可以接触到这些信息，这些成员也都会承诺保守秘密。这个过程将由我的工作单位×××大学×××学院进行监督。

2. 一旦项目完成，所有的信息将被销毁。项目的结项成果为学术论文，论文中如需引用访谈内容，所有的人名、公司名将被符号替代。真实的公司名称和人名不会出现在任何的出版物上。

3. 访谈遵循自愿原则，被采访人可以在任何时候以任何理由退出访谈。他们有权拒绝回答一切他们认为不合适的问题。

谢谢贵公司的合作，如有任何疑问，请与我本人联系。手机号码：×××，电子邮件地址：××××@××.××.edu。

附录七　访谈自荐信

尊敬的人力资源部门：

　　您好！

　　我们是×××大学×××学×××研究中心的一个科研团队，我们团队于 2015 年申请获得了一项国家社会科学基金的项目立项，项目主要研究成渝两地的跨国公司内部的跨文化冲突管理和文化适应问题。目前正在进行第二阶段研究，与跨国企业员工进行访谈。以下是我们研究的主要目的，以及在访谈中将会涉及的主要问题。

一、研究目的

　　我们研究的主要目的如下：

　　(1)研究本地员工同外国员工如何解决由于文化差异导致的冲突或矛盾。

　　(2)研究双方如何从冲突或矛盾处理的过程中进行学习，从而改变对于彼此的交流期待。

　　(3)研究有助于双方从跨文化接触中学习的因素，比如，自我反思等，以及这些因素是如何影响跨文化适应的过程的。

　　总的来说，我们的研究目的旨在找出有助于员工和经理在工作环境中进行跨文化接触所需要的认知、情感以及技能方面成长的机制。

二、访谈问题

　　此次对于跨国公司员工的访谈是我们整个项目的第二阶段的第一步，这一步主要是为了确定变量和缩小研究范围。这需要 30 分钟到 2 个小时的半结构化和自由访谈，时间长短取决于被采访者的意愿。访谈中可能涉及的主要问题如下：

（1）你同来自其他文化的同事交流起来有没有什么困难？如果有，都有些什么困难？主要是什么原因导致了这些困难？

（2）如果你并不觉得困难，当你和来自其他文化的同事发生争执时，一般是如何处理呢？

（3）如果发生意见不一的情况，无论问题有没有解决，你事后会反思当时的情况吗？这个反思的过程如何帮助你处理以后类似的情况呢？

（4）随着时间的推移，你对于来自其他文化的同事的看法有没有改变？最大的改变是什么呢？

（5）你如何评估你自己处理同来自其他文化的同事发生意见不一的情况的能力？

（6）与刚进公司相比你是更愿意还是更不愿意跟来自其他文化的人共事了？

（7）你可以回顾最近发生的一两次同来自其他文化的同事处理异议的事件吗？请讲述一下事情的经过及后续事件。谢谢！

访谈可以在贵公司内部进行，也可以在贵公司以外的其他场所进行，这取决于贵公司人力资源部门的意见，以及被采访人自己的意愿。

以上是我们的主要研究目的以及访谈问题，希望贵公司能够参与到我们的研究中来，如果有任何疑问，请直接跟我本人联系。手机：×××。电子邮件：×××。

此致

　　敬礼

×××

×××大学教授

×××学院

×××研究中心主任

附录八　调查问卷

亲爱的先生/女士，您好！

感谢您在百忙当中抽出时间来参与我们这次问卷调查，我们是来自西南财经大学的一个国家社科基金项目研究团队，正在进行关于公司的文化及员工互动交流状况的研究。本问卷的回答不涉及正确与错误，请按照您直觉的看法和感受来填写，需要占用您 15~20 分钟的时间。您的回答对于我们的研究很重要，恳请您认真圈画和填写。注：电子版，选项请使用高亮形式。

I. 进入一个新的文化环境中人们会感受到与学习新的技能和行为模式相关的变化。以下题项是关于您在公司的经历。请圈出您在以下每种行为上的擅长程度。

	完全不擅长	不擅长	一般	擅长	非常擅长
1. 在社交活动中与别人互动	1	2	3	4	5
2. 准确地解读并回应其他同事的手势和面部表情	1	2	3	4	5
3. 以适合公司文化环境的方式来调整我讲话的速度	1	2	3	4	5
4. 与异性同事互动	1	2	3	4	5
5. 改变我的行为以适应公司的规范、条例、态度、理念和习俗	1	2	3	4	5
6. 与同事建立和维持关系	1	2	3	4	5
7. 准确地解读其他同事的情绪	1	2	3	4	5

	完全 不擅长	不擅长	一般	擅长	非常 擅长
8. 处理我负责的工作	1	2	3	4	5
9. 和其他同事一起有效工作	1	2	3	4	5
10. 获得其他同事的反馈来提升自己的工作表现	1	2	3	4	5
11. 以适合公司文化环境的方式向同事表达我的 　　想法	1	2	3	4	5
12. 保持我的爱好和兴趣	1	2	3	4	5
13. 在我需要的时候，获取公司提供给员工的各 　　项服务	1	2	3	4	5
14. 出席或者参与公司组织的活动	1	2	3	4	5
15. 适应公司的行政制度	1	2	3	4	5
16. 熟悉公司的空间布局	1	2	3	4	5
17. 适应工作节奏	1	2	3	4	5
18. 理解和使用公司内部日常使用的语言	1	2	3	4	5
19. 用公司内部日常使用的语言进行阅读和写作	1	2	3	4	5

II. 以下陈述有关于您在公司的一些行为和想法，请圈出最能体现您对该描述的赞同程度的数字选项。

	非常 不同意	不同意	一般	同意	非常 同意
1. 我有时会质疑别人做事的方式，并试图想出 　　一种更好的方式	1	2	3	4	5
2. 在这家公司工作动摇了我一些固有的想法	1	2	3	4	5
3. 我喜欢仔细思考自己一直在做的事情，并考 　　虑换别的方式去做	1	2	3	4	5

续表

	非常不同意	不同意	一般	同意	非常同意
4. 在这家公司工作之后，我改变了通常的做事方式	1	2	3	4	5
5. 我经常反思自己的行为，看看自己是否本可以做得更好	1	2	3	4	5
6. 在这家公司工作我发现以前认为的一些正确的想法是有误的	1	2	3	4	5
7. 我经常重新评估自己的经历，以便可以从中学到东西，使下一次可以做得更好	1	2	3	4	5
8. 在这家公司工作我改变了对自己的看法	1	2	3	4	5

III. 请回想或者想象您在某个特定的任务环境中与您的外籍或本国同事(包括上级、平级和下级)发生的分歧，然后圈出下述每种行为发生的频率或可能性。请回答所有题项。

	从不	几乎不	基本不	有时	时常	经常	总是
1. 我将自己的想法与其他人的想法融合在一起，为解决分歧创造了新的选择	1	2	3	4	5	6	7
2. 我回避引起争议的话题	1	2	3	4	5	6	7
3. 当我不同意同事时，我会让同事知道我的意见	1	2	3	4	5	6	7
4. 我和同事就自己的想法相互做出一些让步	1	2	3	4	5	6	7
5. 当我认为同事要讨论分歧时，我会回避他/她	1	2	3	4	5	6	7
6. 在讨论分歧时，我提出创造性的解决方案	1	2	3	4	5	6	7
7. 我对自己的观点保持沉默，以避免分歧	1	2	3	4	5	6	7

续表

	从不	几乎不	基本不	有时	时常	经常	总是
8. 我对分歧采取大事化小、小事化了的态度	1	2	3	4	5	6	7
9. 我会在我和同事的不同观点中找到一个中间点	1	2	3	4	5	6	7
10. 我有力地主张我的意见	1	2	3	4	5	6	7
11. 我建议我们共同努力，一起找到解决分歧的方法	1	2	3	4	5	6	7
12. 我试图使用同事的想法来生成解决问题的方案	1	2	3	4	5	6	7
13. 我提供折衷方案以解决问题	1	2	3	4	5	6	7
14. 我坚决捍卫我的立场	1	2	3	4	5	6	7
15. 与其与同事争执，我宁愿沉默	1	2	3	4	5	6	7

Ⅳ. 以下是对您的同事的描述，您可以回想一个具体的同事(最好是外籍)，请圈出最能代表您对每一种描述赞同程度的选项。

	完全不同意	不同意	不太同意	不知道	较为同意	同意	完全同意
1. 我的同事的行为与我所预期的存在差异	1	2	3	4	5	6	7
2. 我同事的行为是得体的	1	2	3	4	5	6	7
3. 我同事的表现与我期望中大多数同事的表现一样	1	2	3	4	5	6	7
4. 我的同事用一种我喜欢的方式同我交流	1	2	3	4	5	6	7
5. 我的同事在对话中表现正常	1	2	3	4	5	6	7
6. 我同事的互动方式令人讨厌	1	2	3	4	5	6	7
7. 我同事的行为不合常规	1	2	3	4	5	6	7
8. 我同事的交流方式令人感到不愉快	1	2	3	4	5	6	7